2000년 이후,
한국의 신흥 부자들

2000년 이후,
한국의 신흥 부자들

잠든 생각을 스위치 On 하면
부자의 길이 열린다!

홍지안 지음

트러스트북스

이 한 권의 책이 여러분의 꿈을 이루는 촉매제가 되기를⋯

이 한 권의 책을 쓰기 위해 수많은 신흥부자들을 직접 만나, 그들의 이야기를 경청하고, 받아 적고, 정리하였다. 또한 시중에 나와 있는 부자 관련 도서들도 대부분 섭렵하려고 노력하였다. 이 작업에서 가장 큰 수혜를 본 사람은 바로 나 자신이다. 그들의 생생한 이야기를 들으면서 내 안에서도 부자가 되고자 하는 욕구가 불처럼 타올랐고, 꿈꾸던 일이 나에게도 가능하겠다는 확신이 들었기 때문이다. 부자가 된다는 것은 결코 쉬운 일이 아니지만, 방법을 안다면 반드시 가능한 일이다. 목표를 정하고, 원칙에 입각해 한땀한땀 쌓아간다면, 어느 누구라도 부자로 가는 대문을 활짝 열 수 있다. 부자들을 만나면서 내 마음에 그런 생각이 강하게 자리 잡았다.

누구나 꿈꾸는 부를 이룬 사람들이 대단하다고 생각하는가? 맞다. 대단한 사람들이다. 하지만 보통의 서민들과 하나도 다를 바가 없는 사람들이다. 그들도 출발점은 서민의 모습 그대로였다. 아니 보통의 삶도 살기 어려웠던 사람들이 오히려 대다수였다. 하나같이 어렵고 힘든 시절을 겪었던 사람들이다. 이 말은 곧 누구나 부자의 반열에 오를 수 있다는 의미가 된다. 단, 노력 없이는 불가능하다. 신흥부자들이 걸어갔던 길을 배우고 익혀 내 것으로 만들어야 하며, 반드시 강력한 실천과 실행이 뒷받침되어야 한다.

아마도 이 책을 다 읽고 나면 '부자들은 대단해. 하지만 나도 부자가 될 수 있겠어' 하는 마음이 들 것이라 생각한다. 타고난 능력이 탁월해서가 아니라, 부를 갈망하는 마음과 그 갈망을 채울 만한 노력에 의해 부자가 됐다는 사실을 깨달을 테니 말이다.

어렵지만 누구나 도달 가능한 곳, 그곳이 바로 부자들의 위치다. 이 책에서는 신흥부자들이 어떤 방법으로 현재의 위치에 도달할 수 있었는지, 그리고 어떻게 하면 우리도 그들처럼 될 수 있는지를 다룬다. 불가능의 영역은 넣지 않았다. 어차피 내 것이 될 수 없기 때문이다. 가능한 영역을 통해 독자 여러분들이 꿈을 진짜 이루는 데 현실적인 도움이 되도록 노력하였다. 또한 금수저 부자가 아닌 최근 20년 이내의 자수성가형 신흥부자들을 다루어 뜬구름 잡기식이 아닌, 현실적으로 내 것이 될 수 있는 방법 위주로 다루었다. 이 책이 그동안 잠자던 독자들의 부자 DNA를 흔들어 깨우는 계기가 되었으면 한다.

홍지안

차례

1부

한국의 신흥부자들 이야기

한국의
신흥부자들
이야기

1

1000원짜리 커피 사업의 성공비결

"오늘 당신이 어떤 상황인지 나는 알지 못한다. 힘들고, 어렵고, 곤란한 어떤 상황에서 이 책을 읽을지도 모르겠다. 최고가 아니어도 상관없다. 당신이 어떤 상황에 있든, 이런저런 핑계 없이 지금 그 자리에서 할 수 있는 최선이었으면 좋겠다. 그래서 꼭 당신이 원하는 상태가 되었으면 좋겠다."

이현정이 저술한 〈나는 돈이 없어도 경매를 한다〉 첫 페이지에 나오는 글이다. 이 글을 읽으니 지인인 A가 떠올랐다. 그는 대한민국의 평범한 샐러리맨이었지만 여러 집안 사정으로 인해 수중에 단돈 만원밖에 없던 시절이 있었다. 가진 돈은 없었지만 그나마 직장이 있다는 사실이 당시 유일한 위안이었다. 어느 날 회사에서 회식이 있었는데 새벽이 되어서야 끝났다. 대중교통은 모두 끊긴 시간, 귀가해야 하는데 택시비가 모자란다. 설령 돈이 있었어도 아까워서 탈 엄두를 못 냈을 것이다. 그는 회사 인근의 찜질방으로 향했다. 몸은 피곤했지만 머릿속에 여러 생각들로 도무지 잠을 이룰 수 없었다.

'이런 식으로 가다가는 어떻게 살아가야 할지조차 불투명해.'

현 상황에서는 더 이상 빚을 감당할 자신이 없었다. A는 자신에게 남은 열정과 미래에 대한 희망을 모두 끌어 모아 다시 한 번 해보자는 결심을 하기에 이르렀다.

'그래 한번 시작해 보자. 이대로 망하나, 무언가를 하다가 망하나 상황은 똑같잖아. 내 인생에 후회가 남지 않게 끝까지 물고 늘어져 보자.'

그는 이렇게 결심하고 당장 할 수 있는 일을 찾았다. 월급만으로는 현 상황을 벗어나기 어려웠으므로 그가 선택할 수 있는 것은 '사업'뿐이었다. 가진 돈도 없으니 자본 없이 할 수 있는 사업이어야 했다. 그는 다음날부터 동네 주변을 먼저 샅샅이 살폈다. 그러다 집 앞 상가 후미진 자리를 주목했다. 유동인구도 많지 않고 상권이라고 할 수도 없었지만 왠지 그의 마음을 사로잡는 장소였다. 현재 다니는 직장이 커피와 관련된 곳이어서 업종은 커피 전문점으로 결정했다. 여러모로 업무와 연관이 있어 유리하다고 판단한 것이다.

자리도 나쁘고 주변에 커피숍만 해도 여러 개였다. 그냥 무작정 열었다가는 계란으로 바위치기밖에 되지 않았다. 하지만 이미 뽑은 칼을 도로 칼집에 넣을 수도 없는 노릇이었기에 안 되는 이유보다 되어야만 하는 이유를 찾았다. A는 "나를 믿는다", "나는 할 수 있다" 반복해서 되뇌고 외치면서 분명 하나님이 자신을 이대로 내버려두지 않으실 거라는 믿음으로 기도하고 또 기도했다. 남들과 다른 차별화 전략은 무엇이며, 그 방법을 어떻게 실현할지 알게 해달라고 간절히 기도했다.

그러다 얼마 전 알게 된 1000원짜리 저가 커피를 떠올렸다. 그는 1000원짜리 커피 매장을 운영하면서 장사가 잘되어 다른 지점 오픈을 준비하는 카페를 찾아갔다. 비결과 방법을 분석하고 또 분석했다. 마침내 그는 지금 자신의 상황에 딱 맞는 것이 바로 이것이라는 확신을 얻었다.

보증금 500만원으로 권리금도 없이 시작했다. 인테리어는 생각할 수 없는 상황이었다. 페인트를 사다 직접 칠했다. 기계도 중고시장의 발품을 팔아 가장 저렴한 기계로 들여왔다. 투자금을 모두 합쳐보니 950만 원이었다.

"네 시작은 미약했으나 네 나중은 심히 창대하리라."

이런 성경 구절이 생각났다. 후미진 곳이라 인구 유입을 기대하기는 힘들었다. 어차피 알고 시작했던 일이었기에 방법을 찾아야만 했다. A는 근처 네일아트숍을 떠올렸고, 그곳의 손님들을 유입하기 위하여 할인권과 광고판을 내세워 전략적으로 접근했다. 무엇보다 중요한 것은 단골손님 유치였다. 한 번 온 고객들이 반복해서 방문해 준다면 좋지 않은 자리라는 불리함을 극복할 수 있는 돌파구가 될 수 있을 터였다.

우선 최상의 서비스를 제공하는 것이 목표였다. 비록 1000원짜리 커피였지만 기대 이상을 선물한다면 고객들에게는 예상치 못한 즐거움이 될 수 있다. 값도 싸고 맛도 좋고 서비스도 좋은 공간이 될 수 있는 것이다.

'처음 방문할 때는 큰 기대 없이 올 것이다. 하지만 돌아갈 때는 반드시 다시 오고 싶은 곳, 단골이 되어 매일 오고 또 오고 싶은 곳이 되게 하겠다.'

이렇게 다짐한 그는 커피의 질이 생명이라 여겨 원두 공급부터 직접 발로 뛰며 해결해 나갔다. 업무상 알고 지냈던 원두커피 공급회사 대표를 찾아가 상황을 솔직히 털어놓고 도움을 청했다. 좋은 원두를 저렴한 가격에 달라고 하니 난감한 기색을 보인 대표는, 반복해서 부탁하고 진정성을 보이는 그에게 백기를 들고 말았다.

"그 열정을 누가 당하겠나. 내 도와줄 테니 자네 말처럼 정말로 열심히 해보게."

공급사 대표는 옅은 미소를 보이며 A의 요청을 들어주기로 했다.

그에게는 자본이 없었으니 돈 빼고 모든 것을 자본으로 만들어야만 했다. 게다가 이는 결코 실패해서는 안 되는 생존창업이었다. 이런 자세로 문제를 하나하나 해결해 나가자 돈이 있어야만 가능하다고 생각했던 일들이 돈 없이도 이루어졌다. 당시에는 앞에 놓인 장애물을 넘는다는 생각으로 전념했으나 훗날 생각하니 기적이나 다름없었다고 그는 말한다. 하지만 우리는 기억해야 한다. 기적은 자신을 끝까지 물고 늘어지는 사람에게 그 기회의 문을 꽤나 자주 열어준다는 사실을.

그러니 누구나 자신에게 기적이 일어날 수 있다는 희망을 가지고 아침을 맞이해야 한다. A도 커피전문점을 연 후 기적을 현실로 만들기 위해 단 한 명의 고객에게도 정성을 다했다. 처음부터 대박은 없었다. 아니 오히려 손님이 많지 않아 그의 열정을 다 쏟을 수도 없었다. 그런데도 그는 한땀한땀 실을 꿰듯 자신에게 맡겨진 일에 하루하루 최선을 다했다.

어느 날 한 손님이 토스트를 들고 커피를 마시러 왔다. 그런데 토스트를 다 먹기도 전에 커피를 다 마신 것이다. 상황을 눈치 챈 그는 손님에게 무료로 한 잔을 더 주었다.

"천 원짜리 팔아서 남는 것도 없으실 텐데……."

손님은 이렇게 말하면서도 흐뭇해했다. 그날 이후 매일 방문하여 토스트와 커피를 마시는 단골 고객이 되었고 지인들까지 데려왔다. 진심 어린 그날의 배려에 감동을 받았다고 한다.

그렇게 조금씩 입소문이 퍼졌고 차츰 자리를 잡아갔다. 가끔은 눈코 뜰 사이 없이 바쁜 날도 있었다. 자신의 열정을 원 없이 쏟아 부을 수 있는 그런 날 말이다.

시간이 지나 주업보다 부업의 수입이 더 큰 시점이 왔고, 그때 퇴직하여 본격적으로 사업에 뛰어 들었다. 이후 A는 기적을 기어이 현실로 만들어낸 사나이가 되었다.

'상권이 좋아야 장사가 잘된다'는 보편적으로 맞는 말이지만 어떤 사람에게는 통하지 않는다. 사람의 마음은 좋은 상권에 있는 가게가 아니라, 자신이 가고 싶은 가게로 향한다. 그렇게 그는 사람의 마음을 끌었고, 6년이 지난 지금 500여개의 프랜차이즈를 보유한 대표가 되었다. 믿기지 않는 단기간의 성장이다. 점포 수를 더 늘릴 수도 있었지만 그는 서두르지 않았다. 항상 초심의 마음을 잃지 않으려고 노력한다. 차근차근 알차게 늘려가고 점주와 상생하는 것이 A의 경영철학이다.

　　대한민국은 창업의 나라다. 많은 이들이 창업의 꿈을 실현한다. 자고 일어나면 동네 곳곳에 새로운 가게가 들어선다. 하지만 이러한 현상은 역설적이게도 창업이 오래가지 못한다는 사실을 증명한다. 창업만큼 폐업도 많은 것이 현실이다.

　　서울시가 '우리마을 상권분석서비스'를 통해 발표한 자료에 따르면, 2014년 인허가한 43개 업종의 1년 이내 폐업률은 미용실이 11.2%로 가장 높았고, 커피전문점은 9.9%였다. 월간잡지 〈커피〉(2016.1)에서는 이렇게 말하고 있다. "커피 시장의 확대와 더불어 카페는 사람들에게 손쉬운 창업 아이템으로 비춰지고 있다. 행정자치부에서 집계한 한국 도시통계에 따르면 카페(다방)를 포함한 휴게음식점의 수는 해마다 꾸준히 증가하고 있는데, 2009년 집계된 휴게음식점 수는 6만 2,235개소 였으나 2012년 8만 4,390개소로 집계되면서 3년 사이 2만 2,155개소(35.5)가 증가했다. 국내 유명 프랜차이즈 커피전문점의 점포 수 역시 매년 증가하고 있다. 상단의 각 프랜차이즈 커피전문점의 2014년 점포 수는 기업에 따라 증가율에 차이는 있었으나 모두 2013년에 비해 점포

수가 늘어났다. 폐점률(계약 종료, 계약 해지, 명의 변경 포함) 또한 약 3∼5% 정도 증가하면서 카페 운영에서 손을 떼는 사람들 역시 늘어나고 있다는 것을 반증해주고 있다."

단시간의 성장보다 더 놀라운 사실은 A와 가맹점주들의 관계이다. 그는 아무리 바빠도 창업하려는 사람들을 반드시 직접 만난다. 또한 누구에게도 상권분석을 맡기지 않고 자신이 직접 한다. 때로는 지방까지 내려가야 하지만 아랑곳하지 않고 마음을 다하여 오픈을 돕는다. 마치 자신이 첫 가게를 열었던 그 마음으로 말이다. 그러다보면 점주들과 자연스럽게 만나고 소통하게 된다.

"우리 브랜드는 여유 있는 분들이 아닌, 나와 비슷하신 분들이 오픈하려고 한다. 그래서 그분들을 더 공감하고 배려해 드리려 하는 건지도 모르겠다."

A의 말에는 언제나 진정성이 밑바탕을 이루고 있다. 언제 어디서 만나도 똑같을 것만 같은 사람, 아무리 성공해도 현재의 모습을 잃지 않을 것만 같은 사람이다. 어떻게 하면 그런 마음을 유지할 수 있느냐는 나의 질문에 그는 "하나님이 모두 주관하시니까요"라고 대답한다. 독실한 기독교인인 그는 매일 아침을 큐티(QT. Quiet Time의 약자로 하나님과 개인적으로 가지는 영적 교제의 시간을 의미)와 기도로 시작한단다. 저녁에 잠들기 전까지도 복음송을 들으며 기도로 마무리한다. 사업가 이전에 진정한 종교인의 모습이다.

그런 마음으로 상권분석을 하고 오픈을 준비하니 그의 성공은 당연한 결과가 아닐까라는 생각이 절로 들었다. 비싼 권리금과 임대료를 내는 몫 좋은 곳의 상권분석은 누구나 할 수 있는 일이다. 실패할 일도 많지 않다. 하지만 좋지 않은 자리에서 싼 임대료로 지속적으로 성공하고 있다는 사실에서 그의 남다른 상권분석 능력을 엿볼 수 있다. 부동산을 전공하거나 공부한 사람이 아닌데도 상권분석을 적중해 내는 그만의 비결이 있어서 가능한 일이었다.

언론에서 종종 프랜차이즈 업체와 가맹점주 간의 마찰이 보도된다. 대부분 수익구조 때문에 발생하는 문제들이다. A도 저가의 수익구조를 보완할 방법을 끊임없이 찾고 고민했다. 그가 찾은 해법은 자신의 입장이 아닌 철저히 점주의 입장이었다. 점주들의 고민이 무엇인지 깊이 고민했다. 결국은 과거 자신의 모습 그대로였다. 그들은 돈이 없는 절박한 심정에서 가게를 연다. 남들처럼 근사한 인테리어를 할 수도 없고, 실패해도 먹고살 만한 다른 탈출구가 있는 것도 아니다. 그도 똑같은 상황에서 출발하였기에 그 마음이 서로 맞닿아 있다. 어떻게 그가 가맹주들의 마음을 모를 수가 있겠는가.

그래서 A의 프랜차이즈는 가맹비와 인테리어 비용을 받지 않는다. 쉽게 이해할 수 없는 파격적인 행보다. 또한 본사와 가맹점주들은 물류에 대한 이해가 상충하기에 물류에 대해서도 대폭 개선하였다. 대부분의 프랜차이즈가 물류에서 이득을 남기는 구조이지만 점주들 입장에서는 수익을 내기 위해 가까운 곳에서 손쉽게 구할 수 있는 물류를 사용하고 싶어 한다. 본사에서는 본사 물류를 사용하지 않으면 페널티를 매기는 등 제재를 가하려 한다. 이런 구조는 결국 문제의 근원이 된다. 그는 이런 작은 불씨도 막아야 한다고 생각했다. 아무리 신뢰가 쌓여도 수익적인 부분에서 생기는 작은 불만은 큰 불화로 발전하기 십상이다. 그는 무엇보다 가맹점주들과 상생의 구도를 실현하고 싶어 했다.

그 구조를 개선하는 방법은 아주 간단하다. 한쪽이 조금 양보하면 된다. 그 한쪽은 점주가 아니라 갑의 위치에 있는 본사여야 한다는 답이 나온다. 그럼 본사는 무엇으로 수익을 내는가? A는 이 물음에 이렇게 대답한다. "본사라기보다는 대표가 적게 가져가면 됩니다." 수익구조에 대한 그의 경영철학이 이 한 마디에 모두 담겨 있다. 그러기에 지금까지 점주들과 문제가 발생하지 않고, 상생의 경영철학을 실천해 올 수 있었다.

'배려와 자기 손해.'

사업하는 사람에게서는 찾아보기 쉽지 않은 덕목들이다. 자기 이익을 실현하기 위해 냉철하게, 때로는 잔인하게 돌파하는 것이 우리가 아는 성공한 사업가의 기질이 아니던가. 하지만 A는 사람에 대한 배려와 자기 손해를 감수하는 일을 타고 난 사람처럼 보인다. 쉽지 않은 결정을 쉽게 내린다. 탁월한 사업수완과는 상충되는 모습이다. 하지만 이것이야말로 그가 가진 최고의 선물이며 재능이다. 맞지 않는 옷을 입은 게 분명하지만 어색하지 않은 옷태를 선보인다. 매일 손해 보는 일을 저지르지만 누구보다 짧은 시간에 상상하기 어려운 성공을 이뤄냈다. 그러니 지금 입는 손해가 마이너스가 아님에 분명하다. 아니 오히려 크나큰 플러스로 되돌아오고 있다.

이런 A의 독특한 성격은 그가 자라온 환경에서 찾을 수 있다. 어릴 때 부모를 잃은 그는 주변 사람들의 도움으로 성장했다. 교회의 도움으로 어머님을 하늘나라로 모실 수 있었다. 그는 받을 때마다 그 이상으로 나누며 살아야겠다고 다짐했다. 사업이 번창하자 나눔에 대한 더 큰 사명을 갖게 되었고 실천하기 위해 노력하고 있다.

단순히 상권을 분석하는 것이 아니다. 돈이 없는 절박한 심정의 가맹점주의 마음을 헤아리기에 보는 관점이 다르다. 누구도 볼 수 없는 것이 그에게만 보이는 이유이다. 이론으로 데이터를 수집하고 분석해서 가능한 일이 아니다. 상권분석도 데이터와 유동인구, 주변상황만 고려한다고 성공하는 것은 아니다. 상권을 분석하는 사람이 어떤 기준으로 바라보았느냐에 따라 달라진다. 지식의 기준이 아닌, 마음의 기준이 A에게 작용한다. 스타벅스의 창업주 하워드 슐츠는 "단순히 커피를 파는 사업이 아니라 사람을 위한 사업을 한다. 사람 사이의 유대가 중요하다"고 했다. 위대한 창업주 하워드 슐츠와 그가 가진 마음의 기준은 일맥상통한다.

부동산도 마찬가지이다. 목적에 따라 주거용과 투자용이 다르다. 주거용도 나의 현재 상황과 상태에 따라 결정이 달라진다. 미혼 직장인이면 교통과 생활여건을 우선할 것이고 아이가 초등학생이면 학교와 집과의 안전을, 중고등학생이면 학원 주위를 알아 볼 것이다. 노부부라면 또 결정의 기준이 달라진다.

상권분석도 업종과 타깃층에 따라 모두 다르다. 또한 여기서 빠지면 안 되는 중요한 요소는 바로 '일가족의 생계' 문제이다. 상권분석에 실패하면 곧바로 가족의 생계에 문제가 발생한다. 그러니 그 중요성을 어찌 말로 표현할 수 있겠는가.

그런데도 일부 전문가들은 이런 기본에서 출발하지 않고 단순히 프랜차이즈 가맹점주와 본사의 이익 차원에서 접근한다. 그러다 보면 사람이 기본인 상권분석에서 사람을 놓치는 오류를 범하게 된다. 계산된 눈과 차가운 머리로 판단한다면 결코 보이지 않는 것이 사람의 마음이다. 상권의 요지인데도 실패하는 곳의 원인을 분석하면 의외로 작은 것을 놓쳤기 때문(사실은 작지 않지만)이라는 사실을 알 수 있다. 사람의 마음을 읽지 못하고 상업적으로만 접근했기 때문이다. 사람의 마음을 움직이려면 마음으로 다가가야 한다. 성공은 사람의 마음을 잘 읽은 사람에게 주어지는 선물이다.

• 상가 관련 사이트 :

서울시 우리마을가계 상권분석 서비스 http://golmok.seoul.go.kr

소상공인 상권정보시스템 http://sg.sbiz.or.kr

나이스비즈맵 상권분석토탈서비스 https://www.nicebizmap.co.kr

산업단지관리공단(지식산업센터 업체 수, 종업원 수, 입주율 등) http://www.kicox.or.kr

상가114 http://www.sangga114.co.kr

2

웨이터에서
아파트 312채를 소유하기까지

"나는 평생 가지고 있을 곳만 삽니다. 아파트 한 우물만 팠죠."

어떻게 투자하느냐는 질문에 장인에게서나 들을 법한 답변이 나왔다. 문득 '내가 사람을 잘 짚었구나' 하는 생각이 들었다.

대다수의 사람들은 부동산 부자들을 '투기꾼' 혹은 '운 좋은 사람들'이라는 선입견의 눈으로 바라본다. 하지만 B의 이야기를 듣고 나면 그 선입견이 얼마나 큰 오해인지 알 수 있다.

그는 밑바닥부터 시작하여 성실하게 부를 쌓아온, 전형적인 자수성가형 인물이다. 그가 부를 축적할 수 있었던 도구는 아파트였다. 오로지 아파트 하나로 일반인이 상상하기 어려운 큰 부를 이룬 것이다. 그에게는 일반 투자자들과 조금 다른 투자원칙이 있다. 바로 언제 사고 언제 파느냐의 문제를 중요하게 생각하지 않는다는 것이다. 대신 그는 자신이 평생 소유해도 괜찮다고 판단된 곳만을 샀고 지금까지 팔지 않고 소유 중이다.

그런 그도 타고난 재능만으로 현재의 부를 이룬 것은 아니다. 금수저를 물고 태어나 투자금이 넉넉하지도 않았다. 오히려 평균에도 못 미치는 상황에서 온갖 시련을 딛고 일어서 현재의 위치에 다다를 수 있었다.

순탄하게 살던 B에게 시련이 닥친 시기는 아버지가 사업에 실패하면서부터였다. 그때부터 삶은 180도 달라졌다. 하루아침에 가족 모두 최악의 상황에 내몰렸고, 사채업자에게 쫓기는 신세가 되었다. 마치 영화처럼 뒤바뀐 현실에 적응할 겨를도 없이 곧바로 생활전선에 뛰어들어야 했다. 어렵게 살다가 부자가 되면 적응이 필요 없지만 여유롭게 살다가 갑자기 생활이 어려워지면 적응의 문제가 생긴다. 매사가 고달프고 심리적으로 견디기 어려운 시기를 지내야만 한다. 하지만 그는 현실에 낙담해 주저앉기보다 어떻게든지 이 고비를 넘기고 다시 예전의 삶으로 돌아가야겠다는 욕구가 강했다.

또래 친구들이 대학 캠퍼스를 누비며 즐길 때, B는 졸업 전까지 돈을 벌어 부모님의 빚을 다 갚고 나아가 부자가 되겠다고 다짐했다. 물론 다짐한다고 부자가 된다면 이 세상에 가난한 사람은 없을 것이다. 패기만으로 되는 일은 없다는 사실을 깨닫는 데는 그리 오래 걸리지 않았다. 아르바이트부터 온갖 허드렛일까지 닥치는 대로 일했지만 방법이 되지 못했다.

B는 잠시 숨을 고르며 도대체 무엇을 어떻게 해야 하는지 수없이 고민하고 물어보고 공부하기 시작했다. 장사를 하려면 자본이 필요하다. 설령 자본이 있더라도 경험이 없으니 성공확률은 반에도 못 미친다. 차근차근 배우며 하기에는 시간 여유도 없다. 직장생활도 마찬가지다. 월급만으로 빚을 갚고 부를 이루기에는 엄청난 시간이 들고, 부자가 된다는 보장도 없다. 시간을 단축시킬 수 있고 100% 자기자본이 들지 않는 것은 부동산뿐이었다. 결국 그에게는 부동산이 답이라는 결론이 나왔다. 부동산은 한번 사놓으면 사라지지 않고 시간 활용이 가능하다. 부동산 중에도 주택이나 빌라보다 관리하기 쉬운 아파트로 범위를 좁혔다. 문제는 자금이었다.

첫 번째 고민은 종잣돈이었다. 당장 하루 먹고살기도 빠듯한데 무슨 수로 종잣돈을 모을 수 있을지 막막했다. 그러나 고민만으로는 아무것도 해결되지 않는다. B는 독하게 마음먹었다. 1년 동안 죽었다 생각하고 3000만 원을 모으기로 결심한 것이다. 당장의 생활도 힘든 그가 한 달에 250만 원씩 모으겠다니, 현실성이 없는 듯 보였다. 그러나 그는 이를 악물고 닥치는 대로 일을 시작했다. 수입이 큰 과외를 여러 개 병행했다. 금액도 크고 성과가 나야 하기에 성심껏 가르쳤다. 하나 둘 아이들의 성적이 오르자 주변에 소문이 났고 금액도 차츰 올라갔다. 과외는 그의 수입에 큰 도움이 되었다. 밤이라고 쉴 수 없었다. 목표 금액을 모아야 했기에 잠을 줄여서 새벽에는 나이트클럽에서 웨이터를 했고, 틈나는 시간에는 배달과 서빙도 했다. 몸은 힘들었지만 분명한 목표 덕분에 견딜 수 있었다. 그렇게 1년 만에 3000만 원을 모을 수 있었다.

최고의 동기유발 전문가 브라이언 트레이시는 이렇게 말한다. "성공이란 것은 결국 자기 스스로 목표를 설정하고 이를 실현할 수 있는가에 달려 있다. 가장 중요한 성공의 비결은 '구체적인 목표를 세우는 것'이며 목표가 분명해야 성공도 빠르다."

자신의 과거를 담담하게 인터뷰하는 B의 얼굴에서 치열했던 세월의 흔적을 엿볼 수 있었다. '무조건 열심히!'보다 구체적 방향 설정이 목표 달성에 얼마나 중요한지도 다시금 깨달을 수 있었다.

두 번째, 그는 가장 잘 아는 동네에서 시작했다. 첫 투자이고 전 재산이었다. 한 치의 위험도 있어서는 안 되고 단 한 번의 실패도 용납되지 않았다. 그에게 한 번의 실패는 곧 인생의 항로에서 침몰하는 것을 의미했다. 부담이 큰 만큼 신중하고 정확한 결정을 해야 한다. 관리나 공실률 등을 고려하여 아파트로 결정했다. 그가 선택한 첫 투자처는 노원구 상계동 주공아파트였다. 평소 잘 아는 동네였지만 여러 차례 알아보고 또 계산했다. 그 동네의 구석구석 모르는 것이 없을 정도로 파고들었다.

신흥부자들의 공통점 중 하나는 실행력이다. 결정하기 전까지는 신중하게 고민하고 조사한다. 하지만 결정하고 나면 누구보다 과감히 그리고 신속히 바로 실행으로 옮기는 행동패턴을 갖고 있다.

잘 아는 지역이기도 했지만 매매가 대비 전세가율이 높았다. 기금융자도 포함되어 있어서 초기 투자금액이 적게 들어가는 이점이 있다. 이를 전세 레버리지[*] 투자라고 한다.

첫 투자치고는 무난한 시작이었다. 취업을 생각하지 않고 진로를 부동산 임대업으로 정해 본격적으로 공부했다. 단순히 한 곳을 사는 것이 아니라 전체적인 흐름을 파악하고 분석했다. 부동산은 단순히 하나의 요인으로 영향을 받지 않는, 모든 경제흐름의 집합체이다. 이렇게 공부하면서 그는 다음으로 중계동 주공아파트를 매입했다.

세 번째, 전체적인 흐름을 파악해야만 보이는 것들이 있다. 나무를 보는 투자는 결코 오래가지 못한다. 자금이 묶이기 십상이며 이익을 보기도 하지만 손실을 입기도 한다. 흐름을 잘 타야만 지속적인 성공이 가능해진다. 적은 돈으로 수익을 극대화하려면 무작정 사놓고 기다리는 투자가 아니라, 머지않은 미래에 상승이 가능한 지역을 끊임없이 공부하고 연구하여 자신의 자금을 그곳에 맡겨야 한다. 이는 자금이 많지 않은 개인투자자의 숙명이다. 자금이 많으면 핵심지역, 그러니까 대표적으로 강남의 자리 좋은 곳에 비싼 값을 주고 부동산을 매입하면 된다. 하지만 소액을 가진 개인투자자는 그럴 수 없다. 몸을 가볍게 하여 좀더 신속하게 돈 되는 곳에 비집고 들어가야 한다. 그러다 보면 실패 위험도 높아질 수밖에 없기 때문에 더욱 열심히 공부하고 분석하며 신중해야 한다. 금액이 적다고 대충 투자해서는 안 된다.

B는 서울의 아파트값이 폭등할 때에는 지방의 아파트에 투자했다.

---

[*] 매매가와 전세가의 차이가 별로 없어 소액만 투자하여 매입하고 전세 보증금 상승분으로 부동산을 추가 매입하는 방식.

대도시 위주로 부산, 대구, 대전, 세종시, 군산 등이었다. 그는 누구의 말도 맹신하지 않고 자신이 직접 보고서 투자를 결정했다. 투자에 신중을 기하는 면도 있었지만, 수시로 지방을 내려가니 자연히 부동산 공부도 되었다. 여러 사람을 만나며 인생 공부도 했다고 한다.

네이버에 나와 있는 부동산 시세와 지도는 모두 외울 정도였다. 많이 가다보면 지방도 어느 순간 이웃동네처럼 보인다. 숲이 보이기 시작하자 그때부터는 공격적으로 투자를 해나갔다. 처음에는 규모의 경제만 생각했다. 위험하다는 것도 몰랐다. 단지 규모만 키우면 부자가 된다고 생각했다. 그러나 규모의 경제는 상당히 위험하다. 그는 빚도 갚고 부자가 된다는 경제적 자유만을 얻기 위해 시작했다. 경제적 부는 몰라도 경제적 자유를 위해서는 규모가 뒷받침되어야 한다. 그러나 전세를 낀 갭투자만으로는 위험하다. 그도 한때 위험에 노출이 되면서 투자의 위험성을 절실히 깨달았다. 가진 돈을 모두 부동산에 넣는 것이 투자의 전부가 아니라는 사실을 깨달은 것이다. 그래서 지금은 위험에 대비하여 현금보유액을 늘려가고 있다. 단기투자가 아닌 10년 이상 장기투자를 하기 위해서는 꼭 필요한 조건이다. 장기투자에서 기본은 위험에 대비하고 현금흐름을 원활하게 하는 것이다. 이 조건을 뒷받침하기 위해서는 역세권 소형 평수가 중요하다. 그런 곳으로 재편하면서 평생 가지고 있을 곳에 투자한다.

최근 갭투자[**]가 과열 양상을 보이고 있다. '대학생도 알바비 모아 집 사자… 묻지마 투자(2017.6.12)'라는 언론 기사도 나왔다. 부동산 갭투자 주의보 시리즈를 보면 무조건 따라하는 갭투자가 얼마나 위험한지 알 수 있다.

"지금 3억 원짜리 전세에 살고 계시다고요? 일단 당장 1억 보증금 월세로 돌려서 현금 2억 원을 확보하세요. 딱 4년 뒤면 아파트 24채를 가진 자산가가 될 수 있습니다."

언론에 보도된 갭투자 컨설팅 사무실 상담원의 말이다. 그러나 갭투자는 집값 상승시기에는 가능하지만 집값이 떨어지거나 폭락하면 쪽박을 찰 수 있다. 전세금 대란은 정부에서도 규제하거나 손 쓸 방법이 없다. 깡통 전세는 나로 인해 선의의 피해자를 양산할 우려가 크기 때문에 지양해야 한다. 더욱이 이번 정권은 여러 가지 부동산 규제정책을 강도 높게 밀어붙이고 있다. 자기자본 없이 대출에만 의존해서 갭투자했던 사람들이 대출을 연장하는 시점에서 부채의 역습이 우려된다.

B는 단기적인 갭투자는 위험하다고 생각한다. 보이는 것으로만 판단했다가는 실패의 길로 접어들기 쉽다. 갭이 붙을수록 팔기는 더 어려워진다. 전세가 지속적으로 상승해야 한다는 전제조건이 뒤따른다. 그렇지만 정체기와 조정기는 반드시 오게 되어 있다. 지금 좋으면 나중에는 더 좋으리라 생각하는 것이 인간의 심리이지만, 경제 사이클은 심리에

[**] 매매가격과 전세가격의 차이가 적은 것을 매입한다. 임대를 목적이 아니라 매매가격이 오르면 바로 파는 방식이다. 즉, 매도차익을 보고 투자하는 것이다. 위험이 크다.

역행하며 진행된다. 나라가 망할 것처럼 주저앉아야만 다시 상승 사이클이 시작되고, 누구나 투자만 하면 부자가 될 것 같은 상황에서 하락으로 반전하여 자산의 폭락을 경험하게 만든다.

호황일수록 시장의 악화를 대비해야 한다. 호황일 때가 불황을 대비하기 가장 좋은 때이다. 그렇지 않으면 거짓말처럼 위험한 늪에 빠지고 만다.

상황과 지역에 따라 역전세***가 발생할 수 있다. 그러나 역전세가 시작되어도 관리비 등의 운영비는 계속 들어간다. 전세가 상승할 때에는 무엇보다 역전세를 감안하고 대비해야 한다. 그도 한때 역전세난을 겪으면서 이를 터득했다. 또한 시세차익이 많이 나도 양도소득세 때문에 팔기 어려워진다. 현금을 보유하지 않으면 시세차익이 많은 물건은 더욱 팔지 못한다. 부동산 시장이 안 좋을 때에는 부동산 거래가 어려워진다. 악성재고에 대한 위험도 대비해야 한다. 그런 때에는 현금을 보유해야 한다. 대출을 이용한 투자는 매우 큰 어려움에 직면할 수 있는 것이 현실이다. 더욱이 8.2부동산대책 이후 대출비율이 줄어들면서 현실적으로 대출이 어려워졌다. 항상 현금흐름을 좋게 하는 것이 가장 중요하다.

마지막으로 B는 이렇게 말했다. "아직도 처음 시작할 때와 똑같이 생활하고 배우고 있습니다." 그의 머리에는 전국의 아파트 시세와 정보

*** 계약기간이 만료되었어도 집주인이 계약금을 세입자에게 주지 못하는 상황. 공급물량이 많아지면서 자연스럽게 전세가격이 하락하고 입주하겠다는 세입자도 줄어든다.

가 다 들어 있다. 인간 내비게이션처럼 지도도 꿰고 있다. 네이버의 부동산 시세는 수시로 들어가 보고 궁금하면 어디든 주저하지 않고 간다. 끊임없는 노력만이 정답이다. 세상이 바뀌기 때문에 자신이 적응하지 못하면 과거의 영광은 추억으로 남을 뿐이다. 새로운 세상에 투자하려면 과거의 성공을 잊고 다시 출발해야 한다. 그래서 그는 "투자는 항상 어렵기도 하고 새롭기도 하다"고 말한다. 누가 얼마 벌었다더라, 어디가 좋다더라는 과거의 데이터이다. 지금 그곳에 가도 마실 물은 남아 있지 않다. 혹은 썩은 물만 남아 희생양을 기다리고 있을지도 모를 일이다. 언제나 신선한 물이 있는 새로운 웅덩이를 찾아야 한다.

신선한 물이 있는 오아시스를 찾으려면 자기만의 철학을 갖고 성향에 맞는 투자를 꾸준히 해야 한다. B는 단시간에 시세차익을 내겠다는 마음으로 접근하면 위험하다고 말한다. 자신처럼 이미 성공의 기억이 많은 사람들도 단기투자는 똑같이 위험하다고 말한다. 그리고 투명한 임대시장을 위해 전월세 상한제 실시를 강력히 원한다고 말했다. 그는 뜻이 비슷한 사람들과 카페를 운영하고 있지만, 카페가 유명해지는 것도 원치 않았다. 그만의 단단한 투자철학이 확고히 자리 잡고 있다는 사실을 다시 한 번 느낄 수 있었다.

이런 그에게 아파트를 많이 소유했으니 투기꾼이고 부동산 거품을 일으킨 장본인이라고 할 수 있겠는가. 부자를 따라가지 않고 손가락질만 하는 사람은 부자가 되기 어렵다. 기회가 와도 부정적인 이유를 먼저 찾기 때문이다. 우리는 주식으로 큰 부를 이룬 사람들에게는 관대한 반면 정당하게 부동산으로 부를 이룬 사람들에게는 가혹하다. 나도 한때는 그런 적이 있었다. 나는 집 한 채도 없는데 누구는 10채, 100채를 갖고 있다니, 그런 사람들 때문에 집값이 오르고 거품이 발생한다고 생각했다. 그러나 얼마나 어리석은 생각이었는지 이제는 안다. 금융상품처럼 부동산도 정당한 노력과 비용의 지불을 통해 불릴 수 있다. 편법이 아닌 정당한 법적 절차를 거치면서 말이다. 다만 3살짜리가 편법으로 증여받은 건물로 월급쟁이 연봉만큼 월세를 받는 것은 문제다. 옳고 그름을 명확히 구분할 수 있어야 한다. 편법적인 일들에 가혹한 잣대를 들이미는 것을 누가 뭐라 하겠는가. 그래야 우리 사회가 좀더 투명해질 수 있다. 하지만 정당한 투자는 배울 수 있으면 배워야 한다. 자본주의 사회를 살면서 돈의 필요성을 절실히 느낀다면 말이다.

• 부동산 투자에 도움이 되는 온라인 사이트 :

포털 사이트 : 네이버(http://land.naver.com), 다음, 부동산114, 닥터아파트, 조인스랜드, 구글, 호갱노노 등

국가기관 : 인터넷등기소, 민원24, 국토교통부, 산림청, 법제처, 국가법령정보센터, 자치법규시스템, 경기도부동산포털, 농림축산식품 등

주택: 국토교통부 실거래가조회, KB부동산, 주택산업연구원, 서울도시계획포털, 대한주택건설협회, 한국감정원 부동산통계 등

3

달동네 실업자에서
부동산 부자로

연예인들의 경매에 관한 뉴스는 끊이지 않고 나온다. 내가 사는 삼성동에는 고급 주택가가 있다. 정재계 고위관료부터 연예인들이 많이 거주하는 곳이다. 2006년 가수 비(정지훈)는 경매를 통해 건물을 31억7천4만 원에 낙찰받아 아버지께 선물했다. 그 집은 서정희 씨가 유호정과의 채무로 인하여 나온 경매물건이어서 세간에 회자되기도 했다. 비는 2014년 75억에 매도하며 시세차익만 44억을 남겼다. 그리고 2013년에는 청담동 상지리츠빌카일룸2차 아파트도 약 45억 원에 경매로 낙찰 받았다. 당시 방송에서는 시세가 60억가량이라고 보도되었다. 이곳에는 조영남의 집이 자주 소개되었으며, 임세령과 이정재의 스캔들로 방송에 소개되었다. 노홍철도 2010년 감정가 26억 원인 압구정동 현대아파트를 22억 원에 낙찰받았다. 현재 시세는 29억 정도다. 이병헌도 2008년 분당구 서

현동 건물을 46억 원에 낙찰받았고 현재 시세는 70억 가량으로 무려 시세차익만 36억 원에 달한다. 이병헌은 2010년 충청남도 공주에 경매로 빌딩을 낙찰받아 시세차익뿐만 아니라 높은 수익률도 올리고 있다. 연예인 중에서는 서장훈이 가장 대표적 경매 성공사례로 소개된다. 양재역 초역세권에 있는 서초동 빌딩을 1999년에 낙찰 받았으며 현재 시세는 150억 원으로 122억 정도 시세차익을 보았다. 더 이상 경매는 전문가만 하는 것이 아니라 일반인, 연예인 등 다양한 사람들의 재테크 수단이 되고 있다는 증거들이다.

이런 기사들을 대하는 태도에 따라 부의 갈림길이 생성된다. 단순히 '부럽다. CF 한 편만 찍어도 거금을 벌고, 쉽게 번 그 돈으로 경매를 받아 돈이 돈을 버는구나. 나랑은 상관없는 다른 세상의 이야기로군'이라고 생각하는가? 아니면 비록 규모는 달라도 나도 가능하다고 생각하는가? 도대체 경매가 뭐길래 이런 일들이 일어날 수 있는지 궁금하기도 하고, 더 깊게 알아보고 배워야겠다는 생각이 들지는 않는가? 기사 한 편을 읽고도 다양한 생각들이 머리를 스치고 지나간다.

나도 한때는 부정적인 생각을 먼저 했다. 하지만 그럴수록 나의 경제생활은 제자리를 맴돌 뿐이었다. 그런데 어느 날 문득 이런 생각이 들었다. '연예인도 결국 나와 똑같은 사람들이잖아. 가는 길이 조금 다를 뿐.' 이는 내가 경매를 시작하게 하는 계기가 되었다.

신흥부자들을 만나면서 그들이야말로 실제로 부자가 되는 꿈을 꾼 사람들이라는 사실을 알게 되었다. 막연히 부러워하거나, 부자가 되겠다는 다짐에서 그치지 않는다. 정말 부자가 되기 위해 가능한 일들을 하나씩 해나간다. TV 속 연예인처럼 나도 경매로 큰돈을 벌 수 있다는 목표를 가지고 뛴다. 그러다 보면 불가능해 보이던 일들이 내게도 일어나는 경험을 하게 되고, 더 큰 꿈을 꿀 수 있게 된다. 유명한 연예인들처럼 엄청난 목돈이 생기지는 않지만, 그들보다 더 노력하여 그들을 능가하는 자산을 보유한 사람들도 부지기수다. 부러워만 하면 넘어설 수 없지만, 현실 가능하다는 목표를 갖고 하나씩 사다리를 올라가다 보면 그들보다 높은 곳에 있는 자신을 발견할 수 있게 될 것이다. 신흥부자들처럼 변곡점을 잘 활용한다면 더욱 쉽게 더욱 높은 곳에 올라설 수 있다는 사실을 의심하지 말아야 한다. 이 책에 소개된 신흥부자들은 어쩌면 이 책을 읽는 독자들보다 낮은 곳에서 출발했음이 분명하기 때문이다.

C의 가정은 평범했다. 그가 어릴 적부터 부모는 동네에서 자그마한 슈퍼를 운영했다. 큰 부자는 아니었지만 다섯 식구 살기에는 아무 걱정이 없었다. 그러던 그의 삶에 암울한 그림자가 드리워지기 시작했다. 그가 군에서 제대할 즈음에 아버지가 위암 수술을 받았고 이후에도 입원과 퇴원을 반복했다. 제대하자마자 어머니와 슈퍼를 운영했고 고등학생인 두 여동생도 그의 책임이었다. 새벽부터 밤늦게까지 일해도 아버지의 병원비조차 감당하기 힘들었다. 작은 집도 팔았고 슈퍼도 정리해 병원비로 충당했을 즈음 아버지가 돌아가셨다. 몇 년의 병수발로 지

치고 힘들었지만 가족이 힘을 모아 함께 버텨왔는데 그렇게 가시자 너무 허무했다. 25세 젊은 가장에게 남은 건 달동네 전세로 얻은 방 한 칸이 전부였다. 딱히 할 수 있는 것이 없었다. 기술도 없고 내세울 스펙도 없어 취업이 어려웠다. 어머니가 먼저 식당에서 일을 하셨다. 취업 준비로 몇 달을 보낸 그는 더 이상 미련 갖지 않고 취업 외의 길을 찾기로 했다. 당장 두 여동생만큼은 가르쳐야겠다는 생각으로 공사판 막노동부터 닥치는 대로 일했다. 어머니가 일하는 식당에서도 일하면서, 고생하는 어머니의 모습을 보며 마음 아파했다. 모자가 일하면서 두 여동생은 대학에 입학할 수 있었지만 생활은 여전히 궁핍했고 나아지는 것은 없었다. 동생들 학비도 그렇지만 무엇보다 방 한 칸에 온 식구가 사는 것이 힘들었다. 그나마 여름에는 그가 나가서 자면 되니 괜찮았지만 겨울은 그럴 수도 없었다. 어떻게 하면 이곳을 벗어날 수 있는지 그는 매일 고민했다.

식당에 부동산업을 하는 단골손님이 있었다. 몇 년째 단골이어서 친숙했으나 그는 언제나 혼자 왔고 거의 말이 없었다. 어느 날 늦은 점심을 먹으러 온 그가 다 먹기를 기다린 C는 조심스레 물었다. "어머니를 잘 모시려면 방 두 칸짜리 집이 필요한데 지금은 돈이 없습니다. 무슨 방법이 없을까요?" 부동산 대표는 C의 얼굴을 빤히 보더니 다음날 아침에 자신을 찾아오라고 했다. 다음날 찾아온 C에게 대표는 "식당에서 받는 만큼 줄 테니 이곳에서 함께 일하자. 부동산을 배우면 적어도 어머니는 일하지 않으셔도 될 거다"라고 제안했다. 며칠 후 식당에 후임자가 구해져 그는 부동산으로 출근할 수 있었다. 훗날 대표에게 왜 그런 제안을 했는지 물었더니, 몇 년째 지켜보면서 어머니를 모시고 성실히 일하는 모습을 기억하고 있었고, 당시 간절한 마음으로 물어보던 모습에 마음이 움직였다고 한다. 자신도 그런 시절이 있었다며, 그때 우연히 부동산업을 하게 되었고 경제적으로 부를 쌓았다고, 차근히 하나씩 배우면 부자가 될 거라고 말해주었다.

대부분의 신흥부자들은 우연한 기회에 주변의 뜻하지 않는 도움이 성공의 계기가 되는 경우가 많다. 그리고 그 부자들은 또 다른 젊은이와 간절한 사람들에게 그런 영향력을 끼치고 있다. 우리가 흔히 상식적으로 가능하지 않다고 생각했던 일들이 주변에서 일어나는 이유이다. 다만 이루고 이루지 못한 사람들과의 차이가 있다면 얼마나 간절하게 원했는지, 이루려고 얼마나 노력했는지다. 지금이라도 늦지 않았다. 누가 나의 키다리 아저씨가 될지 알 수 없으니 평소에 진심으로 사람을 대해야 한다. 빈틈없이 말이다.

누구나 그렇듯이 C도 처음에는 생소하고 어려운 용어 때문에 고생했다. 생전 처음 가보는 법원은 그를 주눅 들게 했다. 은행 거래라고는 소액밖에 없던 그가 고액의 수표를 한 장을 끊어야 할 때는 품에 꼭 안고 왔다. 그러던 어느 날 그의 인생을 바꾼 기회가 찾아왔다. 대표가 그를 부르더니 자신이 사는 달동네에 경매로 집이 나왔다며 그 집을 낙찰해보라고 한 것이다. 돈도 없었지만 아직도 부동산을 잘 모르는데 경매처럼 어려운 일을 왜 하라고 하는지 C는 이해할 수 없었다. 경매에는 경락잔금이라는 것이 있어서 실질적으로 내 돈이 10%~20%만 있어도 가능하다고 하셨다. 어떻게 그런 일이 가능한지 믿지 못하는 C에게, 그 10%는 월급을 가불해 줄 테니 활용하라며 대표는 권리분석부터 입찰표와 입찰보증금까지 꼼꼼히 챙겨주었다. C는 지금도 그때의 고마움은 마치 돌판에 새긴 글씨처럼 절대 잊지 않고 있다.

그렇게 대표의 도움으로 달동네에 15평짜리 방 2칸의 집을 낙찰 받았다. 낙찰은 받았지만 믿기지 않는 현실이었다. 그렇게 힘들게 식당에서 일했어도 집을 산다는 것은 먼 얘기였는데 갑자기 집이 생긴 것이었다. 그렇게 그는 경매에 입문하게 되었다. 작지만 자기 손으로 낙찰 받은 집에 어머니를 모시면서 온 가족이 펑펑 울었다고 한다. 아버지가 돌아가시고 딱 8년이 걸렸다.

무일푼인 그에게 경매는 신세계와도 같았다. 자신이 할 것은 이것밖에 없다고 생각했다. 그날 이후로 C는 경매와 사랑에 빠졌다고 한다.

달동네에 산 집은 순수하게 거주를 위한 목적이었지만, 시간이 지나면서 그는 경매에 눈을 떴다. 사야 할 곳과 사지 말아야 할 곳이 보이기 시작했다. 더구나 업무와 관련된 일이어서 공부하거나 정보를 얻기도 수월했다. 그렇게 회사일도 하면서 직접투자를 했다. 처음에는 금액이 많지 않아서 빌라부터 시작했다. 빌라가 30채 정도 되는 시점에서는 관리가 힘들었다. 사람을 고용하면 되지만, 아직은 자산 규모면에서 그럴 때도 아니었고 사람으로 인해 신경 쓰고 싶지 않았다. 차츰 정리를 하고 소형 아파트로 옮겼다. 시간 여유를 가지고 시달리지 않아도 돈이

도는 시스템을 만드는 것이 현명하다고 생각했다. 어느 정도 자금이 모이면서 소형빌딩에 관심을 갖게 되었다. 그가 주목한 핵심은 수익률이었다. 비록 강북이어도 유동인구가 많은 역세권으로 정했고 지금은 빌딩 위주로 투자한다.

경매는 하면 할수록 배워야 할 것이 많았다. 다른 부동산도 마찬가지지만 경매는 권리분석을 잘못하면 낙찰 받았더라도 되돌릴 수 없을 때도 있다. 그도 초창기 유치권설정이 된 곳을 낙찰 받았으나 해결하기 어려워 10% 냈던 입찰보증금을 포기했던 때가 있었다. 권리분석, 명도 등을 위해서는 법률 지식이 큰 도움이 된다. 지금은 법적으로 명도 등이 잘 되어 있지만 그가 경매를 시작했을 때만 해도 쉬운 일이 아니었다. 그리고 무엇보다 임장이 중요하다. 그는 지금까지 단 하루도 거르지 않고 임장을 다닌다. 얼마나 걷는 시간이 많은지 두 달에 한 켤레 정도의 운동화를 교체한다고 한다. 단 하루도 매물을 찾지 않은 날이 없었다. 또 매일 거르지 않고 신문과 지도를 보고 책도 읽었다. 지금이야 내비게이션이 있어서 주소만 찍으면 바로 찾을 수 있지만 그때만 해도 무겁고 커다란 지도책을 갖고 다니며 찾아 다녀야 했다. 땅은 더 찾기가 힘든 시절이 있었다.

C는 사람들이 지금은 경매할 때가 아니라고 해도 상관하지 않고 여전히 경매를 고집한다. 낙찰률이 높아져서 큰 수익이 없다고 해도 특수물건 위주로 하기에 영향을 받지 않는다는 것이 그의 지론이다. 또 꾸준히 물건을 찾고 기다리면 반드시 나오는 것이 경매이다. 좋은 지역은

물건이 없고 낙찰률이 높다고 얘기하는 사람들에게, 그는 중소형 역세권에 저평가된 물건과 강남 물건은 나올 때까지 계속 찾고 기다리면 시간이 걸릴 뿐이지 결국 나올 수밖에 없다고 한다. 다만 공부해서 일반 물건보다 특수 물건 위주로 하고 중간에 포기하지 않는다면 기회는 언제든지 있다고 했다.

"경매 물건은 시대와 어느 상황에서라도 지역에 상관없이 계속 나오기 때문에 자기가 원하는 곳은 나올 때까지 계속 보다 보면 진짜 나온다." 이것이 그가 지금까지 경매를 하고 있는 이유라고 했다.

"초보자들은 어떻게 경매에 입문하면 좋은가?"라는 질문에 그는 이렇게 말했다.

"시중에 이미 경매 관련된 책이 수없이 많다. 전문가들의 강연도 많다. 경매와 관련된 책 100권을 읽으라. 읽는 것에 그치지 말고 나와 맞다고 생각하는 방법을 적으라. 그중에서 이해하기 쉽고 본인과 맞다고 생각하는 책 10권을 추려라. 그 10권을 완전히 내것으로 만들 때까지 읽어라. 적은 것 중에서 당장 자신이 할 수 있는 것부터 순서를 정하고 하나씩 따라 하라. 시간을 내서 임장하고 공부하라. 종이신문을 꾸준히 보고 인터넷으로 다른 거 검색하지 말고 부동산과 관련된 기사와 계획과 정책들을 하나씩 보라. 그러면 어느 순간 보이기 시작한다. 이 세상에 노력 없이 거저 얻어지는 것은 하나도 없다. 공부와 경험이 제일 중요하다. 평범하지만 이것이 진리이다."

수없이 찾아오는 사람들에게 이 방법을 이야기해주어도 어렵다고만

할 뿐 실천하는 사람은 몇 명 되지 않는다. 당연하다. 쉬운 방법을 얻기 위해 그를 찾아오기 때문이다. 하지만 쉽게 얻는 것은 세상에 없다. 대법원 사이트와 다음(DAUM) 지도 등을 이용하여 잘 아는 지역을 위주로 물건을 자주 보라. 그러다 보면 그 지역의 시세 지도가 머릿속에 그려진다. 그리고 그 지역의 경매물건이 나오는지 보면 된다. 나중에는 자연스럽게 유료로 정보를 제공하는 사이트를 이용하게 된다.

C가 소개하는 자신의 투자법은 다음과 같다.

그는 역세권에 주요 개발지역을 알아보고 그 전에 경매로 물건을 구입한다. 개발에 관한 정보를 취득하는 방법은 여러 가지가 있는데, 첫 번째는 종이신문이다. 아무리 바빠도 시간을 내어 10종류의 종이신문을 본다. 신문 값을 아까워하는 사람들이 있는데, 그런 사람들이 술값은 아까워하지 않더란다. 신문을 통해 그 값 이상을 얻으니 그에게 신문 값은 하나도 아깝지 않다. 아니 오히려 싸게 투자정보를 얻을 수 있는 양질의 통로이다. 시간이 없다, 돈이 없다는 핑계는 자신에게 대지 말라고 한다. 그도 어려운 시절에는 도서관이나 은행에 가서 신문을 보았고, 필요한 정보는 적어왔다.

1차로 신문에서 정보를 얻고, 두 번째로는 개발이 발표난 지역의 계획을 정확히 알기 위해 지자체 홈페이지 등에 들어가서 고시·공고란을 살펴본다.

세 번째는 손쉬운 방법이다. 네이버 등 포털 사이트를 검색한다. 기사 위주로 보고 각종 카페나 블로그도 참고한다. 이렇게 온오프라인 정보의 퍼즐을 꿰맞춘다 생각하면서 자기만의 방법으로 자료를 수집하고 정리한다. 그중에서 자신의 입맛에 맞는 곳을 최종 투자처로 정한다.

이것으로 끝이 아니다. 그 다음 중요한 필수 작업은 임장이다. 한 번이 아니라 여러 번 가야 한다. 나도 그 말에 공감한다. 나 역시 2층 아파트를 봄날 오전에 한 번 가서 보고 바로 계약한 적이 있었다. 베란다를 튼 거실 창에 봄 햇살이 가득했고, 햇살을 받은 나뭇잎이 영롱하게 반짝이는 모습에 반해 다른 것은 아무것도 보이지 않았다. 그러나 나뭇잎이 떨어진 가을과 겨울에는 블라인드로 가리고 살아야 했다. 남향이여도 블라인드와 2층이라 햇살의 혜택을 잘 받지 못한 것이다. 베란다를 트니 겨울에는 더 추웠다. 그 이후로 특정 시간이 아닌 오전, 오후로 나누어서 가고 사계절을 생각하며 집을 보는 습관이 생겼다. 나의 이런 경험을 이야기하자 그 역시 임장의 중요성은 아무리 강조해도 지나치지 않는다고 동의했다. 임장은 한 번만 간다고 생각하면 오산이다. 필요하면 수십 번이라도 가야 한다. 부동산은 마트에서 물건을 사는 것과 차원이 다르다. 돈의 크기가 다르고, 한번 사면 되돌리기가 매우 어렵다. 또한 한번 사면 일정 기간 보유해야만 한다. 그러니 확인하고 또 확인하는 습관이 얼마나 중요한가.

발표와 다른 것은 무엇인지 어떤 것이 좋아지는지 등을 직접 눈으로 확인해야 한다. 그 지역의 공인중개사도 방문해야 한다. 어떤 사람은 생각보다 친절하게 주변 정보를 주기도 한다. 나도 그렇게 알고 지내는 중개사들이 꽤 많다. 여러 곳을 방문해서 현지인들의 의견을 내 자료와 다시 한 번 비교하고 정리하는 작업을 거쳐야 한다. 그는 동네 상가에 가서 상인들에게도 정보를 얻는다고 한다. 밖에서 보는 것과 현지에 가 보면 다른 것도 많고 예상치 못한 고급정보를 아낌없이 주는 경우도 있기 때문이다. 이 모든 것을 종합해야만 비로소 사야 할 부동산인지 사지 말아야 할 부동산인지 판단이 가능해진다.

C가 경매를 시작한 지 15년이 되었다. 그동안 두 여동생을 졸업시키고 결혼도 시켰다. 더욱이 작지만 집 한 채씩도 동생들에게 장만해 주었다. 얼마 전 그도 결혼하여 가정을 꾸렸다. 지금의 반려자도 경매모임에서 만나 이제는 함께 임장하러 다닌다. 지금은 낙찰률이 높아져서 경매할 곳이 없다고들 하지만 언제나 기회는 있다. 남들이 하는 만큼 해서는 그만큼의 결실만 맺는다. 자신도 하면 할수록 배울 것이 많고 시대의 흐름에 맞추어 적용해야 할 것도 많다는 사실을 잘 알고 있다. 누가 나를 대신해 주는 것도 없고 내가 노력하고 아는 만큼 결과를 얻을 수 있다고 다시 한 번 강조했다. 그의 외모와 재력을 보면 원래부터 부자 같다. 신흥부자들의 공통점이기도 한데, 직접 만나봐야만 현재의 모습이 남다른 노력의 결과라는 사실을 알 수 있다.

• 대법원 법원경매정보(http://www.courtauction.go.kr/)

• 공매사이트 온비드(http://www.onbid.co.kr/)

4

청개구리 정신으로
부자되다

미혼인 D는 어머니의 병수발을 하는 효녀이다. 통 크고 화통한 그녀는 오지랖으로 통한다. 주변에는 항상 사람이 많고 다방면으로 아는 것도 많다. 알고 있는 정보는 주변과 나누는 성격인데, 특히 재테크와 부동산 투자에 일가견이 있다. 본인 것뿐 아니라 지인들의 부동산까지 분석해 주고 임장도 같이 간다. 자신이 어려운 시절을 지나왔기에 누구보다 후배들을 더욱 챙긴다. 밥을 사주면서까지 재테크 상담을 하고, 종잣돈을 모아 거주할 집은 하나 장만해서 결혼하라고 조언한다.

몇 해 전 부동산 폭락을 주장하는 전문가들이 있었다. 집이 없는 사람들은 믿고 싶었을 것이다. 어느 날 D는 외국에 3년 정도 나가는 후배와 점심을 먹었다. 후배는 집에 관한 고민을 상담했다. 부동산이 폭락한다는데 팔고 갈지 전세를 놓고 갈지 고민이었다. 그도 그럴 것이 결혼한 지 얼마 안 되었고 혼수 대신 대출을 포함하여 집을 구입했기 때문이다. 그에게 집은 거주 이상의 전 재산인 셈이다. 만약 폭락한다면 손해 보는 상황에서도 대출이자를 내야 하는 이중고를 겪어야 한다.

심지어 후배의 주변 사람들은 '팔고 가라'가 대세였다. 그러니 마음이 흔들리지 않을 수 없었다. D는 쿨하게 대답했다. "안 봐도 안다. 주변 사람들은 비슷한 30대 중반일 것이고 자가 소유자는 거의 없을 것이다. 부동산을 대하는 자세가 거기서 결정된다. 나도 그랬기 때문에 안다. 그래서 비슷한 상황의 친구들에게 물어보는 것은 의미가 없다. 그렇게 중요한 일을 왜 전문가에게 물어보지 않는지 모르겠다. 가까운 공인중개사에 가보았느냐? 전문가 카페도 많은데 상담은 해보았나?" 후배는 그럴 생각도 못했다며 나직이 고백했다. D는 한 채는 필수라고 했다. 폭락하던 안 하던 거주 공간은 필요하다. 3년은 금방 간다. 폭락하면 속상하고 담보가치가 하락하는 것은 맞지만 투자 목적이 아니었다면 세금도 감안해야 한다. 그리고 돌아올 때 가족이 늘어서 올 텐데 거주지가 있는 것과 없는 것은 심리적 부담이 다르다. 그러니 신중히 결정하라고 주문했다.

아니 오히려 추가 구입을 권했다. 어리둥절한 후배에게 그녀는 말했다. 지금 거주하는 곳은 전세를 놓고 그 자금으로 같은 곳 작은 평수를 구입하라는 것이었다. 거기서 나오는 월세로 대출이자를 상환하면 된다. 그녀는 향후 부동산은 폭등은 없겠지만 그렇다고 폭락도 없을 것으로 예상했다. 다만 차별화 지역은 반드시 생긴다.

후배는 그녀 말대로 집을 팔지 않고 해외로 떠났다. 역시 폭락은커녕 꾸준히 상승했다. 심지어 반전세 시장으로 전환을 하고 있는 추세이다. 그 당시 폭락을 외쳤던 전문가의 말을 듣고 집을 처분했다면 그 후배의 부담은 커졌을 것이다. 물론 미래 예측은 틀릴 수 있다. 각자 다른 전문가의 의견을 수용하고 안 하고는 개인의 몫이다. 그들을 탓할 생각은 없다. 각자 판단 기준이 다르기 때문이다.

D는 부동산이란 거주 목적으로 한 채가 있다면 오르건 내리건 의미 없다고 생각한다. 그런데 오르면 당장 차익이 내손에 들어오지 않는데도 마치 돈을 번 것처럼 소비하는 행태를 안타까워한다. 또한 투자에 있어서는 남들과 반대로 가라고 주문한다. 사는 사람과 파는 사람의 입장에서 각각 따로 생각해 봐야만 투자가 명확해진다. 이 말은 곧 남들이 팔아야 한다고 아우성일 때 반대로 사야 할 시점이라는 사실이다. 매우 단순하지만 그녀가 실패하지 않는 이유다. 파는 사람이 많을 시기에는 가격이 떨어진다. 상대적으로 좋은 물건을 싸게 살 기회인 셈이다. 매도자가 많을 때 시장은 어떻게 변하는지 생각해 보라. 매수자가 '갑'의 위치에 서게 된다. 팔려는 사람들이 서로 더 싸게 팔려고 경쟁하기 때문이다.

그날 점심은 후배에게 청개구리 정신이 생기는 계기가 되었다. 그렇게 3년은 금방 갔다. 이후로 후배는 부동산뿐만 아니라 생활의 모든 면에서 보는 관점이 달라졌다. 후배의 친구들도 자가 소유율이 높아졌다고 한다.

미래는 알 수 없지만 정할 수는 있다고 한다. 지금 누구와 함께 하느냐에 따라 나의 5년 후 10년 후가 결정된다. 때로는 나로 인해 내 주변 사람들의 미래도 정해진다. 오지랖 효녀인 D가 그런 존재이다. 그녀의 투자는 항상 청개구리 같다. 남들이 빠져나올 때 시작한다. 모두 안 된다고 할 때가 시작할 때라고 믿는다. 그리고 남들이 아무리 좋다고 해도 절대 무리하지 않는다. 모두 경험에서 나온 말이기에 더욱 와 닿는다.

젊은 시절 그녀도 남 따라 재테크를 하다 크게 손해를 보았다. 반전의 기회는 뜻밖의 모습으로 찾아왔다. 당시 그녀는 풀리지 않는 힘든 나날을 보내고 있었고, 시골에 있는 홀어머니도 온전히 그녀가 부양해야 했다. 어느 날 어머니에게 가는 기차 안에서 허름한 차림의 옆자리 어르신에게 아버지가 생각나 계란과 사이다를 건네면서 대화가 시작되었다. 그때까지도 그분이 강남에 빌딩을 3채나 소유한 부자라는 사실을 알지 못했다. 이런 저런 이야기를 하다 그녀의 현실이 딱했던지 자신을 찾아오라고 주소를 알려주었다. 그리고 강남에 갈일이 있어서 찾아갔단다. 건물에서 일하는 분인 줄 알았는데 건물주가 아닌가! 그때부터 인연이 되었다. 시골에서 맨손으로 상경해 건물주가 되기까지 분명 비결이 있을 거라는 생각에 수시로 찾아갔다.

하루는 어르신이 불러서 한걸음에 달려갔다. 골목에 작은 빌딩이 나왔는데 구입하라고 셨다. 부동산 경기가 좋지도 않거니와 경제적인 여건도 안 된다고 말씀드렸다. 그분은 시세보다 싸고 기회이니 잡아야 한다며, 어머니 모시고 와서 세받아 먹고 살라고 했다. 우선 빌려줄 테니 갚으라고 하며 자금까지 빌려주었다. 그 은혜는 평생 갚겠다고 다짐했단다. 그리고 2년 후 서초동에 삼성타운이 들어선다는 발표가 났다. 드라마에서나 들었던 이야기이다. 그녀는 이후로 주변에 나누며 살고 있다. 그래서 가족 이상의 끈끈한 관계도 많이 맺었다. 나도 D에게 조건 없는 도움을 받은 적이 있다. 그녀는 내게 받은 만큼 다른 사람에게 돌려주라고 말했다. 그녀가 오늘날처럼 오지랖이 넓어진 이유를 알 만하다. 그녀의 조언처럼 받은 만큼 누군가에게 베풀고, 그 씨앗이 커져서 또 다른 누군가에게 씨앗이 되어야 한다. 세상을 모두 바꿀 수는 없으나 내 주변부터 바뀌기 시작하면 세상도 바뀌지 않을까.

이후로 그녀는 청개구리 투자를 계속했다. 단, 원칙 없이 아무 곳에나 투자하진 않는다. 과거 시세를 보고 현재 저평가되었다고 판단되면 하락하는 부동산도 과감하게 구입한다. 돈이 많아도 쉽지 않은 결정이다. 어떻게 그럴 수 있느냐는 질문에 그녀는, 오랜 시간 현장에서 터득한 말로 설명할 수 없는 '촉'이라고 한다. 촉이라고 설명했을 뿐 결코 우연은 아니다. 무림의 고수에게서나 나옴직한 내공이다.

그녀와 만나는 시간이 참 좋다. 부자라서 좋은 것이 아니라, 항상 새로운 관점에서 생각할 수 있는 새로운 길을 보여주기 때문이다. 그녀는 청개구리 정신으로 살라고 강조한다. 그 정신은 투자에도 똑같이 적용된다. 나중에는 전 재산을 사회에 환원하고 가겠다고 한다. 정말 이렇게 아름다운 청개구리는 본 적이 없다.

5

독서경영으로
1조를 꿈꾸다

사업시작 5년 만에 470억 매출의 비밀은 독서이다. 독서로 삶을 바인 딩하니 사업은 눈부시게 성장했다. 어떻게 그게 가능한지 너무나 궁금했다.

E는 언제 보아도 밝고 즐거운 톤으로 인사한다. 볼수록 인사성 바르고 예의바른 청년이다. 핑크색 바인더를 꾸준히 사용하면서 수시로 일정을 체크하고 메모한다. 요즈음 보기 드문 젊은이라고만 생각했다. 더군다나 'ㅇㅇ미트'인 상호를 '마트'로 봐서 부모님이 운영하는 마트를 돕는 효자라고 생각했다. 그가 매출 470억 원의 수입고기 유통회사 대표라는 사실은 나중에 알았다. 그런데도 겸손하고 성실한 모습에 다시 한번 놀랐고 그 비결이 궁금했다. 그는 이렇게 말한다. "오늘의 한 권이 인생의 방향을 바꾼다. 책은 씨앗이다. 생각의 씨앗일 뿐 아니라 책 속

에 글씨가 들어 있고 읽는 사람의 말씨에 영향을 미친다. 옥수수 한 자루에 약 500알 정도의 씨앗이 빼곡하게 박혀 있다. 옥수수 한 자루에서 단 하나의 씨앗만 골라 심어도 두 자루 이상의 옥수수가 열린다. 무려 1000알의 씨앗이 생기는 것이다. 1000배의 성과라고 볼 수 있다."

〈독서 천재가 된 홍팀장〉에서 강규형 대표의 말처럼 E는 독서를 통해 지혜를 얻고 제대로 삶에 적용한 청년이다. 책 한 권을 옥수수 한 자루에 비교하면, 500알이 몇 천 배의 매출이익으로 되돌아온 것이다. 그는 자신의 성공 비결을 '(본깨적) 독서경영'이라고 주저 없이 말한다. 단, 그냥 단순히 책을 읽기에 끝나는 것이 아니라 제대로 읽는 방법이 있다고 한다. 그것을 알고 적용하면 우리도 몇 천 배의 성과를 낼 수 있다. 그러니 안 할 이유가 없다.

E는 평범한 집의 아들이었다. 서울의 명문대학 토목공학과에 입학했으나 공부보다는 사업이 하고 싶었다. 그러나 부모님에게 사업자금을 지원받을 형편이 아니어서 스스로 벌어서 시작하는 방법밖에 없었다. 스무 살의 청년은 이런 저런 아르바이트로 500만 원을 모았다. 이를 종잣돈 삼아 평소 관심이 많았던 오토바이를 사업 아이템으로 잡았고 1년 만에 1억 원이나 모았다. 그때까지는 사업은 자신만 잘하면 된다고 생각했지만, 뜻하지 않은 곳에서 좌절을 맛보았다. 1년간 열심히 뛰어서 번 1억을 몽땅 사기당한 것이다. 스물 한 살의 청년은 다시 빈손으로 돌아갔다. 그렇게 하루아침에 허무하게 원점에 서 있었다. 제대로 세상의 쓴 맛을 본 것이다. 무언가 돌파구를 찾아야 했다. 일단 군 문제

부터 해결하기로 했다.

제대 후 사업자금을 마련하기 위해 조개구이집에서 아르바이트를 시작했다. 그곳은 그가 사업가로서 새로운 세상을 배우는 계기가 되었다. 조개구이집 대표는 남들과 달랐다. 수족관에 직접 들어가는 등 매일 새로운 아이디어로 고객을 끌었다. 단순히 음식을 파는 장사가 아니라 고객들과 즐거움을 나누자는 마인드였다. 조개가 조금이라도 깨지고 상태가 좋지 않으면 과감하게 버렸다. 매일 버려지는 양이 많지만 처음부터 지금까지 고수하고 있다. 가게 안에서도 종업원과 닉네임으로 호칭을 부르며 존중해 주어 일하는 것이 매우 즐거웠다. 쉬는 날이 있었지만 대표에게 배우는 게 좋아서 1년 365일 동안 하루도 쉬지 않고 나왔다. E에게 이곳은 일하는 곳이 아닌 배우는 곳이었다. 조개구이집 대표는 에어컨 기사에서 시작해 연매출 150억 원을 일으키는 인생역전의 인물이었다. 지금도 남다른 경영철학을 여전히 나누고 있다.

그를 통해서 또 한 명의 멘토를 만났다. 야채가게 성공신화를 일구어낸 대표이다. 말이 걸쭉한 그는 새벽에 출근해서 독서도 해야 했고 지켜야 하는 것도 많았다. 어찌 보면 견디기 힘들고 철저했다. 그러나 세상이 생각보다 만만치 않다는 것을 아는 그 대표는 청년들에게 일부러 혹독한 교육방식을 채택한다고 했다. 그것을 견뎌야만 세상에 나가서도 견딜 수 있다는 그만의 철학이 있었다. 가끔 오해를 받기도 했지만 그런 것쯤은 상관하지 않았다. 세상에 나가서 받는 오해는 장사하면서 치명타가 될 것이고 어려움을 극복하지 못하고 좌절하면 영업점은 문을 닫아야 한다는 사실을 잘 알고 있었다. 다양한 고객들에게 때로는 험한 소리도 들어야 한다. 그런 작은 순간마다 상처를 입는다면 장사로 성공하기는 어렵다. 그 대표도 그런 시간을 지나왔기에 아는 것이다. 그 역시 21살에 사기를 당해 봤기에 누구보다 그 대표의 마음을 이해할 수 있었다. 그의 욕설이 나를 무시하거나 해하려는 것이 아니라 단련시키려는 애정 어린 마음이라는 사실을 잘 알고 있었다. E는 이 두 명의 멘토를 통하여 크게 성장했고 자신도 누군가에게 그런 멘토가 되어야겠다고 다짐했다.

더 넓은 세상에서 더 배우고 싶었다. 28세에 호주로 워킹홀리데이를 떠났다. 호주에서도 몸은 힘들었지만 새로운 경험을 많이 했다. 특히 인생의 기회가 찾아왔다. 바로 수입육을 알게 된 것이다. 해물과 야채계의 멘토에게 배운 것처럼 그는 수입육계의 멘토가 되자고 다짐했다. 한국으로 돌아와 학교를 그만두었다. 그만큼 고기의 최고봉이 되고 싶다는 굳은 결심이 있었다. 회사 규모와 상관없이 당장 현장에서 배울 수 있는 수입육 관련 회사에 취업했다. 그동안 멘토들에게 배운 것과 호주에서의 경험들이 열정과 만나서 누구보다 열심히 뛰었다. 뛰는 것 이상으로 성과가 났다. 단시간에 큰 성과를 내다보니 더 큰 의욕이 생겼다. 마음이 앞서고 의욕이 넘치다 보니 중심 잡기가 힘들었다. 초심으로 돌아가야 했다. 당장 눈앞의 성과가 중요한 것이 아니라 십년 후, 이십년 후를 내다볼 수 있는 안목이 필요했다. 그때 인생의 원동력이 되어줄 독서를 알게 되었다.

그의 나이 30살에 (본깨적) 독서모임인 나비(나로부터 비롯한 변화)에 참여했다. 토요일 새벽 6:40~9:00까지 진행한다. 주말 아침에는 나태해지기 쉬우므로 이 기회에 모든 생활을 변화시키고자 참석했다. 그동안 독서라면 베스트셀러 위주의 재테크 서적이나 자기계발서를 선택했지만, 독서나비에 참석하면서 엄선된 양질의 서적들을 접했다. 전에는 단순히 읽고 깨닫는 것에 그쳤다면, 독서를 통해 깨달은 바를 적용하는 방식으로 발전하였다. 그간의 경험으로 체득한 지식들이 독서로 연결되었다. 책을 통해 배우고 깨달은 것을 현업에 바로 적용했다. 좋은 것은 그대로 따라했다. 아니 무조건 책에 나오는 성공한 사람들의 좋은 점을 깨닫고 자신의 삶에 그대로 적용했다. 독서모임에서는 바인더를 사용하라고 권했다. 적는다는 것이 익숙하지 않아 처음에는 불편했다. 매일 일어날 일을 미리 적고 그날 마치면서 점검을 한다. 그러다 보면 놓치는 것도 없고 점검하다 보면 새로운 아이디어도 떠오른다. 익숙해진 지금 바인더는 없어서는 안 될 사업파트너이다. 또한 수시로 생기는 시행착오들에 대한 해답도 책에서 찾았다. 관련 서적들을 읽으면서 좋다고 생각하는 것들을 접목하다 보면 해결되었다. 바인더를 작성하며 철저하게 관리했더니 큰 성과로 이어졌다. 대리에서 이사까지 2년 만에 초고속으로 승진했다. 그 2년 동안 수많은 책을 통하여 세상의 지혜를 깊이 있게 이해할 수 있었다.

E는 32살이 되는 해에 독립하여 자기 사업을 시작하기로 했다. 여태껏 그를 지켜본 대표는 흔쾌히 사표를 받아주었고 심지어 3억 원을 창

업자금으로 지원까지 해주었다. 그렇게 자기자본 0원에서 수입고기 유통사업을 시작했다. 그만큼 주위에서도 인정해 주었지만 무엇보다 그는 자신에 대한 확신이 있었다. 확신을 가질 수 있었던 것은 바로 책이 있었기 때문이다. 어떤 상황에서도 책에서 경영의 지혜를 구할 수 있다고 판단한 그의 생각은 적중했다. 그동안 책에서 배우고 현장에서 익힌 것들이 나타나기 시작했다. 그렇게 1년 만에 창업자금 3억 원을 상환할 수 있었다.

아무리 책을 통해 경영을 배웠다고 하지만 구체적인 방법이 궁금했다. 그는 직원으로 있을 때와 다르게 사업을 하면서 공부할 것이 더 많았다. 인사관리, 재무관리, 세무와 회계관리도 혼자서 다 해야 했다. 그러나 그러한 것들을 배우기에는 시간이 턱없이 부족했다. 각 분야에 성공한 사람들의 책부터 모두 책을 통하여 아이디어를 얻었고 자신의 상황에 맞게 적용했다. 고기 유통도 주식과 같은 시스템을 적용했다. 단기적으로는 가격이 쌀 때 수입해서 이득을 남기는 것이다. 단가에서 승부가 나야 시세차익이 많이 난다. 그러나 주식처럼 지금 사야 할 때인지 아닌지를 매번 맞추기는 어렵기 때문에 그는 데이터를 수집하고 분석한다. 디테일하게 수익구조를 파악하는 것이다. 또한 판매처에 나가는 물량이나 수량과 품목도 철저하게 데이터화하여 분석한다. 이러한 자료들이 뒷받침되면 시대적인 상황에 대비할 수 있고 미리 예측할 수 있다.

일례로 거래처마다 나가는 품목이 월별로 다르다. 이것을 데이터화해 놓으니 미리 예측이 가능하다. 그러면 사전에 가격이 쌀 때 사놓으면 된다. 간단하지만 노력이 필요한 부분이다. 그는 주식책으로 이런 부분을 배웠고 고기유통에 접목했을 뿐이라고 한다. 인간관계와 관련된 책으로는 거래처와의 관계를 배웠다. 한 번 거래한 곳과 계속 유지하는 비결은 파트너십이었다. 유통 관련 도서에서도 좋은 점을 배워 홈쇼핑과 온라인 쇼핑몰에 적용했는데 큰 도움이 되었다. 세금과 회계도 책에서 배운 좋은 점은 무조건 적용하고 있다. 직원이 몇 명이냐고 물으니 12명이란다. 어떻게 그게 가능하냐는 질문에 이 모든 것을 시스템화하여 적용한다고 했다. 제일 좋은 배움은 인사관리 책을 통하여 습득한 것이다. 직원들에게 좋은 점을 적용해서 그들도 함께 성장하기를 바라기 때문이다. 그가 독서경영을 채택한 이유이다.

그는 직원들에게도 독서를 권장한다. 독서모임 참여와 책 구입비는 금액제한 없이 전액 지원하고 있다. 매월 한 번은 전 직원이 모여 독서한 내용을 이야기하고 공유한다. 그때에도 산책을 한다거나 자유로운 분위기 속에서 진행한다. 처음에는 독서를 싫어했던 직원들도 차츰 독서의 매력에 빠져들었고 그러다 보니 직원들과의 독서모임이 수월해졌다. 얼마 전에는 직원들과 '승승합의서'를 작성했다. 승승합의서에는 직원들이 하고 싶은 일과 앞으로 미래에는 어떤 일을 하고 싶은지? 회사에는 어떤 기대가 있는지? 어떤 목표가 있는지? 목표를 이루었을 때 회사에서 해주었으면 하는 것은 무엇인지 작성했다. 대표가 아무리 잘한다 해도 사람은 다 다르다. 생각도 다르고 추구하는 바도 다르기에 이해하기 어려운 부분이 있다. 그러나 이러한 것을 작성함으로써 서로를 이해할 수 있다. 함께 이루어가면서 성취감이 생긴다. 최근 4년차 영업 사원이 세운 목표를 달성하여 그가 원했던 7천만 원짜리 BMW를 사주었다. 직원은 목표를 이루었고 회사는 매출에 이익이 났다. 다른 직원들에게도 동기부여가 되었고 진심으로 함께 축하해 주는 화합이 이루어지고 있다. 독서는 동반 성장의 원동력이 되고 있다.

"1조 매출이 목표입니다."

그 이유를 물었더니 책을 통해 임계점을 넘은 성공한 사람들에게 배웠다고 한다. 세상은 참으로 자연스럽게 성공한다. 여러 가지 노력과 인격을 통하여 주변 인프라가 구축되면 성공할 수밖에 없게 만들어진다. 1조의 목표를 달성하면 제일 먼저 전 직원과 해외여행을 가려고 한다. 직원뿐만이 아니라 그들의 가족도 모두 함께 모시고 가서 여기까지 올 수 있게 해주셔서 감사하다고 인사를 드리고 싶다. 그리고 향후 회사의 계획과 비전을 가족들과 나누고 싶다. 그래서 E에게는 원칙이 있다. 20대에는 돈을 모으는 시기가 아니라 자신을 경험하는 시간이다. 그래서 안 해본 일이 없었고 돈을 벌어도 자신의 성장을 위한 배움에 투자했다. 40대까지 버는 돈은 자기 돈이 아니라고 생각한다. 그래서 지금도 회사 자산을 쌓는 일에 중점을 두고 있다. 대표이기 전에 회사가 우선이다. 돈도 최대한 적게 가져간다. 직원들과 같이 상의하고 나누고 있다고 했다. 이 모든 것이 독서를 통하여 가능하다고 했다. 7년 동안 거의 매주 새벽이면 참여하고 있다. 5년 만에 매출 470억을 이룬 것이 기적이 아니라는 것을 알았다. 돈이 많은 성공신화의 청년이라서 대단한 것이 아니다. 그는 젊은 나이임에도 가치관과 경영 철학이 남다르다. 몇 년 후에는 1조 매출을 이루어 전 직원과 그들의 가족과 해외 여행을 갔다는 소식을 들을 것이라 확신한다.

'청년 버핏'이라 불리는 경북대 4학년 박철상 씨도 수백만 원으로 시작한 주식으로 큰 수익률을 낸 비결로 1년에 140권의 책을 읽은 덕분이라고 밝혔다. 더욱이 그가 추천한 책은 주식과 관련된 재테크서적에 국한되지 않았다. 역사, 위인전, 철학, 사회과학, 정치 등의 다양한 책으로 미래예측 능력을 키울 수 있었다고 한다. 그도 전 재산을 사회에 환원할 계획이라고 밝혀 양질의 독서가 개인의 성장동력이 되어 사회로 다시 되돌아오는 선순환이 이루어짐을 알 수 있다.

많은 사람들이 여러 분야의 독서를 통하여 미래의 혜안을 갖고 성장하여 놀라운 성과를 내기를 기대한다. 대한민국에 이런 청년들이 함께하고 나누고 있으니 우리의 미래는 밝을 수밖에 없다.

실행력을 높이는 독서 솔루션
독서 사이클을 만드는 습관

1. 목적 있는 독서를 하라

초심자가 처음에 책을 고를 때는 유행에 따르거나 흥미 위주의 책, 혹은 베스트셀러 중심으로 책을 고르는 경향이 있습니다. 이것을 '유희적 책 읽기' 즉 감정에 따라 읽는 독서라고 합니다. 그러나 팀장으로 성과를 내고 싶다면 분명하게 자신의 목적에 맞는 책을 읽을 것을 권장합니다. 즉, 자신의 꿈에 대한 부분, 전문 분야에 대한 부분, 자신을 경영하는 부분, 학습에 대한 부분 등 독서의 목적을 먼저 정하고 책을 골라 읽는다면 더욱 효과적으로 독서를 할 수 있습니다. 전체 독서량의 70~80%는 자신의 전문분야를 더욱 성장시켜 줄 책을 읽고 나머지 20~30%는 트렌드, 신간, 베스트셀러 순으로 고르세요.

2. 무작정 읽지 말라

책을 읽을 때 독서법을 배우라고 하면 대부분 그냥 읽으면 되는 거 아니냐며 의아해합니다. 그러나 효과적으로 읽을 수 있는 다양한 독서법이 존재합니다. 자신에게 알맞은 독서법과 독서정리법을 배울 수 있다면 더욱 흥미 있게 책을 읽을 수 있습니다.

3. 1년에 50권 사이클을 만들라

매주 1권씩 읽으면 1년에 몇 권을 읽을 수 있을까요? 최소 50권이 됩니다. 일하면서 부담 없이 책을 읽을 수 있는 양은 1주일에 1권입니다. 만약 1년에 50권 이상을 너끈히 읽을 수 있게 되면 100권으로 목표를 높여 잡아 달성해 갑니다.

4. 머리를 깨우는 5분 틈새 독서

외부환경에서 책을 보면 의외로 집중력이 높아집니다. 5분, 10분을 보더라도 꽤 많은 양의 책장을 넘길 수 있습니다. 어떤 장소에서든 책을 가져가는 습관을 기르세요. 다만 1주일 이상 같은 책을 가지고 다녀서는 안 됩니다. 가방 속에 계속해서 가지고 다니는 책은 마음의 짐일 뿐입니다.

5. 입으로 말하면 머리에 각인된다

독서는 혼자 하는 것보다 모임을 만들어 함께 하면 열정을 유지할 수 있고 다양한 관점과 지식을 배울 수 있습니다. 사람은 가르칠 때 가장 많이 성장합니다. 많이 알아서 가르치는 것이 아니라 먼저 알았기 때문에 가르치는 것입니다. 읽은 책은 부지런히 주변 사람들에게 알리고 말하세요. 독서의 기쁨이 몇 배로 커집니다.

6. 책의 여백을 그냥 두지 말라

책을 깨끗이 읽어야 할 이유는 없습니다. 떠오르는 아이디어, 적용사항, 깨달은 점 등을 거리낌 없이 여백에 적고, 책장의 귀퉁이를 접거나 포스트잇 등을 붙여둡니다. 책의 맨 마지막 장에는 읽는 날짜와 간단한 소감을 써두세요. 재독, 삼독을 할 때도 역시 읽은 날짜를 기록합니다.

7. 깨달은 것이 있다면 반드시 실천하라

현장에 적용하지 않는 책 읽기는 시간낭비입니다. 업무에서 성과를 올리고 자기계발을 원한다면 반드시 개인적으로도 조직적으로도 적용하는 것을 습관화해야 합니다.

〈〈독서 천재가 된 홍팀장〉, 강규형〉

내 이름은
엄마입니다

"김 여사! 밥이나 하지 차는 왜 끌고 나온 거야?"

몇 해 전 아줌마를 폄하하는 김여사 시리즈가 유행했다. 잊을 만하면 여러 가지 상황에서 다시 등장하는 김여사이시다. 경우 없고 막무가내의 행동을 일삼는 인물로 묘사한다. 심지어 모 여자 국회의원은 "밥하는 아줌마"라고 발언하여 물의를 일으켰다. 그 자신도 국회의사당에서는 의원님이지만 동네에서는 아줌마이다. 그 아줌마는 집에서는 아내이자 엄마이며 그 이전에 여자 사람이다. 그렇게 표현하는 사람의 어머니이자 아내이자 딸이다. 결국 자기 가족에게 그렇게 말하고 있는 것이다. 하지만 나는 대한민국의 아줌마는 대단하다고 생각한다. 어느 나라에서도 볼 수 없는 강인함이 있다고 자부한다.

F를 처음 만난 것은 연금가입을 위해서였다. 억대 연봉의 보험설계사라고 해서 궁금했다. 작은 체구의 그녀는 조용한 말투로 조목조목 장점을 설명해주고는 어떤 부분을 보완해야 하는지까지 솔직하게 말해주었다. 지금까지 수많은 설계사를 만났지만, 장단점과 여러 금융상품 등으로 보완방법까지 설명해주는 설계사는 처음이었다. 지금 가지고 있는 보험증서들을 전부 꼼꼼히 검토한 후 다시 설계해주었다. 타사 상품까지도 내게 도움이 된다면 재설계해주는 모습에 신뢰감이 생겼다. 그녀를 통해 연금과 질병 관련 보험상품들을 새롭게 세팅할 수 있었다. 그렇게 세팅하고 나니 미래에 대한 불안감이 싹 가시는 경험을 했다.

그렇게 시작한 인연으로 F와 수시로 연락하고 지냈다. 보험 가입 후 갑작스런 수술로 그녀의 도움이 필요했다. 그때까지는 보험의 효과에 대하여 별 생각이 없었다. 가계가 어려울 때는 보험부터 해약한다. 나도 보험은 손해가 아닌가 하는 생각에 아까워한 적도 많았다. 그러나 직접 닥치고 나니 이래서 보험인데, 보험의 성격을 자꾸 예금이나 투자로 여겼다는 것을 깨달았다. 말 그대로 뜻하지 않은 사고에 대한 보험이다. 그녀는 경제적으로나 심적으로 도움을 많이 주었다. 이후 더욱 가까워졌으며 자매 같은 사이가 되었다.

어느 날 그녀에게 전화가 왔다. 급한 일이 생겼는데 어디다 도움을 청할 데가 없어서 내가 생각났단다. 우리 집과 가까운 경찰서에 가서 잠시 딸아이를 만나줄 수 있느냐고 했다. 부산에서 올라가는 길이라 3시간 후에나 도착할 예정이었다. 그 전까지는 그녀의 사생활에 관하여

들은 적이 없었다. 내 고민만 상담했다는 생각이 들었다. 급히 경찰서로 가 노랑머리의 아이를 만났다. 화장품가게에서 물건을 훔치다가 경찰서로 연행되어 왔다고 한다. 나를 적대적인 눈으로 쏘아보며 물건을 훔친 것쯤 아무것도 아니라는 태도를 보이는 아이를 보며 그녀에게 말못한 가정사가 있었다는 사실을 직감했다.

F는 복학생인 남편과 캠퍼스커플이었다. 남편은 졸업 후 곧바로 대기업에 취직했고 그녀와 결혼했다. 둘 다 집안의 도움을 받을 형편이 아니어서 반지하에서 어렵게 신혼살림을 시작했다. 남편은 평일에는 야근이 많았지만, 주말에는 직접 요리도 해주는 자상한 성격이었다. 부부는 열심히 일하고 알뜰히 모아서 작은 평수지만 아파트로 이사했다. 그렇게 평범한 주부로서 아내로서 행복한 시간이 계속될 줄 알았다.

평온한 시간이 계속되던 어느 날, 남편의 회사에서 구조조정이 단행되었다. 남편도 이를 피하지 못했다. 그때까지만 해도 금방 다른 곳에 취직할 줄 알았는데 현실은 생각과 달랐다. 취직에 번번이 실패하자 남편은 날이 갈수록 술에 의지하기 시작했다. 나중에는 폭언과 폭력까지 생겼고 알코올 중독이 심해 입원까지 해야 했다. 아내인 그녀가 생활비와 병원비까지 책임져야 하는 상황이 되었다. 이렇게 그녀의 인생은 완전히 달라졌다. 행복은 깨지고 그 자리에 경제적 궁핍이 자리 잡았다.

F는 이웃의 소개로 보험설계사 교육을 받았다. 솔직히 교육비에 욕심이 나서 시작했다. 밤에는 24시간 식당에서 일했다. 하루 4시간도 못자고 일했다. 초등학교 6학년인 딸아이도 갑자기 혼자서 모든 일을 해

야 했고 중학교에 들어가면서 밖으로 돌았다고 한다. 아이는 집에서 혼자 있는 것이 싫고, 마음에 맞는 아이들과 있는 것이 좋다며 가출 청소년들과 어울리다가 도벽까지 생겼다. 그녀는 참담했지만 그것마저 돌아볼 여유가 없었다. 무슨 수를 써서라도 이 상황을 견뎌내야 한다는 생각밖에 없었다. 하루하루 이를 악물고 버티며 교육에 임했다. 생소한 용어들이 어렵게 느껴졌지만 열심히 했다. 이동하는 버스 안에서 보고 또 보고 공부했다. 아이를 생각하면서 매일 이렇게 되새겼다. '이 또한 지나가리라!'

아무리 힘들고 어려워도 시간은 지나간다. 시간이 지나 보험설계사 영업을 시작하게 되었고, 그녀의 사정을 누구보다 잘 아는 식당 대표와 동료들이 먼저 가입해 주었다. 그녀는 어려운 동료들이 단돈 몇 만 원이라도 들어주는 것이 너무 고마워서 눈물을 펑펑 쏟았다고 한다. 그녀 역시 열심히 살아보려는 자신을 도와주고 싶은 마음이라는 것을 알았기에 보험설계사 입장이 아니라 동료들 입장에서 꼼꼼하게 설계했다. 그러면서 언젠가는 이 상황을 모두 이겨내고 자신을 도와준 사람들에게 다시 나누어 주는 삶을 살아야겠다고 다짐했다. 그때의 그 마음을 소중히 간직한 채 보험설계사 일을 계속했다. 그렇게 가입은 또 다른 가입으로 연결되었다. 식당에서도 파트타임으로 아침에 일하고 오후에는 보험설계사 일도 병행할 수 있었다. 6년 정도 숨 가쁘게 달려오다 보니 어느새 억대 연봉이 되었다. 한숨 돌리고 되돌아보니 딸아이도 혼자 힘들게 버티며 방황하고 있었다. 그 아이에게는 너무 미안했다.

그날 경찰서에서 딸아이를 데리고 나오면서 그길로 여행을 간다고 갔다. 그녀의 뒷모습을 보면서 딸과의 관계가 회복되기를 간절히 기도했다. 몇 달 후 연락이 왔다. 딸아이가 대안학교에 갔는데 적응도 잘하고 표정도 밝아졌다고 한다.

그녀의 남편은 알코올 중독도 문제였지만 합병증으로 간도 좋지 않았고 우울증도 겪고 있었다. 설상가상으로 시부모님도 챙겨야 하는 상황이 되었다. 물론 나 몰라라 외면할 수도 있는데 그게 안 된다고 했다. 천사가 아닐까 하는 생각이 들었다.

F는 남편과 시부모님과 나중에 함께 살 전원주택 부지를 보러 다녔고, 공인중개사인 고객의 도움으로 판교에 알맞은 땅을 구입했다. 그런데 개발호재와 맞물려 땅값이 많이 올랐고 그것을 정리하고 조그마한 빌딩을 구입해서 임대업을 시작했다. 언제 끝날지 모르는 남편의 병원비와 오랫동안 식당일을 하면서 손목 관절로 고생했기 때문에 내린 선택이었다. 그동안 은인처럼 생각했던 고객들을 한 분씩 찾아다니며 마음의 선물과 인사를 드렸다고 한다. 그리고 현업에서 물러나도 꼭 자주 연락드리겠다고 다짐했단다.

시부모님을 위해 작지만 시골에 주택도 지어드렸다. 딸아이는 대안학교를 졸업하고 검정고시로 지방에 있는 대학에 다니고 있다. 남편은 아직도 입원 중이지만 그녀는 모든 것이 꿈만 같고 감사하다. 여성으로 가녀린 체구에서 이 모든 것을 견딜 수 있었던 것은 엄마이기에 가능하지 않았을까.

• 보험상품 비교사이트는 금융감독원도 있고 생명보험협회도 있다.

http://pub.insure.or.kr/

내가 사는 동네 초입에 만화가게가 있었다. 그 집 주인은 우리 앞 건물에 살았다. 그녀는 시원한 성격이었고, 운영하는 만화가게는 늘 붐볐다. 남편 월급보다 많이 번다고 했다. 여러 권을 빌리면 한 권은 서비스로 빌려줬다. 반납이 조금 늦어도 뒤에 밀린 손님이 있을 때만 재촉했지 딱히 뭐라 하지 않았다. 단골이 되지 않을 수 없게 만들었다. 퇴근길 지나가는 나를 보면 반갑게 불러서 차도 주고 동네 돌아가는 이야기도 해주었다. 당시 만화가게 앞에는 피라미드 회사가 성장하고 있을 때여서 많은 사람들로 북적였다. 덩달아 동네 주변 상권도 활발했고 늘 새로운 뉴스가 있었다. 앞집 아주머니가 가입하고 단기간에 얼마를 벌었고 그래서 차를 바꾸었다는 둥, 누구 엄마도 시작했다는 둥, 이 동네 임대가격이 올라가서 걱정이라는 얘기까지 다양했다. 만화가게는 나이와 상관없이 모임의 장소가 되었다. 내가 이사를 하고 기억에서 잊힐 즈음에 우연히 퇴근길에 그녀를 만났다. 그녀가 먼저 알아보고 인사를 했다. 너무 반가워서 이야기하다 보니 한 시간이 훌쩍 지났다. 얼마나 신나게 그동안의 이야기를 했는지 배가 고파져 분식집으로 자리를 옮겼다. 또 커피숍으로까지 가서 4년 동안 일어났던 일을 모두 듣게 되었다.

우리가 이사 가고 좀 있다 그녀의 남편은 회사에서 구조조정을 당했단다. 만화가게가 있어서 당장 먹고살 걱정은 없었는데, 느닷없이 건물주가 가게를 비워달라고 했단다. 가게 특성상 그 주변으로 옮겨야 하는데 임대료가 너무 올라 무리였다. 그렇다고 다른 동네로 가는 것도 만만치 않았고 남편도 일자리를 구하지 못했다. 날짜는 자꾸 다가오고 특별히 모아놓은 돈도 없어 하루하루 피가 마르는 기분이었다. 그러던 어느 날, 단골과 이런저런 얘기를 나누다 자신의 현재 상황을 얘기했다. 50대 중반의 그분은 언제나 대낮에 추리닝 차림으로 만화를 빌리러 와서 백수라고만 생각했는데 뜻밖에 강남역에서 고시텔 2개를 운영하고 있었으며 수익률도 좋았다. 그분은 자신과 같은 고시텔을 추천했다. 그녀가 초기자금이 없다고 하자 대출이 80%까지 가능하다며 자금 부담도 없고 수요가 많아서 공실 없이 바로 차니 금액 되는 만큼의 크기로 시작하면 된다고 조언했다. 강남과 서초는 직장인들이 많고 방학에는 지방에서 올라오는 학생들까지 겹쳐서 방이 없어서 난리라는 정보까지 알려주었다.

그분의 도움으로 그녀는 양재동에 만화가게 보증금에 대출을 합하여 건물 한 층을 임대할 수 있었다. 방 10개로 시작했다. 처음에는 이상한 사람이 들어오면 어쩌나? 임대료를 안 내면 어떻게 하지? 별의별 걱정이 다 들었다. 그래서 가능하면 직장인 위주로 받았다. 생각보다 방은 금방 나갔고 사람들도 모두 좋았다. 직장생활을 시작하는 성실한 청년들을 보니 아들 같아서 뭐라도 더 해주고 싶은 생각이 들었다. 라면과 밥, 김치만 제공하는 조건이었지만 집에서 잡채, 떡볶이, 김밥이라도 만들면 함께 나누었다. 그중 새벽에 나갔다 자정이 넘어서 들어오는 청년은 방값을 조금 깎아주었다. 그러자 입소문이 났다. 방을 나가는 사람들이 친구나 직장동료를 소개시켜 주면서 항상 대기자가 생겼다.

이후 2년 만에 강남역에 10년 임대로 2개 층까지 오픈하게 되었다. 운영방식은 이전과 똑같았다. 강남역은 지방에서 올라온 학생들이 많았다. 남녀를 나누어 운영하였기에 아들처럼 딸처럼 관리해 주었다. 예를 들어 딸아이를 혼자 서울로 올려보내는데 번듯한 곳이 아니라 고시텔이면 부모는 늘 걱정되기 마련이다. 그래서 여자층은 더욱 신경을 썼으며 보안에도 중점을 두었고 용품도 더 챙겨주었다. 그러다 보니 강남역점도 소문으로 계속 대기자가 생겼다.

그해 말에 동대문 쪽에 3층 건물을 사서 오픈했다. 이제 그녀 혼자는 힘들어서 남편과 큰아이가 함께 돌아가며 관리를 도맡았다. 하지만 실질적으로 그녀의 손이 가지 않은 것이 없었다. 몸은 힘들어도 남편도 큰아들도 할 일이 생기니 마음이 편하다며, 내게도 고시텔을 권유하기까지 했다. 정말 과감하다고 생각했다. 도대체 그런 용기가 어디서 나오는지 물으니 이유고 뭐고 생각할 겨를이 없었다고 했다. 당장 다음 달에 가게는 비워줘야 하고 생활비는 들어가는 곳이 많은데 기술도 없으니 앞뒤 안 보고 저질렀던 거 같단다. 지금 같으면 겁도 없이 집을 담보로 대출을 그렇게 많이 받을 생각을 못했을 거란다. 더군다나 집에서 놀고 있는 남편이 뭐라도 해야 하니까 인건비를 절약할 수 있고, 아들도 도와줄 수 있으니 고민하지 않았다.

엄마이자 아내는 가족을 위해서는 용감해진다. 여자의 이름으로 위기를 극복하는 힘이 새삼 대단하다는 사실을 깨닫는다.

G는 건축일을 시작하는 남편이 바빠지자 도와주었다. 그러다 어깨너머로 배우던 건축일이 익숙해졌고, 여성의 섬세함으로 고객들에게 탁월한 수완을 발휘하기 시작했다. 시간이 지날수록 그녀의 영역은 빠르게 넓어졌고, 고객사를 만나 프레젠테이션을 하거나 공사를 계약하는 일은 온전히 그녀의 몫이 되었다. 반면 남편은 현장을 담당했다.

부부가 일심동체로 맡은 일을 해나가자 사업은 짧은 시간에 자리를 잡았고 빠르게 성장했다. 그러나 확장일로에 있던 사업은 글로벌 금융위기가 불어 닥친 2008년 어려워지기 시작했다. 갑자기 불어온 찬바람에 하청업체들의 도산이 이어지고 미수금이 쌓이면서 자금흐름이 원활하지 못했다. 엎친 데 덮친 격으로 내부직원의 횡령으로 큰 타격을 입고 결국 문을 닫을 수밖에 없었다.

큰 파도에 배가 파손되었지만, 그래도 살아야 하기에 G는 동분서주하며 다시 일어설 방법을 찾았다. 다행히 다른 곳에 취업한 예전의 직원들이 그녀에게 일거리를 주려고 했다. 남편 명의는 어려운 상황이어서 결국 그녀의 명의로 사업을 다시 시작했다. 그동안 신뢰가 쌓였던 다른 곳에서도 하나둘씩 일이 들어왔다. 차츰 좋아졌고 자리도 잡아갔다. 그녀는 자신이 회사 대표이지만 남편과 함께하는 사업이라고 생각했다. 그러나 회사에서 그녀의 역할이 커지면서 더욱 바빠졌고 자연스럽게 가족에게는 소홀해질 수밖에 없었다.

그러나 그녀의 남편은 그렇지 않았다. 자리가 바뀌고 일이 줄어들자 밖으로만 돌았고 바람까지 났다. 그러면서 오히려 그녀에게 이혼을 요구했다. 그녀는 아이들을 생각해 모든 것을 덮으려 했지만 그녀의 인감을 도용해 회사에 막대한 손실까지 끼쳤다. 또다시 모든 것을 접어야 했다. 왜 이렇게 되었는지 속상해 하고 원망해도 해결되는 것은 없었다. 그녀는 마음을 굳게 먹고 다시 할 일을 찾았다.

우연한 기회에 지인의 소개로 탈모 관련 상품을 알게 되었다. 알고 지내던 원장님이 개발한 상품으로 시중에 시판을 준비 중이었다. 그동안 해왔던 일과는 전혀 다른 분야였지만 관심이 가는 상품이었다. 효과가 있는 임상실험을 보고는 더 신기했다. 특히 암환자들에게 했던 임상을 통해서는 보람도 맛보았다. 그동안 건축일에서 경험하지 못한 재미였고 성취감이었다. 평소엔 생각도 하지 않았던 머리카락이 누군가에게는 삶의 의미와 활력을 준다는 사실을 알았다. 다 잃었고 가진 게 없다고 생각했는데 가진 게 많다는 것도 알게 되었다. 살아 숨 쉴 수 있는 것도 감사했고 비온 뒤 나뭇잎에 맺힌 이슬도 감사했다. 가치 있는 일이라고 생각하니 돈을 벌어야겠다는 마음에서 단 한 사람에게라도 도움이 되고 희망이 되는 일이라는 생각으로 바뀌었다. 사람을 대하는 태도도 달라졌고 임상실험 결과 도움이 되는 상품만 권하게 되었다. 상품을 팔기 위한 공부가 아니라 더 좋은 효과를 내기 위해 공부하다 보니 재미있었다. 더욱이 탈모 시장의 성장 가능성을 보고 확신했다.

그 이후로 헤어숍을 찾아다니며 시연을 했다. 작은 공간에서 의자 하나로 시연했는데, 어느 암 환자가 치료로 빠졌던 머리가 나면서 입소문이 났다. 따로 광고할 필요도 없었다. 많은 고객들이 몰렸고 2년 만에 자리를 잡았다. 남들은 짧은 시간에 자리 잡았다고, 운 좋다고 말하지만 그녀는 안다. 시간을 단축하기 위하여 몰입하고 집중하며 노력했던 시간이 있었기에 가능했다. 더 이상 내려갈 수 없는 바닥이라는 것을 알았기에 고난의 시간도 고난이라고 느낄 겨를이 없었다. 아이들이 그녀의 버팀목이 되었고 아이들에게 부끄럽지 않은 엄마가 되려고 노력했다. 모든 것을 잃고 아무것도 없는 상황에서도 희망을 끈을 놓지 않고 열심히 최선을 다한 그녀가 아름다웠다.

전업주부였던 H는 남편의 퇴직을 앞두고 과감한 결단을 내렸다. 특별히 무엇을 해야 할지 엄두가 나지 않았고, 기술도 없으니 갖고 있는 집이라도 활용해야겠다고 생각했다. 집 한 채 갖고 있어봐야 추가 수익이 나지 않아 강남의 집을 팔기로 했다. 15년을 살았는데 그 사이에 집값이 많이 올랐다. 팔아서 무엇을 할지도 고민했다. 장사를 하기에는 아는 것도 없고 있는 돈마저 없어질 거 같았다. 주변에 물어봐도 저금리 시대이고 은퇴 이후에는 임대업이 가장 적합하다고 한다. 그녀도 아무리 생각해도 임대업뿐이라는 생각이 들었다. 그렇다고 돈이 아주 많은 것도 아닌데, 무엇부터 해야 하고 알아야 하는지도 막막했다.

그러다 우연히 지방에서 거주하는 친구로부터 학교 앞 원룸에 대한 소식을 들었다. 궁금해서 지역커뮤니티와 학교 게시판도 들어가 보고 주말에 내려가 둘러보았다. 그리고 처음 시작하는 자신에게 고객이 학생들이라면 더 수월할 것이라는 생각이 들었다.

그 사이에 집이 팔리면서 마음정리도 되고 실행에 속도가 붙었다. 친구의 도움으로 땅도 매입하고 원룸까지 신축했다. 남편은 아직 퇴직 전이라 합숙소에 머물고 있어서 이 모든 일은 그녀의 몫이었다. 전업주부로 살다가 공사현장에 나가자 여러 가지 시행착오가 많았지만 세상에는 좋은 사람이 더 많다는 사실을 알았고, 공사를 무사히 마무리할 수 있었다. 공사를 직접 진행하는 사람들뿐 아니라 학생들의 도움 그리고 공인중개사까지 잘 만나 어려운 일을 순조롭게 진행할 수 있었다. 주변에서는 용기가 대단하다고 칭찬했지만 그녀는 좋은 사람들을 만난 덕분으로 공을 돌렸다.

오랜 준비기간을 거쳐 원룸 임대를 시작했다. 원룸 임대는 생각보다 손이 많이 갔다. 위생과 청소 관념이 없는 학생을 만나면 며칠을 치우고 정리하고 보수해야 했다. 하지만 H는 대부분의 일을 스스로 해내며 경비와 인건비를 줄였다.

이윽고 남편이 은퇴하여 수입이 끊겼지만 가정 경제에는 아무 문제가 발생하지 않았다. 아니 오히려 승승장구하여 과거보다 훨씬 많은 수입을 올리고 있다.

10년 넘게 거래하는 꽃집이 있다. 꽃집의 특성상 오래 거래하기는 쉽지 않다. 주변 지인들이 꽃집을 열면 그곳과 거래를 해줘야 하고, 요즘엔 전화만 하면 전국 어디든 배달을 해주는 꽃배달서비스가 유행이기 때문이다. 그런데 이곳은 한 번 거래하면 대부분 단골이 된다. 화려하지도 않고 매장도 작지만 대표를 보면 왜 단골이 될 수밖에 없는지 금세 알 수 있다.

그녀는 여성의 섬세함과 배려로 사업을 알차고 크게 성장시켰다. 명문대 출신의 대기업 임원이었던 남편은 퇴임 후 함께 돕고 있지만 처음에는 꽃집을 반대하였다. 자녀들도 반듯하게 키웠다. 대기업이어도 월급은 뻔하다. 작게 시작한 꽃집은 특유의 친절과 배려로 크게 성장했다. 꽃집을 하면서 식물을 위한 농장도 필요해서 오래 전 과천에 농장도 구입했다. 잘 키워서 오래가는 식물을 고객에게 전달하고 싶은 단순한 마음에 농장을 구입했던 것이다. 지금은 주변 시세만 봐도 농장의 가치가 얼마나 많이 올랐을지 짐작이 된다.

그녀는 장사를 하고 있지만 마음만은 장사꾼이 되지 말자고 항상 다짐한다. 게다가 꽃만 파는 것이 아니라 행사와 성격에 맞는 컨설팅도 해주고 있다. 꽃값이 비쌀 때에도 꽃송이를 줄이지 않으며, 가끔 특별한 날에는 잊지 않고 작은 화분도 챙겨준다. 언제나 변함이 없는 모습이며 마음이 전달되는 감동들이다. 처음에는 남는 게 있을까 생각했는데 오랫동안 지켜보니 당장 눈앞의 작은 손해라고 생각했던 것들이 나중에는 큰 이익이었음을 알 수 있었다.

대부분의 꽃집은 꽃값이 비쌀 때 줄여서 이익을 남기고 근조화환이나 난에서 이익을 내는 구조이다. 그것을 당연하다고 생각한다. 그러나 그녀는 자신의 이익을 줄이고 변함없는 영업 전략을 펼친다. 그러면 그것은 더 큰 이익으로 돌아온다. 나부터도 다른 행사와 개인적인 난 선물은 언제나 그곳에서 한다. 더욱이 농장에서 직접 재배한 꽃으로 배송하니 믿을 수 있다. 결혼식 화환도 재활용하지 않고 모두 폐기한 후 인증샷을 보낸다.

한 번은 G가 고객의 어려움을 듣고 내게 혹시 연결해줄 수 있는 사람이 있는지 물어온 적이 있었다. 내게도 어려운 일이 아니었기에 흔쾌히 연결해 주었다. 마치 나 자신이 그녀에게 도움을 받은 것처럼 마음이 따뜻해지는 훈훈한 경험이었다. 사실 그녀는 이번뿐만 아니라 수시로 고객이 어려움을 겪거나 도움이 필요하면 주변 인프라를 동원해서 연결하고 해결해 주는 일을 기꺼이 도맡는다.

그녀는 마음도 아름답지만 사업이나 투자도 꽃처럼 예쁘게 키우고 있다. 강남에 직영점을 두고 있으며, 압구정 아파트며 강남 오피스텔 등에도 투자해 훌륭한 성적을 거두었다. 식물을 키우기 위해 구입한 농장도 향후 미래가치는 충분하다. 모든 면에서 진실되면서도 알차게 운영하는 모습을 볼 수 있다. 이 모든 것은 여성의 섬세함과 배려에서 비롯된 사업 마인드 때문이라고 생각한다.

어느 날 회사 근처에 앉을 자리도 없는 작은 커피숍이 생겼다. 50대 중반의 인상 좋으신 여성 대표님은 부끄러운 듯이 고객을 맞이하셨다. 그렇지만 고객의 성향을 잘 기억해서 샷 추가나 얼음 추가도 알아서 덤으로 해주신다. 여름날 늦은 퇴근길에 회식하고 술을 마신 남자 고객들이 아이스 음료를 구입하면 술을 깨는 달달한 것들을 추가로 주시기도 한다.

이렇게 작아 보이는 것들에 고객은 감동한다. 자신을 기억하고 배려하는 곳에 가고 싶은 것이 사람의 마음이다. 커피숍이 넘쳐나는 시대에 더욱 중요한 것이 바로 사람을 향한 작지만 따뜻한 마음이 아닐까 생각

　　　　　　　　　　　　　　　　　　　　2000년 이후, 한국의 신흥 부자들

한다.

　나 역시 간식은 그곳에 주문했고, 커피를 마시고 싶으면 조금 돌아가도 그곳에 가게 되었다. 나 같은 고객이 많으니 문전성시를 이루는 것은 어찌 보면 당연한 일이다.

　차별화를 통해 자리를 잡아가는 것을 몇 년째 지켜보면서 작지만 알찬 수익을 내고 있다는 사실을 알 수 있었다. 그런데도 여전히 고객들에게는 말 수가 적으셨다.

　어느 날 우연히 대표님과 얘기를 나누게 되었다. 장사는 처음인 듯한데 어떻게 시작했으며 어떻게 고객들을 기억하고 배려해 주시는지 평소에 궁금했던 것들을 여쭤보았다. 일찍 결혼하여 평생 전업주부였단다. 남편이 빚보증으로 집도 날리고 회사도 그만두고 폐인이 다 되었다. 보다 못한 친정식구들의 도움으로 바로 할 수 있는 일을 시작했는데 그렇게 커피숍을 오픈한 것이다.

　처음에는 주문받는 것도 어색했다. 평생 남편이 주는 월급만 받고 살 때는 몰랐다. 남편이 회식하고 올 때면 그냥 술 마시고 들어오는 것이 싫었는데 직장인들을 보니 원치 않아도 마셔야 하고, 괴로운 일을 집에 얘기하지 못하니 술이라도 한잔 마시고 들어가는 모습을 보고 작지만 챙겨주고 싶은 마음이 생겼다. 점심 식사 후에 찾아오는 고객들은 아들과 딸 같았다. 집에서는 철없는 자식일지 몰라도 사회에 나와 꿋꿋하게 살아가는 청년들이 내 아이들 같아서 따뜻한 말로 위로하기를 서슴지 않았다.

돈을 벌기 위해 나왔지만 오히려 배운 게 많았고 매일매일이 소중했다. 그런데 감사하게도 열심히 그리고 행복하게 일하다 보니 5년 만에 남편 빚도 다 갚고 작지만 집도 구입하셨다고 한다. 남편이 실직하고 빚으로 집까지 날렸을 때는 하늘이 무너지는 것 같았고 어떻게 살지 막막했는데 인생사 새옹지마라고 했던가, 지나고 나니 오히려 더 좋은 결과가 왔다고 웃으셨다. 지금은 더 넓은 곳으로 이전하여 초심의 마음으로 카페를 운영하신다.

몇 해 전 무심코 TV채널을 돌리다 '트럭에서 사는 부부'의 이야기를 보았다. 트럭운전사인 남편은 10년 전 뇌졸중으로 쓰러졌다. 6차례의 심장수술로 신장병이라는 합병증이 생겼다. 그럼에도 가장으로서 운전대를 놓지 못하는 것이 안타까워 그녀는 남편을 돕기 위해 운전면허를 취득했고 남편과 교대로 운전하고 있다. 더욱이 놀라운 것은 남편은 좁은 트럭 안에서 하루 4번 신장투석을 한다. 한 번의 투석도 어려운데 4번이나 하다 보면 지쳐서 잠에 빠져든다고 한다. 아내는 잠든 남편의 코 고는 소리를 들어야 안심이 된다고 한다. 코 고는 소리가 들리지 않으면 손을 잡아 확인하는 버릇이 있다.

얼마 전 인터뷰하는 모습을 다시 보았는데, 그녀는 여전히 신장투석을 하는 남편과 함께 도로 위를 달리고 있었다. 오랜 병마로 자식들에게도 미안하다고 했다. 보는 내내 눈물이 나고, 뭐라 말할 수 없는 심정이었다.

우리의 엄마들이 생각났다. 엄마는 힘든 상황에서 더 강해진다. 엄마들도 그 전에는 소녀였고 여자였다. 하지만 위기 상황에서는 남편과 자식들을 위해 여자라는 이름을 내려놓고 강인한 슈퍼우먼으로 돌변한다. 세상에서 무엇과도 바꿀 수 없는 소중하고 존귀한 이름은 바로 엄마다.

• 여성을 위한 일자리 정보

고용노동부 : http://www.moel.go.kr/

서울시 일자리포털 : http://job.seoul.go.kr/

여성가족부 여성직업훈련 경력단절여성 지원서비스 : http://www.mogef.go.kr/

여성기업종합지원센터 : http://www.wesc.or.kr/

서울시 50플러스 : http://50plus.or.kr/

구청구민센터 일자리 정보 : http://www.gangnam.go.kr/

강남구 평생학습 : http://www.longlearn.go.kr/lecture/lecture_list.asp

7

지금 있는 곳에서
숨은 진주 찾기

취준생(취업준비생) 문제가 사회적으로 심각하지만 한편에서는 퇴준생(퇴사준비생)이라는 말이 유행하고 있다. 퇴사하여 더 좋은 직장으로 옮기거나 연봉을 높이는 일은 문제되지 않는다. 그러나 지금 하는 일이 불만족스러워 막연하게 더 좋은 일이 있으리라는 생각으로 현실을 회피하는 마음은 아닌지 냉정하게 생각해 보아야 한다.

J의 부모님은 시각장애인이다. 안마시술소에서 일하는 그의 아버지는 새벽 귀갓길에 교통사고를 당했다. 그 이후 몸이 안 좋아 쉬는 날이 많아졌다. 그가 나설 수밖에 없었다. 중국집 배달 아르바이트를 끝내고 집으로 돌아가 아버지 식사를 챙겨드린 후, 편의점 아르바이트로 일하며 쪽잠을 자고 새벽에 귀가하는 어머니를 집까지 바래다 드리면 비로

소 그의 하루일과가 끝난다.

뿐만 아니라 학교에도 다녀야 한다. 학생은 분명하지만 학업이 주가 아닌 무늬만 학생이다. 어릴 적부터 부모님의 눈이 되어 드린 그는 이런 상황조차 당연하게 받아들였다. 친구들과 공을 차는 것조차 사치라는 생각이 들었다. 자연히 일찍 철이 들었다. 그날도 지각하여 선생님에게 불려갔다. 선생님은 자주 늦는 이유를 말해 보라고 했지만, 차마 입이 떨어지지 않았다. 부끄러운 일은 아니었지만 굳이 말하고 싶지 않았다. 교무실에서 담임선생님께 훈계를 듣고 있을 때, 작년 담임선생님이 지나가다 큰소리로 이야기했다. "이 아이 부모님 눈이 안 보이는 장애인이시잖아요. 반지하에서 부모님 챙기고, 어린 애가 고생이죠. 매일 늦을 거예요." J를 생각해서 한 말씀이었겠지만, 그는 너무 서럽고 부끄럽고 뭐라 말할 수 없는 복잡한 심정이 되었다. 이를 악물어도 눈물이 쏟아졌다. 그러고는 다짐했다. '우리 부모님이 장애인이셔도 나는 번듯하게 자라서 보란 듯 살 거다.' 매일매일 다짐했다. 그때는 왜 그랬는지 모르겠지만 세상도 학교도 모두 싸워 이겨야 하는 대상으로만 여겼다.

정부보조금을 보태어 반지하 월세를 내고 나면 생활하기에도 빠듯했다. 얼른 고등학교를 졸업하고 돈을 벌고 싶다는 생각이 들었다. 한 푼이라도 아껴야 한다는 생각에 동전 하나라도 무조건 아끼고 모았다. 편의점에서 나오는 간식은 부모님께 챙겨드렸다. 그런 상황에서 더 부모님에게 잘해야겠다는 생각이 들었다. 시각장애인 부모님과 번듯하게 살고 싶은 욕망이 간절했다.

고등학교를 졸업하고도 크게 달라지는 것은 없었다. 여전히 중국집 배달원이었고, 영업이 끝나면 편의점 심야 아르바이트를 하고 안마시술소로 부모님을 모시러 가는 것이 일상이었다. 도대체 어떻게 해야 이 생활에서 벗어날 수 있을지 암담할 뿐이었다. 설상가상으로 겨울철 배달을 하다가 오토바이가 미끄러지면서 다리 골절로 병원에 입원까지 하게 되었다.

같은 병실에 아버지와 연세가 비슷하신 한 분이 입원해 있었다. J에게 문병 오는 사람이 없는 것을 보고는 간식도 나누어 주며 챙겨주셨다. 지금까지 사람에게 폐쇄적이고 경계하던 마음이 이상하게 그분에게는 허물어졌다. 개인적인 신상과 앞날에 대한 걱정을 털어놓게 되었다. 그분도 어려운 시절을 보냈지만 지금은 모텔을 여러 개 하고 계셨다. 죽으라는 법은 없나 보다. 퇴원을 해도 당장 일을 하기 어려운 J의 상황을 아시고는 일자리를 줄 테니 오라고 했다.

그렇게 시작된 인연으로 그분과 일하게 되었다. 처음에는 모텔에서 청소 등 허드렛일을 했지만 성실한 모습에 차츰 현금 심부름부터 영역을 늘려갔다. 그분은 서울 및 경기도에 여러 개의 모텔을 직접 운영했고, 외곽 지역에는 토지를 매입해 모텔이나 펜션으로 개발해서 파는 형태의 부동산도 겸업하고 있었다. 그분을 따라다니면서 일 배우는 것이 재미있었다. 배달보다 위험하고 힘들지도 않았으며 수입도 좋았다. 세상에는 알지 못하는 것이 많다는 것을 깨달은 J는 더 많은 것이 알고 싶어 더 열심히 일했다. 모텔을 내 것처럼 생각하며 물건 하나도 아꼈다.

일찍 출근하고 쉬라고 하는 날에도 나와서 일했다. 청소하는 아주머니의 일도 성심껏 도와드렸다. 그가 관리하는 모텔은 일하시는 분들의 이직률이 급격하게 줄어들었다. 그렇게 3년을 일하면서 월세 반지하방에서 햇살이 잘 드는 1층의 전셋집으로 부모님을 모셨다.

그때부터였다. 못할 것이 없다는 자신감이 충만해졌고 미래에 대한 희망도 생겼다. 멘토이자 스승님을 열심히 따라다니며 궂은일도 마다않고 일했다. 함께한 지 5년이 지나면서 모텔의 운영구조를 완벽하게 이해했고 전문가가 되었다. 그 즈음에 대출을 받고 모텔을 오픈했다. 모텔의 특성상 현금회전이 빠르기 때문에 자금부담도 덜했다. 누구나 처음이 두렵고 힘들지만 그렇게 오픈하니 두 번째, 세 번째는 수월했다. J는 모텔이라는 차별화된 시장에서 해가 거듭될수록 큰 부를 이루었다.

〈세상을 서빙하다〉의 저자 스타서빙 이효찬 씨가 떠오른다. 그의 부모님은 지적장애인이었고, 할머니 손에서 자랐다. 언제나 긍정적이고 활발한 그는 주변을 밝게 하고 희망을 주는 인물이다. 그런 그에게도 10년이라는 실패의 시간이 있었다. 그는 실패 원인을 냉정하게 찾고 자신이 잘하고 좋아하는 일을 찾았다. 사람들과 소통할 때 행복을 느끼며 그것에 재능이 있음을 깨달은 그는 족발집 서빙부터 다시 시작했다. 남들은 아르바이트라고 생각했을 서빙을 자신만의 일상 속에서 차별화하여 브랜드로 탄생시켰다. 남들과 다른 직원이었다.

그는 '아르바이트를 하면서 살 수는 있지만 인생을 아르바이트 하듯 살고 싶지는 않다!'라는 생각으로 주도적으로 일했다. 그런 태도는 누구보다 고객이 금방 알아본다. 단골이라는 이름의 충성 고객이 생겼고 삽시간에 입소문이 났다. 서빙하는 직원인 그에게 1,000만 원 상당의 피트니스 회원권과 아파트 한 채, 인사 담당자들의 고액연봉 협상 제안도 있었다. 더욱이 그를 본 대기업 임원은 두 배를 줄 테니 함께 일하자는 스카웃제의도 했다.

그러나 그는 가지 않았다. 자신은 단순한 아르바이트 직원이 아니라 주인이라는 생각으로 일하는 매장의 일원이었다. 일하는 다른 사람들과도 가족처럼 지냈다. 일례로 그가 제주도에서 오토바이 사고로 병상에서 몇 달을 일어나지 못할 때 일하는 사람들이 교대로 내려와 수발을 들어주었다. 가족 이상의 관계이기에 가능하다고 본다. 더욱이 고객에게는 '손님이 불러서 가면 심부름이지만 내가 찾아가면 서비스가 된다'라는 생각으로 먼서 살피고 찾아가는 서비스를 했다. 어떠한 일을 하는지가 중요한 것이 아니라 어떻게 일하느냐가 중요하다는 사실을 알게 해주는 대표적 사례이다.

족발집에서 서빙으로 일을 시작했지만 지금은 여러 개의 족발집을 운영하는 대표이다. 여전히 그의 삶은 성공형으로 진행 중이며 신흥부자가 되는 것은 당연한 수순이라고 본다.

우연한 기회에 모텔업을 시작하여 큰 부를 이룬 분이 있다. 그는 은행의 사내 커플로 경기도의 작은 아파트에 신혼살림을 차렸다. 출근하는 데 한 시간 이상 소요되며 그나마 자리가 없어서 서서 올 때가 많았다. 서울로의 입성이 부부의 소망이었다. 평소에 잘 아는 모텔업을 하시는 고객이 오셨다. 평소에도 업무상 자주 뵌 분이었는데 추가로 모텔을 구입하기 위해 대출을 받으러 온 것이다. 업무 이야기를 하며 잠시 모텔에 대한 개인적인 생각을 말씀드렸는데, 그분은 모텔업에 대한 인식을 바꾸라고 하셨다. 불법을 저지르고 탈세를 하는 것도 아닌데 엉뚱한 생각을 하지 말고 정당하게 노동의 대가로 돈을 버는 수단 중의 하나로 생각하라고 하셨다. 다른 업종에 비해 현금회전율이 좋으며 투잡으로도 가능하다는 사실을 알게 되었다.

부부가 맞벌이를 해도 목돈을 마련하기까지는 오랜 시간이 걸린다. 아이가 태어나면 더 어려워질 것이고 임산부가 야근에 오랜 시간 버스를 타는 것은 무리가 될 것이다. 그때부터 알아보기 시작했다. 모르는 것은 그분의 도움을 받았고, 모텔과 관련해 지속적으로 공부하면서 적당한 매물도 찾아냈다. 그는 부인과 부모님께 몇 년만 고생하면 되니 도와달라고 설득했다. 부부는 대출을 받았고 정년퇴직하신 아버지의 자금도 필요했다. 우선 집부터 정리하고 모텔 인근으로 이사했다. 낮에는 직원들에게 일을 맡겼다. 평일 심야에는 그가 지켰고 공휴일에는 아버지가 도움이 되었다. 급할 때에는 부인과 어머니 도움도 받았다.

은행에 다니며 모텔을 운영하기란 생각보다 힘들었다. 중간에 포기하고 싶고 되돌리고 싶을 때도 한두 번이 아니었다. 처음에 인건비를 아끼려고 했던 노력들이 오히려 자신을 더욱 힘들게 했다. 어느 정도 자리를 잡아갈 즈음에 직원들을 더 고용했다. 그래도 생각보다 수입은 좋았다. 아버지에게 대출금만큼 수익을 분배하는 구조로 운영했는데 기대 이상으로 높았다.

점점 규모가 커져갔고 아버지에게 빌렸던 자금도 모두 갚았다. 규모가 커지면서 관광객들의 환전영업이 눈에 들어왔다. 환전영업은 또 다른 수입원이었고 여러 군데에서 시작했다. 본업인 은행 업무보다 규모나 수입이 커지면서 퇴사를 결심했다. 그렇게 15년이 지난 지금은 여러 채의 건물주이며 환전영업만 하고 있다.

〈오리지널스〉의 저자 애덤 그랜트은 위험분산 포트폴리오로, 현직에서 시간을 10분이라도 쪼개서 본인이 하고 싶은 일을 사이드 프로젝트로 시작해 보라고 조언한다. 단, 막연한 시도가 아니라 Output(생산물)을 내는 프로젝트로 시도하는 것이 포인트라고 했다.

지금은 여러 채의 빌딩을 소유하고 있지만 15년 전만 해도 그는 평범한 은행원이었다. 그는 재직 당시 채권추심을 담당했는데, 업무 특성상 힘든 일도 많았지만 배우는 것도 많았다. 그때 '인생이란 이런 것이구나' 하고 간접적이나마 경험한 것이 큰 도움이 되었다. 그는 사람들을 만나면 업무적으로만 대하지 않고 말 한 마디라도 따뜻하게 하려고 노력했다. 전임자와 주변에서는 그렇게 접근할 일이 아니라고 했지만, 그의 마음이 그랬다. 그의 아버지도 사업이 부도나면서 힘든 어린 시절을 겪었기에 업무적으로만 접근해지지가 않았다. 사업체 대표들을 보면 '우리 아버지도 이러셨겠구나' 생각했다. 하루아침에 직업을 잃게 된 직원들을 피해 다니는 대표들이었지만 조금이라도 돕고 싶었다. 잠시라도 하소연을 들어 드렸는데 그 작은 배려를 통해 상대는 큰 위로를 받는 듯했다. 그는 업무 성과도 좋아서 일처리 과정에서 오히려 좋은 사람들을 많이 알게 되었다. 그들을 통해 지역의 좋은 정보들을 많이 알게 되었고 대출과 자기자본금을 합쳐서 조금씩 토지에 투자를 시작했다. 그렇게 투자한 것들이 시간이 지나면서 큰 자산을 이루었다.

〈〉〈〉〈〉

지인의 소개로 산악회를 따라 청계산 주말 산행을 갔다. 거기서 선한 인상으로 반갑게 맞이해 주는 산악회 회장인 K를 만났다. 다른 회원들보다 젊은 그는 50대의 건물주였다. 산악회 후원도 많이 하고 경조사 참석도 마다하지 않는다. 수수하고 서글서글한 성격으로 사람들과도 잘 어울렸다. 지인에게 금수저냐고 물었더니, 평범한 집에서 자라 지방 대학교를 나오고 작은 회사에 다녔다고 한다.

특별할 게 없었던 K는 결혼 후 큰아이가 태어나면서 전환점을 맞았다. 그가 사는 집은 1층이었지만 햇살이 들어오지 않아서 여름에는 하수구가 역류했고 추운 겨울에는 벽에서 곰팡이가 피었다. 몇 번을 수리해도 오래된 집의 특성 때문에 어쩔 도리가 없었다. 아이는 잦은 피부병으로 고생했지만 옮길 상황이 못 되었다. 피부병에 좋은 민간요법을 알아내고자 인터넷 블로그를 찾아다녔다. 블로그 이웃들이 알려준 방법으로 처방도 해보며 소통했다. 기록이 필요해서 자신의 블로그도 개설했는데 생각보다 호응이 좋았다. 직장에까지 그 소식이 알려지면서 회사 대표는 마케팅쪽으로 자리를 옮겨보라고 제안하였다. 개성 있는 성격도 아니고 전공도 아니어서 두려웠지만 마케팅 업무는 할수록 재미있었다. 그동안 형식적으로 일해 오던 패턴도 바뀌었고 회사에 생각나는 아이디어도 적극적으로 제공했다. 현장에서 배우는 것에 만족하지 않고 회사에 교육도 보내 달라고 제안하며, 틈나는 대로 인터넷 강좌를 수강했다. 홈페이지 제작부터 전문적으로 하나씩 배워나갔다. 자신이 이런 쪽에 재능이 있다는 사실을 처음 알았다. 좋아하는 일을 배우니까 습득도 빨랐다. 그렇게 회사의 홈페이지부터 마케팅 전반을 담당했고 회사에서도 인정받는 사람으로 바뀌어갔다.

얼마 후 거래업체에까지 그의 소문이 나면서 투잡 의뢰가 들어 왔다. 회사에 누가 될까봐 망설였지만, 영세한 거래업체의 사정도 있고 아이들이 커가면서 생활비도 커져갔다. 더욱이 아이 셋과 부부가 살기에 반지하는 여름이면 지옥처럼 좁고 더웠다. 서로 윈윈하자는 생각으로 넉넉하게 시간을 달라고 부탁하고 거래업체 일을 시작했다. 뜻하지 않게 퇴근 후에 투잡을 하게 된 것이다. 회식이 있는 날은 더욱 힘들었다. 옆에서 지켜보던 와이프도 안쓰러웠던지 아이들이 자거나 없는 틈을 타서 도와주었다. 몇 년 후 집도 이사하고 와이프가 아르바이트생을 고용해서 낮에는 집에서 마케팅을 했다.

그렇게 시작했던 일은 7년이 지나면서 일정 궤도에 올랐다. 아예 회사에서 나와 마케팅 회사를 차렸다. 퇴사 후에도 자신이 다녔던 회사의 마케팅은 저렴한 금액으로 계속해 주었다. 와이프와 둘이서 시작했던 회사는 5명의 직원으로 큰 수익을 냈다. 그렇게 17년 동안 큰돈을 벌었다. 쉼 없이 달려온 부부는 좀 쉬고 싶었다. 일하느라 아이들과 여행다운 여행도 못 간 것이 미안해서 아이들과 미국에 갔다 오기로 결정했다. 학기에 맞추어 몇 달 후에 출국 예정이란다. 돌아올 때는 평생 즐기면서 할 수 있는 일을 찾아올 거라는 말을 남겼다.

5년 만에 공무원이 된 친척은 표정이 좋지 않았다. 그렇게 고대하던 공무원이 되었는데 왜 그러는지 물으니, 지방 공무원이라서 여러 가지가 힘들고 적성에 안 맞는 거 같단다. 그 여러 가지가 무엇이냐고 되물었더니, 지방에 아는 사람들도 없고 일도 재미없고 서울처럼 문화생활도 할 수 없다고 한다. 서울에 오면 아주 다른 생활을 할 거 같은지 되물었다. 지금 있는 곳에서 만족을 찾으려고 하는 것이 아니라 막연하게 다른 곳이 더 좋아 보이는 것뿐이다. 원래 내 것보다 남의 것이 더 커보이는 것이 사람의 심리이다. 그러니 지금 있는 환경에서 좋은 것을 찾기 위해 노력하라고 권유했다. 내가 했던 방법은 적는 것이었다. 만족하는 것과 불만인 것을 적어보면 아무것도 아닌 일에 불만을 품은 자신을 발견하게 된다. 섣불리, 미리 걱정하고 불안의 벽을 쌓는 것이 인간이다. 경험해 보지도 않고 불만스러운 이유들을 찾기 위해 노력한다. 긍정적인 단어들로 하루를 채워가기만 해도 나의 일상과 매 순간의 시간들은 달라진다.

그러자 옆에 있던 대기업에 다니는 다른 친척도 자기도 마찬가지라고 거들었다. 자신은 하루 종일 사소한 일만 하고 있다며, 이런 일이나 하려고 이 직장에 이렇게 힘들게 들어왔나 싶다고 한다. 심지어 팀장의 욱하는 성격은 매우 참기 어렵다며, 일도 일이지만 팀장 때문에 심각하게 퇴사를 고민 중이란다.

어렵게 들어간 만큼 기대치에 미치지 못하면 실망도 큰 법이다. 심정을 이해 못하는 것은 아니지만 섣불리 퇴직을 결정하지 말고 현실적인 면을 철저하게 고려하라고 말해 주었다. 그리고 그 사람을 피해 다른 곳으로 가보았자 그곳에도 너를 힘들게 하는 사람이 기다리고 있을 것이라는 사실을 주지시켰다.

직장생활을 하다 보면 사람 때문에 힘들 수 있다. 그럴 때마다 퇴사한다면 어느 회사에도 정을 붙일 수 없다. 입사와 퇴사만 끊임없이 반복할 뿐이다. 사람의 성격이 모두 다르기 때문에 나와 맞지 않는 사람은 도처에 지뢰처럼 깔려 있기 마련이다. 상사의 성격이 나와 맞지 않아도 내가 그의 성격을 고칠 수는 없다. 결국 스스로 의연해지는 힘을 기르는 수밖에 없다. 그와의 관계가 편안해지면 그때부터는 다른 어떠한 관계도 덜 힘들 수 있다고 조언했다. 그래도 나와야 할 상황이라면 다른 이들처럼 철저히 준비한 후 나오라고 설득했다.

무언가 찾으려고 나왔는데 생각보다 늦어지거나 경제적으로 부담이 생기면 심리적으로 쫓기게 되고 애초 의지와 상관없는 판단과 결정을 할 수 있다. 지금 하는 일에서 승부를 내야만 새로운 일에서도 성공할 수 있다. 앞서 소개한 사람들도 모두 그런 사람들이다. 자신에게 맡겨진 일을 충실히 해냈기에 새로운 일에서도 재능을 발휘할 수 있었다. 지금 하고 있는 그 자리! 현직에서 숨어 있는 해답을 찾기 바란다.

8

Give & Give 공유 부자

"여러분의 인생에서 소중한 한 가지는 무엇인가요? 어떤 사람은 가족, 행복일 수도 있습니다. 나는 나로부터 이웃에게 흘려보내는 것입니다. 즉, Give & Give입니다"

〈느헤미야처럼 경영하라〉의 저자 문형록 대표의 말이다.

문 대표는 전남 보성의 산골마을 출신이다. 어릴 적 가진 것 없는 어려운 환경이었지만, 자신에게 주어진 인생만큼은 긍정적으로 바라보았다. 항상 '나는 잘될 것이다'는 생각을 잃지 않았다. 대학은 생각하지도 못할 형편이었는데도 '나는 무조건 대학에 간다'고 생각했다. 설상가상 고3때 아버지가 암 판정을 받았다. 모든 가족이 대학은 무리니 포기하라고 했지만 '뜻이 있는 곳에 길이 있다'고 믿고 끝까지 포기하지 않았다. 원서를 접수할 돈조차 없어서 이모를 찾아갔다. 어린 나이에도 무조건 서울로 대학을 간다고 생각하니 못할 일이 없었다.

건국대학교 건축공학과에 합격했지만 입학금이 문제였다. 그가 누구보다 노력하는 간절한 마음의 소유자인 것을 아는 누님 두 분이 결국 돈을 빌려 첫해 입학금을 내주셨다. 그렇게 대학에 입학하는 해에 아버지는 암으로 돌아가셨다. 노가다도 해보고 학자금 융자도 받았다. 형편이 더 어려워지자 군대에 입대하여 월급을 모아 학비에 보탰다. 제대후에도 학업과 일을 병행하며 학자금을 충당하였다.

그래도 그는 항상 긍정적이고 활발했다. 학교에 다니는 것 자체가 감사했다. 매사에 감사하다 보니 학교에서의 인간관계도 좋았다. 활달하고 적극적인 성격으로 학과 회장까지 맡아 활동했다. 그러한 활동들이 기회가 되어 공대 대표로 해외연수를 다녀왔다. 더 넓은 세상을 보고 더 적극적으로 학교생활을 했고 졸업 전 대기업 건설회사에 입사하는 계기가 되었다.

회사에서도 국내외를 오가며 열심히 생활했고 실력도 인정받았다. 그러나 승진에서 누락하는 일이 생겼다. 지금까지는 어려운 환경에서도 생각하는 대로 이루었다. 좌절을 모르고 승승장구하다 보니 자신감이 너무 강했다. 그에게 승진 누락은 자존심이 허락하지 않는 일이었다. 그래서 앞뒤 가리지 않고 퇴사를 했다. 그의 나이 37세에 한 가정의 가장인데도 자신감 하나만 믿고 과감히 회사를 그만둔 것이다. 그러나 현실은 만만치 않았다. 작은 회사에 취직했는데 이전 직장보다 급여는 적고 일은 훨씬 많았다. 더구나 회사의 비전도 자신과 맞지 않고 대표에 대한 신뢰도 생기지 않았다. 그에게는 방황의 시간들이었다.

그즈음에 우연히 그동안 해왔던 일이 계기가 되어 창업을 하게 된다. 주변 사람들은 성실하고 적극적인 그에게 일을 맡기는 등 물심양면으로 도와주었다. 그렇게 빈손으로 2006년 사업을 시작했다. 1년 정도 지날 즈음에 하나님을 만나 바쁜 일정 속에서도 신학대학에 입학하여 석사까지 마쳤다. 그의 생각이나 가치관에 큰 변화가 생겼다. 회사명에도 '기초'라는 단어가 들어간다. 하나님의 말씀에 기초하여 모든 기초의 해결사가 되고 싶어서였다.

사업을 시작하고 얼마 되지 않아 2008년 금융위기가 찾아왔다. 기업가는 아무리 어려워도 외부 환경에 흔들리거나 남의 탓으로 돌리면 안된다. 어려워도 성장하는 사람과 회사는 항상 존재한다. 그런 이유에 초점을 맞추었다. 회사를 경영하다 보면 가장 어려운 부분이 바로 자금이다. 그 역시 생각지도 않은 곳에 자금이 들어가거나 미수금이 발생해서 힘들었다. 그때마다 기본으로 돌아가 성경말씀에서 답을 찾으려고 노력했다. 그때마다 사업에 대한 전략을 다 주시는 거 같았다. 자금의 일부는 기술개발에 투자했다. 특허등록 20건, 상표등록 10건, 디자인 등록 8건 등을 보유하였고, 기초공법의 최적화를 위하여 신공법 등을 개발하고 있다.

업종의 특성상 접대가 영향을 미치는 시절이 있었다. 그러나 그는 바른경영과 바른성장에 초점을 맞추었다. 어떠한 경우에도 원칙과 기초에서 벗어나지 않는다. 접대 영업은 절대 없다는 경영철학을 갖고 있다. 처음에는 이런 모습이 꽉 막혀 보였지만, 시간이 지날수록 문 대표 하면 바른경영이라는 신뢰가 쌓였다. 해마다 영업이익이 늘어났다. 2006년에 시작하여 2008년 금융위기에도 성장하였다. 2016년 200억 매출을 달성했다.

문 대표의 성장은 당연한 결과라고 생각한다. 사업을 시작할 때에는 가족만을 위해 일했고 가족과 잘살고만 싶었다. 그러나 회사가 성장하고 종교적인 믿음도 커지면서, 회사를 개인의 것이 아닌 공기업처럼 키우고 싶었다. 하나님이 주시는 물질과 풍요는 자신을 통하여 직원들과 이웃들에게 흘려보내라는 사명이라는 생각이 들었다. 하지만 처음부터 선뜻 나누기는 어려웠다. 사업 초창기에는 오로지 사업이 잘되게 해달라고, 돈 많이 벌게 해달라고만 기도했다. 그때 "네가 원하는 모든 것을 다 줄 텐데, 그래서 너는 무엇을 할 거냐?"는 하나님의 음성을 들었다.

그 이후로는 무엇을 해야 하는지, 하나님의 뜻이 무엇인지, 왜 자신을 사업의 길로 인도했는지를 깨닫는 것이 먼저라는 생각이 들었다. 김동호 목사의 저서 〈복음을 위한다면 지갑을 찢어라〉 등을 감명 깊게 읽고 나서, 물질을 흘려보내고 자신과 가족이 아닌 직원들과 지역사회와 나아가 전 세계에 나눔을 실천하려고 노력한다. 연합선교단체에 가입하여 필리핀, 태국, 카자흐스탄, 미얀마, 인도네시아 등에 교회와 우물을 지어 주었고, 한국의 고려인 공동체와 지역사회 독거노인을 위하여 기부하는 등 나눔을 실천하고 있다.

돈을 자기 손에 움켜쥐려는 것은 인간의 본성이다. 그렇기에 매번 흔쾌히 기부하기는 어렵다. 그럴 때마다 그는 사업의 목적을 생각한다. 사업체는 내 개인의 회사가 아니라 직원의 회사이며 지역사회의 고용 창출과 건강한 사회의 기틀이 되는 곳이다. 그러한 곳에 자금이 흘러들어가는 것은 당연한 일이다. 이제는 내게 주어진 것이 무엇이며 그것들을 하기 위해서 필요한 지혜와 명철을 달라고 기도한다. 주는 것이 받는 것보다 복이 있다는 성경구절처럼 자신이 주는 것 같지만 정작 더 많은 복을 받는다고 생각한다.

그는 직원들과 선교도 함께 하고 있다. 이제는 그뿐만 아니라 회사의 비전이 되었다. 회사를 더 키워서 나눔도 키우고 싶었다. 따라서 회사를 더 전략적으로 키워야 했다. 그때부터 회사와 임직원은 함께 성장해야 한다는 원칙을 고수하고 있다. 문 대표는 직원들이 행복하게 일하는 회사를 만들고 싶었다. 진정한 바른경영을 하고 싶었다. 직원들의 성장을 위해서는 아낌없는 투자가 필요했다. 창의적인 아이디어와 나눔의 가치를 공유했고 무엇보다 독서경영을 해오고 있다. 나아가 지역의 독서모임을 만들어 운영까지 한다.

특히 중점을 두는 부분은 직원들의 해외 견문을 넓히는 것이다. 그도 대학시절 해외에 나가서 배우고 경험했던 것들이 인생의 큰 자산이 되었기에 직원들에게 해외박람회 등의 기회를 아낌없이 제공한다. 더욱이 2박 3일의 해외박람회 일정이라면 3박 4일의 여행을 할 수 있도록 배려한다. 단순히 박람회 참석에만 의의를 두는 것이 아니라 직원들이 그 나라의 문화와 현장을 보면서 성장하고 힐링의 기회가 되도록 하자는 마음에서다. 5년을 근무하면 동남아 여행의 기회를 제공하고 10년을 근무하면 유럽여행 등으로 직원들을 독려하고 있다.

2026년이면 창업 20주년이다. 목표인 5000억 원 매출을 달성하기 위해 그는 바른경영의 초심을 잃지 않을 것이다. 회사 규모만 키우는 것이 아니라 직원들의 성장과 가정의 규모도 키워주기를 원한다. 바른경영으로 바른기업의 문화를 실천하고 싶어 한다. 바른 경영철학과 노하우를 계승하여 100년 기업으로 성장시키고 싶다고 했다. 우리나라도 일본처럼 몇 백 년을 이어가는 경영철학을 가진 기업이 많아졌으면 한다. 무엇보다 초심을 잃지 않는 꾸준한 성장을 통하여 지역사회와 우리나라와 나아가 해외선교 사역에도 앞장서고자 한다.

최근 사회적으로 성공한 기업가들이 물의를 일으키는 보도를 자주 접한다. 바른경영과 철학 없이 기업의 규모만 커지고 부를 이루는 것이 과연 얼마나 의미 있는 일인지 생각해 보게 된다. 그러나 우리나라에도 '갓뚜기(오뚜기) 신화'가 있다. 다른 측면에서 조명하는 사람도 있지만, 우선 기업의 경영철학은 그 어느 대기업보다 우수하다. 1500억 원의 상속세와 비정규직 없는 기업, 서민의 생계와 연결된 라면 값을 수년째 동결한 결정은 충분히 배워야 할 경영철학이다.

300년 바른 부를 이어오는 경주 최부자집은 바른경영의 문 대표와 비슷한 부분이 많다. 경주 최부자집의 신조는 다음과 같다. '함께 일하고 일한 만큼 가져간다. 사회적 책임을 저버리지 않고 받은 만큼 사회에 환원한다. 지나치게 재산을 불리지 않는다. 덕을 베풀고 몸으로 실천한다. 가치 있는 일을 위해서는 모든 것을 기쁘게 버린다.' 문 대표도 조용히 지역의 나눔과 해외선교와 나눔을 실천하고 있다. 바른 경영철학으로 바른 부를 이루어 느헤미야(성경 속 인물로 이스라엘의 개혁을 이끈 인물) 같은 삶을 살 것이라 생각한다.

기업인이 아니어도 나눔은 가능하다. 션과 정혜영 부부가 대표적이다. 그들은 결혼하면서 끊임없이 기부하고 있다. 매월 3천만 원 정도를 고정적으로 기부하며, CF와 책 인세 등 대부분의 수입을 기부하고 있다. 그들 명의로 된 집 한 채도 없이 아낌없이 나눔을 실천하고 있는 것이다. 어린이 재활병원 개원을 위해서는 3년 동안 총 30,000킬로미터를 달렸으며 매년 3개의 발톱이 빠졌지만 꿈과 기적을 이루고 싶어 멈추지 않았다고 한다. 전 세계 900명 이상의 아이들을 정기적으로 후원하고 있다. 한 뉴스 프로그램에 출연한 션에게 꿈이 무엇이냐고 물으니 "전 세계 후원하는 아이들을 다 만나고 싶다"고 했다. 또 다른 매체에서 45억 원의 기부가 아깝지 않느냐는 질문에 "45억으로 뭘 했으면 더 행복했을까? 생각해 보면 아무것도 없다"라고 했다. 그들의 나눔은 우리 사회에 모범이 되어 많은 이들이 나눔에 동참하고 있다.

酒님에서 주님으로 바뀐 삶

케이프타운에서 선교 활동을 하는 선교사님이 몇 달 전 잠시 한국에 왔다. 한국에 있을 때 전직은 신문 기자였다. 지금도 언론사는 고시 수준이다. 경쟁을 뚫고 대표 언론사에 입사해 자부심이 높았다. 매일 보도에 치열했다. 보도와의 전쟁이었고 업무 특성상 매일 酒님과 함께 살았다. 그날도 변함없이 마감을 하고 가판 기사 확인 후 회식자리로 이어졌다. 술을 많이 마시고 집으로 들어가는 새벽에 문득 '나 이러다 죽는 거 아니야' 라는 생각이 들었다. 酒님이 아니라 진짜 주님! GOD를 만나고 싶다는 생각이 들었다. 그날 이후 그의 삶은 완전히 달라졌다.

뒤늦게 직장도 그만두고 신학대학에 입학했다. 갖고 있는 모든 것을 헌납하고 해외선교를 선택했다. 주변에서는 만류하는 사람들도 있었지만 정작 그는 편안했다. 가족과 케이프타운에서 선교 활동을 하고 있는데 몇 달 전 강도가 들어 총상을 입었다. 치료차 한국에 잠시 다녀간 그는 가진 것 없고 생명의 위험을 느끼는 그곳이 천국이라고 했다. 아이들을 위해 그곳의 가정들과 많은 이들에게 사역을 펼치는 곳이 행복이라고 말한다.

그의 소박한 고백이 크게 와 닿았다. 조그마한 자랑거리나 내세울 것이 있으면 더 화려하게 포장해서 알리고 싶은 것이 보통의 사람 심리다. 하지만 진짜 가치 있는 일을 하는 사람들은 조용히 하며 알려지는 것을 원치 않는다. '오른손이 한 일을 왼손이 모르게'를 실천하는 것이다. 선교사님은 가끔 사진을 보내주신다. 말이 없는 사진 속에서도 "지금 이곳이 천국입니다"라고 말한다. 주님의 일을 하고 있을 뿐이라고 말하는 겸손한 모습을 통해 인간에게 가장 아름답고 가치 있는 일이 무엇인지 깨닫게 된다.

또 한 분의 목사님도 노숙자들을 위한 개척교회를 한다. 목사님의 부모님도 평생을 노숙자와 어려운 이들을 위해 살아오셨다. 그래서 당연히 본인의 사명이라고 생각한다. 작은 교회에 노숙자들을 모셔다 돌봐 드린다. 처음에는 적응하지 못해 어려워하지만 진심어린 마음을 지속하면 꽁꽁 얼었던 마음도 열리기 마련이다.

목사님은 자신이 가진 모든 것을 남김없이 나누신다. 사모님도 노숙자들을 씻기고 식사 챙기는 일을 당연한 사명으로 여긴다. 자녀들도 그런 부모님을 자랑스럽게 여기고 잘 자라 주었다. 최근 한국의 대형 교회들이 세습 등으로 문제를 일으킨다. 그러나 우리 주변에는 그렇지 않은 참 종교인들이 훨씬 더 많다. 그분들이 계시기에 제도적으로 소외된 사각지대에도 햇살이 비추고 있다고 생각한다.

흔히 사람들은 기부나 나눔은 돈이 많아야 할 수 있다고 생각한다. 그러나 기부에도 종류가 있다. 물질적인 기부가 있는가 하면, 몸으로 실천하고 나누는 기부도 있다. 작게는 내 이웃을 살펴보고 어려운 이들에게 따뜻한 말 한 마디와 관심을 가져주는 것도 나눔이다.

정기적으로 다니는 쪽방촌이 있다. 한 평 정도 되는 곳에서 혼자 거주

하는 어르신들이 계신다. 컴컴하고 냄새 나며 겨울에는 난방을 제대로 하지 못해 냉골이다. 그분들에게는 먹는 것도 소중하지만 누구라도 찾아와 얘기를 들어주는 것이 더 좋다고 하신다. 가끔 고독사 기사를 보면 남일 같지 않다고 말씀하신다. 많은 자원봉사자들이 이런 어르신들을 찾아와 가족처럼 돌보신다. 이런 분들이야말로 진짜 천사가 아닐까.

9

절망 속에 숨어 있는 희망

생선가게 점원에서 건물주 되다

L은 꿈 많은 17살 소녀이다. 친구들이 가방을 메고 학교에 갈 때 그녀는 바닷가 포구로 향한다. 제발 친구들과 마주치지 말게 해달라고 기도하며 고개를 푹 숙이고 걸어간다. 그때 천사 같은 친구가 "시장으로 일 가? 추운데 어떻게 하니?" 하며 걱정하는 소리가 너무 싫었다. 차가운 겨울바람에 마음은 더욱 움츠러들었다. 또래보다 키가 많이 작아 스스로 더욱 초라하다는 생각이 들었다. 그때는 키가 안 자라는 것이 병인 줄도 몰랐다. 그런 일에 관심을 가질 만큼 여유가 없었고 부모님도 먹고사느라 힘든 하루하루를 버티고 있었다. 소녀의 소원은 하루 세 끼를 배불리 먹는 것이었다.

다른 곳은 나이가 어려 받아주지 않았기 때문에 생선가게에서 허드 렛일을 했다. 생선을 손질하고 나온 쓰레기들을 치우고 정리하는 일이 었다. 가끔 운 좋은 날에는 살이 많이 남아 있는 생선을 얻을 수 있었는 데, 그런 날은 집으로 돌아가는 발걸음이 가벼웠다. 더위 때문에 여름 도 힘들지만 진짜 힘든 계절은 겨울이었다. 매서운 바닷바람이 소녀의 여린 살갗을 파고들었다. 손은 다 트고 마디도 시리다 못해 마비가 오 는 것 같았다. 소녀는 그렇게 꽃 같은 10대를 이곳에서 보냈다.

20대에 처음 맞이한 곳도 시장이었다. 그러나 아직도 L의 마음속에 는 소녀 감성이 꿈틀거리고 있었다. 예쁘게 화장하고 뾰쪽 구두를 신은 친구들을 보면 가게 뒤로 숨기 바빴다. 비린내 나는 앞치마와 장화를 신은 자신의 모습이 창피했다. 그럴 때면 얼른 돈 벌어 시장을 벗어나 시내에 자신의 가게를 갖고 싶었다.

하지만 현실은 녹녹치 않았다. 10년을 시장바닥에서 열심히 일해도 여전히 내 가게가 없었고, 부모님도 여전히 일을 다녔다. 그나마 그녀 가 벌어 동생들을 가르치는 것이 보람이고 자랑이었다. 서른 살도 바닷 가 일출을 보며 맞이했지만 부모를 원망하거나 세상을 탓하지는 않았 다. 걱정 없이 하루 세 끼를 먹을 수 있게 되었다는 사실에 감사했다. 동생들이 대학을 졸업하고 번듯하게 직장에 다니는 것이 L의 가장 큰 보람이었다.

동네 친구들이 하나둘 결혼할 때에도 그녀는 150cm도 안 되는 키 때 문에 결혼도 포기했다. 오로지 가족들이 그녀의 보람이고 돈 모으는 것만이 희망이었다. 여름휴가 때면 여동생들이 언제나 고향으로 온다. 그러지 말라고 해도 내려온다. 낮에는 아이들이 바닷가에서 놀 수 있고 자신들은 언니를 도와줄 수 있으니 일거양득이라며, 저녁에도 시간을 함께한다. 힘들어도 오랜 시간 그녀가 견딜 수 있는 삶의 원천이었다.

그해 동생은 L에게 검정고시로 중학교를 졸업하라고 했다. 평소에는 졸업장이 뭐 대단하냐고 말했지만 자신의 진짜 속내를 몰랐나 보다. 그 얘기를 들으니 가슴이 뛰고 코끝이 찡해졌으니 말이다. 중학교는 졸업하고 싶은 생각이 들었다. 그날부터 주경야독을 했다. 공부에 취미 없고 소질 없다고 생각했는데 할수록 재미있었다. 중학교 졸업장을 받고 나니 고등학교 졸업장도 욕심났다. 그렇게 몇 년 만에 검정고시로 고등학교도 졸업했다.

L은 15년 만에 자신의 가게도 열었다. 그동안 차근차근 모아온 돈이 꽤 되었다. 동생들 학비 외에 그녀 자신을 위해서는 한 푼도 쓰지 않았으니 말이다. 그런 그녀를 어릴 때부터 지켜봤던 상인들도 진심으로 축하해 주었다. 그들 중 특히 그녀를 애틋하게 생각해 주는 사람이 있었다. 상인들에게 돈 놀이를 하는 사람이지만 그녀만큼은 엄마처럼 챙겨주었다. L은 그의 도움으로 점포를 싸게 구입할 수 있었다. 내 점포에서 시작해야 실속 있다며, 돈까지 남들보다 저리로 빌려주고 얼른 벌어서 갚으라고 해주었다.

내 점포에서 일하니 더운 여름도 추운 겨울도 더는 힘들지 않았다. 일한 만큼 돈이 들어오니 일하는 게 재미있고 빌린 돈도 생각보다 빨리 갖았다. 그분이 좋아서 부모님을 모시고 그 동네로 이사했는데, 몇 년 후 점포와 동네의 집값이 많이 올랐다. 그러면서 부동산에 관심이 생겼다. 돈이 생기는 대로 집을 구입했다. 다른 곳은 구입하지 않고 그녀가 일하는 주변과 동네만 구입했다. 구입한 곳은 초고층 건물로 탈바꿈했다. 시장 주변도 개발되었다.

올해는 L이 시장에서 일한 지 40년이 되는 뜻 깊은 해이다. 여전히 시장에서 다른 종류의 가게를 하지만 상황은 그때와 완전히 달라졌다. 그녀는 상당한 재력가이며 여러 채의 건물주이다. 시장을 보면 감회가 새롭다. 지금은 그때보다 살기 좋은 세상이 되었지만 자신은 살기가 더 힘들다고 한다. 할 일이 많지 않기 때문이다. 평생 일만 해온 그녀의 과거를 보면 이해되는 말이다.

내 집 장만이 어려운 시대다. L은 큰 욕심 부리지 말고 자기 형편에 맞게 집을 사라고 한다. 자신이 살고 싶은 지역이 아니더라도 작은 집부터 시작해서 더 좋은 곳으로 옮길 생각을 하라는 것이다. 또한 일이 없다고 불평해서도 안 된다. 당장 할 수 있는 일부터 시작하면 된다. 젊을 때 힘든 일을 하지 않으면 늙어서 힘들어진다. 당장은 힘들고 지치지만 남의 눈을 의식하지 않고 주어진 일을 하면서 돈도 모으고 경험도 쌓아서 하고 싶은 일로 옮겨야 한다. 그녀는 헬조선, 흙수저라는 말을 싫어한다. 세상 탓 해봐야 아무것도 바뀌지 않는다. 내 인생은 내가 개척하는 수밖에 없다. 흙수저를 넘어 숟가락 자체가 없던 그녀의 말이라 귀담아 듣게 된다. 무수저 인생에서 이제는 주변에 말없이 기부도 많이 하는 선한 부자로 살고 있다.

들꽃 속에서 찾은 희망

결혼 준비를 하던 M은 몸에 마비 증세가 와 응급실에 실려갔다. 과로와 피로 때문일 거라고 가볍게 생각했지만 결과는 참담했다. 서서히 온몸이 굳어가는 근육병이었다. 용어조차 생소했다.

결혼은 없던 일이 되었다. 서운했지만 입장을 바꿔 보면 그럴 수 있다고 이해해야 했다. 26살 평범했던 그녀의 인생은 완전히 달라졌다. 병원에 정기적으로 다녀야 했고 큰 수술도 했다. 파혼과 수술 자국보다 더 절망스러운 것은 감당하기 어려운 수술비였다. 그녀의 부모님은 시장에서 과일을 파셨고 가진 건 집뿐이었다.

부모님은 딸을 위해 집을 포기했다. 집을 팔아도 얼마 안 되는 돈이었지만 딸을 살리려는 일념으로 그렇게 수술비를 마련하신 것이다. 월세로 이사했고 두 동생도 휴학하고 일을 시작했다. 어떻게 해서든 M의 건강만은 찾게 하려고 온 가족이 노력했다.

가족들의 희생 덕분에 어느 정도 기력을 되찾았지만 취업은 언감생심이었다. 집에만 있는 것이 미안해서 짧은 시간이라도 시장에 나가 일을 도왔다. 그러지 말라고 하셨지만, 집에 혼자 있는 것보다 잠깐이라도 시장에 나가면 기분이 전환되었다. 열심히 사는 사람들을 보면서 실낱같은 희망이 생겼다. 무엇보다도 부모님께 미안했다.

새벽에 과일을 받는 것은 부모님의 역할이다. 낮에 잠시 쉬실 수 있게 하려고 손님 없는 시간에 나가서 일했다. 그래봐야 자리를 지키고 있는 정도였다.

그날도 자리를 지키고 있는데 벽 틈으로 한 줄기 빛이 들어왔다. 예전부터 그랬을 텐데 오늘에야 알았다. 빛줄기가 다다른 시멘트 바닥에 작은 들꽃이 보였다. 갈라진 시멘트 사이에 꽃이 핀 것도 신기했고 수많은 사람들이 밟고 가는 길에서 살아남은 것은 더 신기했다. 문득 이런 생각이 들었다. '저렇게 작은 풀도 살아남으려고 발버둥을 치는데, 나는 다시 찾아올 마비가 두려워 아무것도 하지 않고 있구나. 어차피 하나님의 계획이 마비가 와서 죽게 될 인생이라면 기다리고 있어도 죽을 것이요, 시멘트로 뒤덮이는 상황이어도 죽을 것이다. 그러면 앉아서 언제 또 다시 마비가 찾아올지 두려움 속에서 기다리다 죽어서야 되겠는가. 시멘트가 뒤덮인 상황에서도 씨앗이 자라고 틈에서도 핀 들꽃처럼 나도 그래야겠다. 저 빛줄기는 주님이 내게 주시는 희망이요 빛이다.'

하염없이 눈물이 쏟아졌고 정신이 몽롱해졌다. 정신을 차렸을 때는 주변 사람들이 놀라서 그녀를 안고 있었다. 한참을 울었던 거 같은데 오히려 머리는 맑았고 몸속에서 힘이 생기는 거 같았다. 이제는 무엇이든지 할 수 있을 것 같았고, 과거 건강했을 때보다 더 건강하다는 생각이 들 정도였다.

그날 이후, 그녀에게는 많은 변화가 찾아왔다. 없던 밥맛도 돌았고 먹으니 힘도 생겼다. 힘이 생기니 조금씩 더 걸을 수 있었다. 시장에 나가 있는 시간도 점차 늘었다. 어느 순간부터인가 병을 갖고 있다는 생각을 잊어버릴 정도로 일상생활을 할 수 있었다. 아버지는 경매사로 일하게 되었고 어머니와 둘이서 가게를 운영했다. 그러면서 시장에 찾아오는 손님만 기다리는 것이 아니라 고객을 찾아야겠다는 생각이 들었다. 그러다 그녀의 보험을 담당하는 분이 정기적으로 선물을 보낸 것이 떠올랐다. 그분께 연락을 드려, 다른 보험사 직원들도 선물을 공동으로 묶어서 선물하시면 가격을 더 낮춰드리겠다고 제안했다. 명절이 되자 팀원 전체의 선물이 주문으로 들어왔다. 싼 가격에 좋은 과일을 선점하기에 경쟁력이 있었다. 특별한 날에도 주문은 이어졌다.

다른 지점에서 소문을 듣고 지점장이 찾아왔다. 그는 1년 치 주문할 양과 시기를 말하면서 더 좋은 조건에 맞춰달라고 했다. 활기차고 당당한 그를 보며 젊은 나이에 지점장이 된 이유를 알 것만 같았다. 그렇게 만난 후 그는 고객에게 선물할 일이 생겼다며 자주 찾아왔다. 집에서 사용할 제수용 과일이라며 어머님을 모시고 찾아오기도 했다. 며칠 후 시장을 나오는데 그를 만났다. 시간이 되면 상의할 것이 있으니 차 한 잔 마시자고 했다. 그때까지도 M은 그가 자신에게 마음이 있어서 찾아온다는 사실을 몰랐다. 언제 재발할 지 모르는 병 때문에 결혼은 생각도 하지 않았기 때문이다.

그런데 그날 그의 고백을 들었다. 그녀는 자신이 큰 수술을 했고 아직도 언제 병이 재발할 지 모른다는 사실을 말했다. 차마 파혼했다는 이야기는 하고 싶지 않았다. 그때 M도 그에게 마음이 있다는 사실을 깨달았지만 자기 욕심만 내세울 수는 없었다. 그런데도 변함없이 찾아오는 그를 보고 괜찮은 사람이라고 생각했다. 그렇게 시작한 인연은 7년 후 결혼으로 이어졌고 보험을 판매하면서 과일까지 함께 홍보해 주었다.

그동안 도매를 해 가는 사람들은 개인사업자들이었다. 반면 업체를 여러 개 운영하는 사람들과 연결되는 것은 몇 배의 효과가 있다. 비수기에도 고정 수입이 더 크게 차지했다. 그렇게 남편과 함께 하며 날로 확장해 갔다.

어느 단계까지 올려놓기가 힘들지, 한번 궤도에 오르자 성장 속도가 빨라졌다. 정신없이 생활하던 그때는 병 자체를 잊어버릴 정도로 바빴다.

30년이 다 되어가는 지금도 병은 재발하지 않았고 M은 자기 건물에서 가게를 운영하고 있다. 신도시 번화가에 위치한 알찬 건물이기에 월세만으로도 충분하다. 일을 안 해도 되는데 왜 하냐고 묻자 그녀는 이렇게 대답했다.

"하루하루 살아 있다는 사실을 느끼기 위해서죠."

연로한 부모님을 위해 인근의 다가구 주택도 구입해 드렸고 월세로 생활비를 드린다. 자신의 수술비를 위해 집도 파셨던 부모님을 생각하면 그것도 부족하다고 겸손해 한다.

시장바닥에서 핀 작은 들꽃이 삶의 희망이 되었다. 당장 죽을 거 같았는데 좋은 남편 만나서 결혼도 하고 아이들도 잘 자라 주었다. 정말 꿈만 같은 세월이고 매일이 덤으로 사는 인생이라고 생각한단다.

건강은 잃어 본 사람만이 그 중요성을 안다. 돈이고 명예고 모두 소용없다. 더욱이 아플 때 돈이 없으면 더 힘들다. 돈이 없는 사람일수록 실손보험 정도는 들어 놓으라는 말도 꼭 해달라고 하셨다. 그녀는 큰 병에 걸렸는데도 수술비가 없어 병을 키우는 사람들을 조용히 후원하고 있다. 그런데도 자신의 선행이 알려지는 것을 싫어한다.

돈이 많아도 티 안 나게 행동하고 후원을 해도 알리기를 꺼려하는 것이 신흥부자들의 공통점 중 하나이다.

건어물에서 찾은 희망

하루아침에 회사가 부도나며 퇴사를 해야 했다. 작은 회사라 어떻게 보상받을 수 있는 상황도 아니었다. N은 가족들의 얼굴을 떠올렸다. 아내도 그렇고 중학생, 고등학생인 아이들이 생각났다. 먹고사는 문제도 막막했지만 당장 학원도 그만두어야 하는 상황이 말할 수 없이 미안했다. 능력 없는 자신을 만나 가족이 고생이라는 자괴감이 컸다. 집에는 갑자기 출장이 잡혔다고 말하고 고향으로 내려왔다. 연로하신 아버지는 아직도 작은 배로 고기를 잡고 어머니는 어망을 손질하다 연락 없이 내려온 그를 보고 놀라셨다. 무슨 일이냐고 물으며 추우니 어서 안으로 들어가라고 한다. 근처에 출장 왔다고 말씀드렸더니 반가워하신다. 고향집 비린내가 정겹고 마음이 편안하다. 다음날 아침을 먹고 바닷가로 향했다. 앞으로 무얼 해야 할지 고민이었다. 한참을 걷다보니 시장에 다다랐다. 활기찬 상인들과 살아 움직이는 생선들을 보니 살아야겠다는 생각이 들었다.

'그래, 굶기야 하겠어. 뭐라도 해서 가족들과 살아야겠다.'

시장에서 횟집을 운영하는 친구가 생각나 그곳으로 향했다. 친구는 생선을 손질하던 고무장갑을 벗어던지고 갑자기 찾아온 N을 격하게 반겼다. 회를 한 접시 떠오고 술을 가져온다. 이런 저런 얘기는 새벽까지 이어졌다. 모처럼 친구와 마음 편한 시간이었다. 다음날 오후 친구가 해장하자며 집으로 찾아왔다. 일도 뒤로하고 위로해 주려고 온 것이다. 이래서 고향친구가 좋구나 생각했다.

점심을 먹으며 친구가 말한다. "정 할 거 없으면 내려와라. 기운 차리고 어깨 펴라." 마음이 든든했다. 생각도 많이 정리되었고 뭐라도 하자라는 결심이 굳어졌다. 친구와 헤어져 걷다가 가지런히 놓여 있는 은빛 멸치들을 보았다. 눈부시게 예뻤다. N은 어린 시절 바닷가에서 자라 누구보다도 수산물에는 일가견이 있었다. 생선만 봐도 신선도를 알 정도로 전문가였다. 갑자기 이런 생각이 들었다. '그래, 내가 가장 잘 아는 것이 수산물인데 방법이 있는지 생각해 보자.'

각종 건어물마다 많이 나가는 시기가 있다. 그때를 기다려 미리 싼 가격에 구입했다 팔면 수익률이 더 높을 것이라는 생각이 들었다. 그런데 지금 당장은 자금이 없어 미리 사놓을 수 없으니 어떻게 해야 할지 막막했다. 이렇게 된 현실이 바뀌지 않는다면 다른 방법을 찾아보자는 생각이 들었다. "살자고 하면 죽을 것이요. 죽자고 하면 살을 것이다"

라는 말이 떠올랐다. 친구를 찾아가 이야기하니 건어물을 판매하는 사람을 연결해 주면서 원가에 납품해 주기로 했다. 더군다나 사정을 아는 친구는 첫 물건 대금은 빌려줄 테니 걱정 말고 판로만 개척해 오라고 했다. 너무 고마워 코끝이 찡했다.

다음날 서울로 급히 올라왔다. 평생 직장생활만 하던 사람이 판로를 개척하기는 쉽지 않겠지만 한번 부딪혀보자고 스스로에게 용기를 주었다. 아니, 해야만 하는 상황이었다.

집으로 돌아와 아내에게 상황을 이야기했다. 아내는 왜 혼자서 힘들어 했냐고 위로하며 함께 이 고비를 넘기자고 했다. 아내의 위로와 지지에 힘이 났다. 먼저 지인들을 찾아다니면서, 선물할 곳이 있으면 건어물을 선물용으로 해달라고 부탁했다. 몇 달은 성과가 없었다. 영업이 이래서 힘들구나 싶었다. 특별한 성과 없이 몇 달이 흐르는 사이 아내가 아파트 주민들에게 주문을 몇 개 받아왔다. 첫 주문이어서 따로 포장과 손편지로 상품에 대해 써서 드렸다. 남는 것은 없었어도 마음은 기뻤다.

상품이 좋으니 아파트에 입소문이 퍼졌다. 멸치와 디포리 주문이 들어왔다. 사업하는 몇몇 사람들은 다가오는 명절 선물로 주문을 했다. 예전 회사에 다니던 시절 거래처 대표들을 만났다. 공장 식구들에게 멸치를 명절선물로 부탁드렸다. 누구다 다 먹을 수 있는 것이 멸치와 디포리이고 가격 대비 가성비도 좋아 흔쾌히 주문해 주셨다.

친구의 도움으로 예상 수량을 선주문 해두었기에 무슨 일이 있어도

다 팔아야 했다. 성과로 이어지니 몸은 피곤해도 집으로 돌아오는 발걸음은 가벼웠다. 그날도 집으로 오는 길에 빨간 십자가가 눈에 들어왔다. 종교는 없었지만 "네 시작은 미약하였으나 그 끝은 창대하리라"라는 소리가 들리는 것 같았다. 갑자기 눈물이 나며 "감사합니다. 꼭 그렇게 하겠습니다!"라고 길거리에서 외쳤다.

그 순간 이상하게 모든 일이 잘 풀릴 것만 같았다. 아파트 주민들과 거래처 대표들이 다른 사람들을 연결해 주고 또 연결해 주었다. 안 좋은 일들이 줄지어 오더니, 이번에는 좋은 일들이 줄지어 들어왔다. 세상이 각박하고 정이 없다고 생각했는데 오해였다. 세상에는 좋은 사람들이 참으로 많다는 사실을 절감했다.

그해 명절을 지나며 현장에서 유통 공부도 제대로 했고 고정 고객들도 확보했다. 이를 발판으로 고객을 유지하려고 노력하다 보니 계속 판로도 확대되었다. 사업도 자리 잡고 규모도 많이 커졌다. 지금은 중국까지 유통 채널을 넓히는 중이다.

강주환 교수는 회복탄력성은 마음의 근력과 같고 몸이 힘을 발휘하려면 강한 근육이 필요한 것처럼, 마음이 강한 힘을 발휘하기 위해서는 튼튼한 마음의 근육이 필요하며 긍정적인 생각과 훈련으로 강화가 된다고 했다. 그들은 위기의 상황에 대처하는 회복탄력성이 강하여 부자로 탄생하였다. 변곡점에서 어떠한 생각과 선택을 하였느냐에 따라 부자가 되었다. 나는 지금 어느 지점에 와 있는지를 경제적·생활적·태도적 · 행동적 등 여러 가지 측면에서 냉정하게 파악하고 분석해야 한다. 나의 성향에 따라 투자해야하는 것이 달라지고 방법을 정할 수 있다. 경제적인 부분을 고려하여 있는 그 수준에서 당장 시작할 것을 찾아야 한다. 내가 그러기 위하여서는 우선순위를 정하고 당장 실천할 수 있는 것부터 시작한다. 하나씩 하다보면 어느새 습관화 되어 있는 나를 발견하리라 본다. 변곡점을 지나 신흥부자의 첫 발을 내딛었다고 본다.

2부

신흥부자들의
투자 이야기

부자들은 돈을 그대로 놔두지 않는다.
돈이 자신을 위해 일하도록 만들어 자산의 증식을 꾀한다.
이제 그들의 구체적인 투자법을 알아보자.

10

증시의 변곡점은 기회다

투자에 경험이 없거나, 큰 성공보다는 실패하지 않는 투자를 우선한다면 보수적인 투자법을 선택하는 것이 좋다. 특히 개별종목에 투자할 자신이 없거나 상황이 여의치 않다면 종합주가지수에 투자하는 인덱스 펀드가 대안이 될 수 있다. 주식과 펀드의 장점을 합친 인덱스 펀드란 해당 국가의 종합주가지수를 가격으로 표시해 사고파는 종목으로 국가 전체의 주가지수를 추종한다. 노벨경제학상 수상자인 폴 사무엘슨은 "인덱스 펀드 상품 개발이야말로 바퀴와 알파벳 발명만큼 가치 있는 일"이라고까지 했다.

돈은 돌고 돌아서 돈이라고 했던가. 세계의 거대자본은 돈이 되는 곳으로 흐르는 속성이 있다. 과거 멕시코, 브라질, 러시아가 그랬고 중국이 그랬다. 거대자본이 흐르는 곳에는 주가 폭등이 형성된다. 워낙 많은 자금이기에 종합주가지수라 해도 상승폭이 결코 작지 않다.

세계의 거대자본이 흘러들어가는 곳은 소국이 아닌 주로 대국들이다. 경제대국이 아닌 인구대국으로 1억 명 이상의 인구가 있어야만 거대자본이 들어갈 자리가 만들어지고, 그들이 원하는 만큼의 성과를 거둘 수 있다.

그래서 내가 지금 주목하는 인덱스 펀드는 인도 펀드다. 인도와 동남아시아는 높은 경제성장률을 보이고 있으며 향후 성장이 기대된다. 더욱이 인도는 해마다 10%가 넘는 경제성장률을 기록하고 있다. 인도는 GDP 1조 달러 달성하는 데 56년이 걸렸지만, 2조 달성은 8년밖에 걸리지 않았다. 나아가 3조 달러 달성은 6년 정도 걸릴 것으로 전망된다. 더욱이 2014년 모디정부가 출범하면서 투자자들에게 우호적이며, 단일간접세 도입 등 성장을 주도하는 개혁들을 펼치고 있다. 2016년 11월 8일 화폐개혁을 단행했는데도 2017년 1/4분기 GDP가 7%인 점을 감안한다면 장기 성장이 예상된다.

나의 지인들도 이미 인도 펀드에 투자하여 많게는 월 40%에서 적게는 20%의 수익을 거두고 있다. 환차익까지 감안하면 실질 수익률은 더 높다. 펀드도 천차만별이라 어떻게 투자하느냐에 따라 조금씩 수익에 차별이 발생한다. 요즘 많이들 관심 갖는 월세수익과는 비교되지 않을 정도의 수익이다.

거대자본은 흐르고 흘러 향후에는 베트남이나 아프리카 등으로 흘러갈 것이다. 우리에게 자본의 이동이란 곧 투자 기회다. 그래서 세계의 자본이 어디로 움직이는지 예의 주시해야 한다. 단, 이미 개발이 완료된 국가가 아닌, 경제성장이 막 꽃피기 시작하여 저소득에서 벗어나는 국가여야 한다.

계좌만 개설해 놓으면 스마트폰으로 종목의 등락부터 현재 나의 수익률까지, 국내외의 모든 주식과 펀드에 투자할 수 있다. 지금까지 내가 공부하지 않고 관심 갖지 않기 때문에 투자하지 못하는 것이다. 투자할 상품이 없다고 낙담할 이유가 없다. 한국의 이자율이 낮다고 푸념하지만, 수익이 높은 투자처를 모르기 때문에 나오는 소리일 뿐이다. 이자율이 낮으면 다른 곳에 투자하면 되지 않는가.

지인의 투자사례 하나를 소개하겠다. 그녀는 마치 여행상품을 고르듯 해외펀드를 고른다. 누군가는 여름휴가를 어디로 갈까 고민할 때, 그녀는 어디로 투자하러 갈지 고민한다. 주로 경제 성장의 여지가 많은 동남아시아 지역으로 하며, 투자금액은 딱 쇼핑할 금액 정도로 정한다. 첫 투자는 몇 십만 원의 적은 금액부터 천차만별이다. 여행을 가서는 현지 가이드와 친분을 쌓는다. 일반 여행객은 가이드 팁만 주고 요구사항만 얘기하지만 그녀는 넉넉한 가이드 팁과 선물도 준비해 가서 여행 내내 가이드 옆에서 밀착취재를 한다. 그녀도 현지 고급 레스토랑도 갈 겸 가이드와 식사도 한다. 국내에서 미리 알고 간 정보와 현지에서 들은 정보를 비교해 본다. 훨씬 그 나라를 이해하고 파악하는 데 효과적이다. 그것을 토대로 어느 정도 감을 익힌 후 투자금액을 늘린다.

중국부터 시작해서 현재는 몇 년째 인도와 베트남도 다니고 있다. 직접투자가 어려운 만큼 펀드를 활용하고 있다. 그중에서도 인도의 매력에 빠져 몇 년 전부터는 비중을 늘렸다. 더욱이 2016년 2월 조세특례제한법 법제화가 완료되어 '해외주식투자전용펀드'가 제도화되자 신규계좌를 개설하여 인덱스 펀드 비중을 늘렸다.

트럼프가 당선된 날 인도에서는 화폐 개혁이 있었다. 그녀는 몇 차례 미루어졌던 인도의 화폐개혁 단행도 트럼프 당선과 맞먹는 뉴스라고 했다. 화폐개혁과 미국의 대선 결과와 맞물리면서 인도 증시는 5%대까지 하락했지만 그때를 오히려 투자 시기로 봤다. 아는 만큼 보인다고 했던가, 역시 그녀의 예상은 적중했다.

전 세계를 모두 알면 좋겠지만, 여러 여건상 무리가 간다면 신흥국 위주로 투자학습을 하기를 권한다. 신흥국은 기존의 선진국보다 몇 배 빨리 성장해왔고 앞으로도 성장 속도는 엄청날 것이다.

그녀 주변에는 인도 펀드로 높은 수익률을 내는 사람들이 많다. 정보가 공유되기 때문이기도 하지만, 그만큼 각자가 조금이라도 나은 투자처를 찾다보니 목적지가 비슷해졌다.

세상은 넓고 투자할 곳은 많다. 특히 요즘처럼 글로벌 투자 시대에는 투자에 국경이나 장벽이 없다. 중요한 것은 자신의 의지다. 자기가 아는 범위에서만 투자하려 하니 이자가 낮거나, 기대수익은 낮은데 위험은 높은 투자처에 피 같은 자신의 돈을 맡기는 것이다.

퇴직금처럼 절대 원금을 잃어서는 안 되는 자금일수록 적은 자금으로 기대수익은 높은 투자처가 좋다. 그런 다음 원금을 보존하고 수익금만으로 재투자하면 예상치 못한 수익이 가능할 수 있다.

성선화 기자가 쓴 〈투자의 여왕〉이라는 책에는 다음과 같은 내용이 나온다.

"2016년 2분기 글로벌 자본들이 다시 신흥국 시장을 주시하고 있다. 국내 인도네시아 전문가인 헥사곤 인베스트먼트 컨설팅의 김재욱 대표가 쓴 〈인도네시아 주식투자로 인생에 한 번은 돈 걱정 없이 살아라〉를 보면, 인도네시아는 아시아 중 내수로 살 수 있는 유일한 국가이다. 베트남, 말레이시아, 미얀마 등 다른 동남아시아 국가들도 많은데 왜 하필 인도네시아일까? 김 대표는 2억 5천만 명(노동가능인구 1억 2천명)에 달하는 인구를 가장 큰 이유로 꼽았다. 수출주도형 경제였던 일본이 잃어버린 20년을 견딜 수 있었던 이유도 1억 명 이상의 인구로 내수 시장이 뒷받침됐기 때문이다. 과거 원자재 수출로 경제를 지탱해온 인도네시아는 현재 내수로 전환되는 과도기를 겪고 있다. (중략) 인도네시아에 투자할 때 환율을 반드시 고려해야 한다. 지난 4년간 인도네시아 루피아는 30%까지 폭락했다 앞으로 환율이 상승한다면 투자수익률은 더 커질 수 있다."

대부분 펀드에 투자할 때 스스로 공부하고 판단하는 경우는 거의 없다. 대부분 창구에서 권유하는 상품으로 정한다. 물론 개별투자보다는 전문가가 유리할 수도 있겠지만 환헤지 등의 결정은 자신이 해야 하기 때문에 그 상품이 어느 나라, 어떤 종목에 투자되는지, 그 나라의 현재 상황이 어떠한지 정도는 반드시 알아야 한다. 또한 전문가의 의견은 참고사항일 뿐, 투자는 결국 자신이 판단해야 한다. 전문가의 돈이 아닌 내 돈이기 때문이다.

그러면 사람들은 반문한다. 지금 국내 상품도 복잡해서 뭐가 좋은지 헷갈리는데, 어떻게 해외상품까지 알 수 있느냐고. 당연히 어렵다. 그러면 나는 이렇게 되묻고 싶다. 돈 벌기가 쉬운 것이었느냐고. 결과만 놓고 보면 쉬워 보일 수는 있지만 결코 쉽지 않다. 세상에 거저 얻어지는 것은 없다고 봐야 한다. 내 돈이 들어가는데 그 정도의 공부는 당연하다는 자세로 접근해야 한다. 해외라서 말이 통하지 않는다고 할 수 있지만, 지금 우리가 사는 세상은 모두 해결 가능한 문제들이다.

해외여행을 계획한다고 가정하자. 여행을 떠나기 전 설레는 마음으로 그 나라의 날씨와 생활환경, 테러에 대한 해당 정부의 방침과 대응책, 문화, 가격이 저렴한 곳, 카드 결제가 되는 곳, 달러로 결제해야 하는 곳 등 무엇이 유리할까도 비교하면서 여행 경비를 조금이라도 줄이려고 시간을 투자해서 정보를 수집한다.

그런 관점에서 출발한다면 다르지 않다. 해외펀드도 여행상품 고르듯 그 나라의 환율은 어느 정도인지? 물가는? 정치적으로 안전한지? 경제상황은 어떤지 정도는 인터넷 등으로 충분히 확인 가능하다. 경제전문가여야만 수익률이 높은 것이 아니다. 오히려 꼭 필요한 그 부분의 실질적인 정보를 정확히 알았을 때 수익률을 높게 낼 수 있다.

펀드는 가입 전 성향 진단이 필수다. 위험이 높기 때문에, 그 사람의 성향을 파악해 사전에 충분히 설명하기 위한 정책이다. 그런 부분도 감안하여 본인이 감내할 수 있는 범위 내에서 투자가 이루어져야 한다. 투자해 놓고 수익률 때문에 매일 스트레스를 받는다면 펀드 투자와 맞지 않다. 정신 건강을 위해 다른 투자처를 찾는 것이 낫다. 그래도 펀드에 투자하고 싶다면 스트레스 받지 않을 정도의 금액만 투자하자.

투자의 세계에서는 누구도 나의 손실을 책임져 주지 않는다. 창구에서 권유했다고 해서 그들이 보존해 주지도 않는다. 모든 것은 투자자의 몫이자 책임이다. 수익이 온전히 내 몫인 것처럼 손실도 마찬가지다.

과거 중국 펀드의 폭락 속에서 지금까지 수익률을 냈던 개인투자자들은 장기투자자들이다. 다만 여기서 구분해야 할 것은 장기투자라고 해서 인(忍)테크를 했던 일반투자와 다르다는 점이다. 인테크란 인내하는 투자로, 투자해 놓고 수익이 날 때까지 마냥 기다리는 투자다. 자신이 올바로 투자했는지, 투자 타이밍은 적절했는지 등에 관심을 갖지 않는다. 이런 투자도 수익이 날 수는 있지만, 수익률에서는 큰 차이가 발생한다. 펀드의 속성을 정확히 알고 중도환매를 하거나, 적절한 타이밍에 매수해 수익률을 높여야 한다. 남들이 하니까 따라했던 중국 펀드 열풍으로 가입한 사람들이 아니라는 사실을 구분할 수 있어야 한다.

펀드 투자에 선행되어야 할 사항들이 있다. 먼저 나만의 투자원칙과 계획을 세워야 한다. 막연히 생각만 하지 말고 차분히 적어보라. 단기,

중기, 장기의 계획과 어느 정도 수익률과 리스크의 부담은 어디까지가 가능한지 디테일하게 점검해야 한다. 더 나아가 자신의 투자성향과 앞으로의 수입 등 환경변화도 포함한다.

직접 경험하여 처음부터 수익을 낼 수 있다면 가장 좋지만, 쉽지 않기에 모의투자를 활용하면 도움을 받을 수 있다. 네이버의 '마이금융'에 관심 종목을 설정하면 종목을 직접 사지 않아도 간접적인 투자경험이 가능하다. 비록 간접경험이어도 수익률을 체크하다 보면, 전반적으로 조금씩 이해되고 흐름이 보이기 시작한다. 네이버 펀드의 해외 펀드와도 접목해 보는 시각을 키워야 한다.

간접경험으로 투자체력을 키웠으면 이제 본격적으로 펀드의 유형과 상품을 고른다. 시작부터 무리한 금액을 투입하기보다는 소액으로 시작하거나, 현실에 맞는 금액이 좋다. 투자금은 차츰 늘려갈 수 있으므로 서두르지 않는 편이 여러 모로 좋다.

누구나 쉽게 투자에 활용하기 좋은 '네이버' 활용을 소개한다. 네이버에는 무궁무진한 투자학습 기능이 있다. 연예인 가십기사만 서치하지말고 매일 꾸준히 들여다보라.

- 네이버 마이금융에 관심종목을 설정하여 투자학습을 한다.

- 네이버 펀드를 수시로 들어가서 본다.

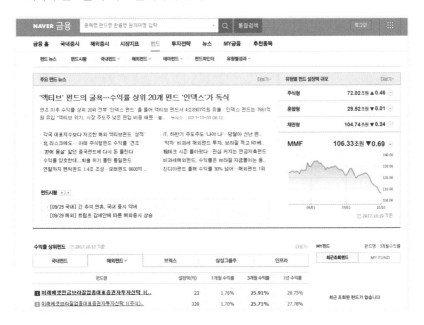

카카오뱅크가 비대면 거래로 선풍적인 인기를 끌었다. 펀드에도 비대면으로 거래할 수 있는 것이 펀드 슈퍼마켓이다. 오프라인 매장에서 가입하면 수수료와 운영보수가 있다. 그러나 온라인에서는 수수료가 저렴하다. 단점으로는 상품을 스스로 선택해야 하고, 수익률이 떨어지면 환매할지도 결정해야 한다. 이미 운용 중인 상품의 수익률과 규모 등을 비교하면 선택에 도움을 받을 수 있다.

펀드 슈퍼마켓은 전용계좌를 개설해야 한다. 기존의 통장에다 추가로 발급하면 된다.

• 펀드 슈퍼마켓 (http://www.fundsupermarket.co.kr)

11

한 종목에만 투자해도
부자가 될 수 있다

없어도 되는 돈 만큼만 산다

여기서 '없어도 되는 돈 만큼만 산다'라는 말은 잃어도 된다는 뜻이 아니다. 대부분 주식하는 사람들을 보면 여유자금이라기보다 없는 자금을 무리하게 끌어 모아 들어가는 경우가 많다. 주식투자의 속성상 단기간에 높은 수익률을 기대하기 때문이다. 주식에서 단기적인 성향을 보이는 투자자들은 주가가 떨어지면 원금을 빨리 회복하기 위해 자금을 또 무리하게 끌어들여 물타기를 한다. 그런데 그 종목들은 대부분 우량주가 아닌 등락이 심한 종목들이기 때문에 주가가 더욱 떨어지면 공포에 질려 주식을 싼값에 처분한다. 더 큰 문제는 무리하게 끌어 모은 자금은 반드시 어딘가에 쓸 곳이 있다는 것이다. 주가가 다시 회복될 때까지 기다릴 여유가 없다. 따라서 자금이 필요한 시기가 오면 울며 겨자 먹기로 막대한 손실을 입고 주식을 처분한다. 그러고는 "주식은 절대 하는 것이 아니다, 주식으로 돈 번 사람이 어디 있느냐, 나는 주식이랑 안 맞는 거 같다"라고 말한다. 전부는 아니겠지만 이런 사람들이 투자한 종목은 대부분 우량주가 아니라 코스닥 부실주인 경우가 많다. 혹은 언론이나 주변의 말에 현혹되어 비싼 가격에 주식을 산 경우다.

국내 대기업에 다니다가 현재는 은퇴한 최여유씨(65세, 가명)는 종목 고르는 눈은 날카롭지만, 실제 투자에 있어서만큼은 여유를 잃지 않는 장기투자로 성공한 인물이다. 많은 종목에 투자하지도, 주식 공부에 열을 올리지도 않았지만 누구보다 안정적이면서 큰 수익을 거두었고 현재도 수익금을 쌓아 가는 중이다.

그가 처음부터 뚝심 있게 장기투자를 한 것은 아니다. 어쩌다 보니 그런 투자를 하게 되었고, 성공의 열매를 맺으면서 자기만의 투자세계를 만들어간 케이스다. 20년 전인 1997년 30대 중반의 나이에 국내 우량주를 매입하여 인생에 걸쳐 지속되는 자기만의 투자법을 갖게 되었다.

그는 30대 중반 시절 우연한 기회에 직장동료들과 재테크 모임을 결성했다. 1주일에 2번 정도 점심에 만나 요즘 돌아가는 재테크 이야기도 하고, 때로는 증권사 객장에 가서 주식동향을 살피기도 했다. 업무 자체가 주식과 연결되다 보니 자연스레 주식에 관심을 갖게 되었다. 직장동료들도 마찬가지였다.

처음엔 큰돈이 아니었다. 월급쟁이들에게 매달 큰돈이 생길 리 만무했다. 서랍 아래 감추어두었던 쌈짓돈 1~2백만 원 정도씩 각자 투자하였다. 주식에 내 돈이 들어가니 업무도 한층 재미있어지고, 재테크 공부도 되는 1석2조의 효과였다. 동료들과의 재테크 모임에 가니 다들 경제신문도 읽고, 새벽에 일어나 미국 다우지수도 확인한다고 한다. 그렇게 처음에는 재미 반, 투자 반이라는 생각으로 가볍게 시작했다.

그러던 차, 때마침 예상치 못한 기회가 찾아왔다. 1997년 IMF 외환위기를 겪으면서 국내 대표주인 삼성전자의 주가가 4만 원이 붕괴된 것이다. 점심을 먹으며 재테크 모임을 갖던 동료들은 이 소식에 놀라 긴급회의를 했고, 지금이 삼성전자를 사야 할 때라는 데 의견이 일치했다. 밥도 먹는 둥 마는 둥 하고 숟가락을 놓자마자 모두 은행으로 달려가 마이너스 대출을 받았다. '이건 기회다!'라고 생각했다.

재테크 모임 동료들이 하나같이 삼성전자를 사자, 주변 사람들은 "미쳤다"고 이구동성으로 말렸다. 삼성전자도 이제 망할 거라느니, 다 떨어지려면 아직 한참 남았다느니 하는 소리가 들려왔다. 실제로 다음해 (98년) 삼성전자는 최저점을 다시 한 번 붕괴하면서 97년 저점인 35,100원을 깨고 32,600원까지 하락하기도 하였다.

하지만 재테크 동료들에게는 믿음이 있었다. 어차피 마이너스 통장으로 시작했지만 큰 금액이 아니어서 부담이 없었다. 또한 삼성전자가 망하면 한국도 망하는데, 결코 그런 일은 일어나지 않으리라는 믿음이 있었다. 당시 대기업인 대우가 망하면서 대기업도 망할 수 있다는 공포가 한국 사회를 휘감았던 것도 사실이다. 하지만 그들은 삼성전자까지 망한다면 한국사회에 큰 타격을 입을 것이 분명하고 삼성전자는 대우와 다르다는 판단을 내렸다. 함께했기에 상황을 더 객관적으로 볼 수 있었다. 무리해서 들어간 자금도 아니라서 각자 한달 용돈 범위 내에서 시작했다. 최악의 경우 0이 된다 해도 복구 가능한 수준의 마이너스 대출만 했기에 심리적 여유가 있었다.

삼성전자가 4만 원이 붕괴되는 날 사고 나자, 거기서 그치지 않고 계속 떨어졌다. 믿음을 갖고 샀지만 공포 앞에서 인간의 심리는 흔들리기 마련이다. 주변의 우려 섞인 목소리도 그들의 믿음을 흔드는 촉매제로 작용했다. 그러자 동료들 중 팔아야 한다고 주장하는 사람도 있었다. 그래도 그들은 결국 일시적인 외부 영향일 뿐이라며 삼성의 기업 가치를 믿었다. 오히려 이 기회에 더 사자고 의견일치를 봐서 추가로 매수했다.

얼마 후 최씨는 해외지사로 발령 났다. 가족이 모두 함께 가기에 한국에 집이 필요 없었다. 그래서 그는 해외지사로 나가기 전, 와이프 몰래 전세자금 중 일부인 3천만 원으로 삼성전자를 사놓았다. 이후 삼성전자는 바닥을 찍고 오르기 시작했다. 최여유씨는 외국에 살면서도 삼성전자를 계속 샀다. 재테크 모임의 동료들 역시 삼성전자를 추가로 매수했다. 재테크 모임의 제1원칙은 '없어도 되는 돈만큼만 산다'였다. 여기서 없어도 되는 돈은 날려도 된다는 뜻이 아니라 부담 없는 여윳돈을 말한다. 그래야 변동 폭에서 심리적으로 여유가 생기고 조바심을 내지 않기 때문이다. 주식이나 부동산이나 원칙은 동일했다. 공부하기 좋은 만큼만 사기, 떨어지면 조금 더 사서 물타기하기, 이 역시 위험하지 않는 선에서만 추가로 매수하기였다.

삼성전자가 계속 오르자, 재테크 모임의 동료들은 삼성전자를 팔기 시작했다. 2배 가까이 벌었으니 이 정도면 적당히 팔아도 되겠다는 생각이었다. 동료들은 대부분 7만원~10만원 사이에서 매도했지만 최씨는 팔아봐야 당장 쓸 데도 없어서 그냥 묻어두었고 오히려 계속 매수만 했다. 반면 동료들은 삼성전자를 판 돈으로 제2금융권 저축상품에 투자했다(당시 은행 금리도 10% 이상이었다).

그가 해외지사에서 돌아오자 삼성전자의 주가는 30~40만원 사이였다. 동료들이 2배 수익을 거둔 반면 그는 무려 10배의 수익을 거두었다. 초기 투자금 3천만 원에 그간 계속 산 금액을 합치니 제법 큰 금액이었다. 그는 우선 삼성전자 일부를 팔아 코스닥에서 유행인 게임업체 주식 중 2종목을 샀다. 단기간 수익을 거둔 후, 코스닥은 너무 위험하다는 생각으로 다시 삼성전자를 매수했다. 그가 급등하고 있는 게임주를 판 이유는 미국 때문이었다. 우리나라 증시는 미국을 따라간다. 미국 시장의 게임 업종들이 하락하기 시작하자, 우리나라 게임주들도 곧 떨어질 것이라는 우려가 들었다. 그래서 더는 미련 갖지 않고 모두 정리한 다음, 삼성전자가 더 올랐음에도 불구하고 다시 삼성전자로 돌아왔다.

시작점에 함께 서 있었던 그의 동료들을 보자. 이미 그들에게 삼성전자는 머나먼 이야기였다. 대부분 4만원에 사서 10만원 이전에 팔았고, 이후에도 적금 식으로 사기는 했지만, 30만원이 넘자 더는 사지 않았다. 바닥에서 10배 가까이 올랐으니 너무 위험한 주식이라는 생각이었다. 일부에서는 삼성전자의 주가가 100만 원을 돌파할 것이라고 했지만, 사람의 심리란 그처럼 간단하지 않다. 4만 원에 샀던 사람은 10배 오른 시점에서는 동일 주식을 사기가 부담스럽다.

하지만 최씨는 "나는 괜찮다. 원금을 제외한 이익금 중에서도 일부만 삼성전자를 샀기 때문에 최악의 경우 상장폐지가 되어도 상관없다"고 말한다. 나머지 수익금은 부동산에 투자했는데, 역시 직장 동료들과 함께 투자하여, 마포와 동부이촌동 등에서 아파트 투자로 수익을 거두었다.

이후 그는 한국전력을 포트폴리오에 포함시켜 적금 식으로 매달 5~10만 원씩 모아 삼성전자와 한국전력을 매수했다. 사람 좋은 그는 주변 사람들에게 자신의 방법을 적극 추천한다. "나는 아이들 적금을 주식으로 한다", "우량주는 망할 염려가 없으니 여윳돈 있으면 삼성전자나 한국전력을 사두어라." 그래서 그들 중 일부는 그를 따라 투자하기도 한다. 뒤늦게 따라했지만 다들 훌륭한 투자 성적을 거두고 있다. 최근 최씨는 동남아로 골프 여행을 가거나 후배들에게 인심을 쓸 때 삼성전자 한 주 팔았다고 나오라고 한다. 여전히 그는 우량주에 투자하고 있다.

거의 대부분의 개인투자자들은 수익률이 낮거나 마이너스이다. 기본

투자원칙 정도야 다들 알 테지만, 지키지 못하는 것이 그 원인이다. 예나 지금이나 그 부분은 마찬가지다. 메리츠자산운용 존 리 대표는 "투자할 땐 주가보다는 기업의 장기 성장성을 봐야 한다. 장기적 관점에서 지금 10%, 20% 비싸고 싸고는 무의미하다. 삼성전자도 처음엔 5000원이었다. 이 때 7000원과 3000원 사이에서 주가가 움직였던 것은 최근 200만 원대 주가에서 바라보면 정말 작은 차이다. 흔들리지 않고 계속 보유한 사람만이 즐길 수 있는 것이다"라고 했다. 존 리 대표는 직원들과 급여의 10%를 매월 주식에 투자한다고 한다.

동료와 함께하면 기쁨 두 배, 투자 수익 열 배

재테크에 성공하려면 곁에 동료를 두는 것이 좋다. 함께 하면 우선 재미가 있다. 부자들은 결정은 스스로 하지만, 항상 동료들과 의견을 나누고 함께 부자가 되는 방법을 고민하는 경우가 많다. '좋은 사람들과 함께 부자 되기'를 꿈꾼다. 혼자 투자할 경우에는 평정심을 잃거나 불안 때문에 노심초사하기 쉽지만, 함께 하면 불안을 나눌 수 있어서 장기 투자에 심리적인 도움을 얻는다. 물론 앞서 소개한 최여유씨 동료들처럼 함께 투자해도 2배에 만족하고 투자를 끝내기도 하지만, 그의 동료들조차 함께 했기에 2배라는 훌륭한 투자 성적을 거둘 수 있었다. 최씨처럼 해외지사 파견이 있었거나 조금만 더 끈기가 있었다면 그와 비슷한 투자결과를 얻었을지도 모른다.

대부분의 투자자들은 10~20%의 수익만 나도 보유 주식을 처분하기 바쁘다. 혼자는 인내력을 유지하기가 여간 어렵지 않다. 하지만 함께 하며 '보유해야 할 이유'를 공유한다면 텐배거(10배 수익률)도 남의 일이 아니다. 수익률이 높게 나오는 주식방송 전문가들의 특징이 무엇인지 아는가? 고객들이 보유 중인 종목을 팔지 못하도록 잘 막는 전문가들이다. 개인이 주식투자에 실패하는 이유는 좋은 종목을 고르는 눈이 없어서가 아니라, 좋은 종목을 사놓고도 오래 보유하지 못하기 때문이다. 조금만 올라도 이미 얻은 수익을 확정하고 싶어 한다. 혹시나 제자리로 돌아가지나 않을까 불안하기만 하다. 좋은 종목을 팔고 나서는 또다시 수익을 안겨줄 종목을 찾아 나서는데, 대부분 그 과정에서 급등주나 부실주로 옮겨 탄다. 주식투자에서 '초심자의 행운'이라는 말이 유행하는 이유가 여기에 있다. 처음에는 좋은 종목을 산다. 좋은 종목이니 수익이 난다. 투자자는 종목이 좋아서가 아니라 자기 실력이 좋아서 수익이 난다고 생각한다. 그래서 욕심이 발동하고, 단기간에 큰 수익을 주는 종목에 투자하고 싶어진다. 결국 부실주를 투자하다가 수익은 물론 원금까지 모두 날리고 주식판에서 퇴출된다.

최여유씨의 성공 비법은 누구나 아는 방법이다. 문제는 아무도 그의 끈기를 따라가지 못한다는 사실이다. 좋은 종목을 뒤로하고 더 안 좋은 종목을 찾아 나서는 실수를 하지 않는 것이 비결이다. 다른 종목에 투자했더라도 여의치 않거나, 투자가 끝나면 다시 원래의 종목으로 돌아온다. IMF 때도 그렇고 지금도 삼성전자가 가장 좋은 주식이라 생각하니 그는 삼성전자만 투자한다.

한 기업에 오래 투자하다 보면 그 기업의 역사와 함께 장단점을 훤히 꿰뚫을 수 있다. 그가 삼성전자에 계속 투자하는 이유는 아직도 상승 여력이 많다고 생각하기 때문이다. 최근 300만 원 근처까지 도달한 이유는 SSD를 기반으로 하는 동영상 시대를 준비하는 삼성전자의 저력 때문이라고 믿는다. 4차 산업혁명 주식에 투자하고 있는 것이다.

현재 은퇴한 그는 소일거리를 하며 돈이 필요하면 삼성전자나 한전 등을 팔아 마련하고, 돈이 생기면 삼성전자와 한전을 다시 사는 투자를 계속하고 있다. 그러다 보니 삼성전자만 20억에 가깝다. 원금은 이미 회수된 상태이기에 평정심을 잃지 않는 투자원칙을 지켜갈 수 있다. 2008년 금융위기로 삼성전자 주가가 40만 원대까지 떨어졌을 때도 그는 기회로 생각하고 삼성전자 주식을 매수하였다. 당시 폭락에 대한 두려움에 대부분의 사람들은 주가의 최저점에서 우량주를 헐값에 내던지고 말았다. 특히 그는 적립식으로 노후연금에 투자한다고 생각하기에 삼성전자라면 올라도 떨어져도 산다고 결심한 상태다.

우량주는 결코 죽지 않는다. 그 중에서도 한 나라를 대표하는 기업은 망할 확률이 그만큼 낮다. 세계를 대표하는 기업도 마찬가지다. 그런 면에서 세계로 눈을 돌려 구글이나 애플, 아마존과 같은 세계적인 기업에 장기 투자하는 방법도 추천할 만하다. 그들은 이미 4차 산업혁명 준비를 마치고 훨훨 날아갈 시간만 기다리고 있다. 또한 독점적 지위를 가진 기업들로써 다른 기업에 추월당하거나 시장지배력을 상실할 위험도 크지 않다. 이런 종목은 장기적인 안목으로 일평생 투자할 만하다.

그는 주식투자의 끝을 미리 판단하지 않는다. 일평생 팔 기회가 오지 않는다면, 자녀에게 물려줄 생각이다. 자신은 이미 소위 놀고먹어도 충분한 돈을 벌어놓은 상태다. 돈이 필요하면 보유 주식을 조금씩 팔면 된다.

개인투자자들이 우량주에 투자해야 하는 이유는 생업에 바쁘기 때문이다. 전업투자자가 아닌 이상 매일 종목을 연구하고, 실시간으로 주가 추이를 살펴볼 여력이 없다. 그러면서도 돈을 버는 재미를 느껴 지속적으로 투자할 수 있는 토대를 마련해야 한다. 그러니 잘 떨어지지도 않고, 주가 폭락기에 크게 하락해도 금방 원 위치되는 우량주가 안성맞춤이다.

최씨처럼 개인투자자들은 언제까지 얼마를 벌겠다는 무모한 생각을 버리고, 시간을 정하지 않은 채로 투자하다가 이익이 나면, 원금을 빼고 이익금 중에서도 2/3 정도만 계속 투자하는 원칙이 좋다. 그러면 언제나 여유가 넘치는 투자를 할 수 있다.

주부인 유배당씨의 투자법도 주목할 만하다. 그녀는 배당주에만 투자한다. 투자금이 아무리 적어도 주식에 매달리다 보면 집안일을 할 수 없다. 그렇다고 여유자금을 놀릴 수도 없는 노릇이다. 그래서 은행이자보다 높고 시간에도 구애받지 않는 배당주에 투자한다. 배당주의 장점은 주가가 오르던 내리던 배당이 꾸준히 들어온다는 데 있다. 지금까지 배당만 놓고 봐도 은행이자보다 나았다. 반드시 우량주에만 투자한다는 원칙으로 원금을 지키면서 배당을 받는 전략을 취한다. 우량주가 아니라면 오래 투자하기도 어렵다. 새로운 종목을 찾아야 하는데, 그 역시 쉬운 일이 아니다. 주로 전년도 배당을 보고 투자하는데, 사실 종목이 거의 바뀌지 않는다.

그러던 중 그녀가 관심을 가진 종목은 아모레퍼시픽이었다. 남편 회사가 근처에 있어서 아모레퍼시픽의 재무 재표를 잘 알고 있었다. 우선 대출이 없다는 사실에 주목했다. 회장의 경영원칙이 대출금 제로 정책이었다. 상당한 부동산까지 보유하고 있어 외풍에 쉽게 흔들리지 않는 탄탄한 입지를 구축하고 있었다. 자기 자본률이 높은 기업은 위기에 강한 모습을 보인다. 유씨는 20년 전부터 아모레퍼시픽을 사기 시작했다. 목적은 배당이었으나 배당을 능가하는 엄청난 수익이 났으니, 바로 10만원이던 주가가 50만원 근처까지 상승하는 기염을 토한 것이다. 배당이 기본이고 주가는 덤이라 생각했는데, 주가 상승으로 예상치 못한 큰 수익을 거두었다. 주가가 오르자 주식을 팔아 부동산 투자금으로 활용했다.

배당주에 투자하되, 주가 상승이 가능한 종목을 찾는다면 배당과 수익을 동시에 얻는 좋은 투자가 가능하다.

'이것이 배당주다'…코스피, 최근 3년 배당율 상위 종목은

"배당은 기업의 '습관'…아모레퍼시픽 가장 높게 나타났다. 투자자들이 배당주를 선택하는 데 있어서 가장 중요한 것은 다름 아닌 기업의 과거 배당 기록이며, 특히 배당성향을 눈여겨봐야 한다. 배당성향이란 일정기간 동안 기업이 영업활동을 통해 벌어들인 수익 중 배당금으로 지불하는 비용을 말한다. 예를 들어 A기업이 당기수순이익 100억 원을 중 20억 원을 배당금으로 지급하면 이 기업의 배당성향은 20%이다. 기업의 배당성향이 중요한 이유는 단어 그대로 기업의 배당에 대한 정책적 '성향'이 반영되기 때문이다. 배당성향이 낮은 기업보다 배당성향이 높은 기업이 배당을 원하는 투자자에게 유리한 이유가 여기에 있다.

이와 함께 고려해야 하는 부분은 배당성향이 얼마나 일관성 있는지 여부다. 이를 분석하기 위해 〈이코노믹리뷰〉는 코스피 시가총액 상위 50개 기업의 최근 3년 배당성향의 평균, 표준편차를 구했다. 아모레퍼시픽의 배당정책(배당성향 3년 평균/표준편차)이 가장 안정적인 것으로 나타났다.

(〈이코노믹리뷰〉, 이성규, 2017.06.07.)

이소액씨는 적은 금액을 큰 금액으로 불린 대표적 케이스다. 그는 주식에 대한 지식이 많지 않다. 프랜차이즈 사업을 하고 있어 주식에 관심을 가질 시간도 부족하고, 매매할 시간조차 내기가 쉽지 않다. 그래서 그가 택한 방법은 증권사 직원을 통한 일임매매였다. 먼저 2, 3개 종목을 추렸다. 그가 추린 종목들의 공통점은 '실적이 꾸준하고, 주가가 높지 않으며, 연간 주가의 변동성이 크고 일정한 종목'들이었다.

증권사 직원을 통해 자신이 지정한 종목이 떨어지면 사고, 오르면 팔도록 일임해 두었다. 1천원~2천원을 오르락내리락 하는 박스권 종목※이 있다면, 1,100원 정도에 사서 1,900원쯤에서 판다. 매수하는 타이밍은 1천원이 되는 시기가 아니라 주가가 1천원을 찍고 다시 반등하여 1,100원이 되었을 때이다. 아무리 박스권을 오르내리는 종목이라고 할지라도, 주가라는 것이 어디까지 떨어질지 알 수 없기 때문이다. 그래서 바닥을 확인하고 올라오는 시점에서 매수한다. 1천원이 붕괴된 후이 가격을 회복하지 않으면 절대 사지 않는다. 그 이하로 떨어져 박스권 하단인 1천원을 회복하지 못한다는 말은 기업에 문제가 발생했다는 신호로 받아들이기 때문이다.

또한 주식을 팔 때도 2천원이 되는 시점이 아닌, 2천원을 찍고 1,900원까지 내려오는 시점이다. 마찬가지로 박스권을 등락하는 주식도 이

※ 일정한 가격대를 주기적으로 오르내리는 종목을 일컫는다. 고점과 저점이 존재하는데, 주가가 저점에 이르면 반등하여 상승하고, 고점에 다다르면 하락으로 반전한다. 오르락내리락하며 살 타이밍과 팔 타이밍을 준다.

번에는 2천원을 뚫고 더 크게 오를 수 있기 때문이다. 박스권에서 등락하던 주식이 2천원을 넘어 3천원, 4천원, 그 이상도 오를 수 있으므로 미리 판단하지 않는다. 그 경우에는 전략을 수정하여 자신이 감당할 수 있을 만큼만 버티다가 더 큰 수익을 거두고 판다.

증권사 직원에게 일임해 둔 상태기 때문에 본업에 충실하고 있으면, 증권사 직원에게 전화가 온다. "지금 사세요. 지금 파세요!" 두 마디면 충분하다. 그는 증권사를 옮기지 않는 조건으로 직원과 신뢰 관계를 형성하고 있다. 덕분에 자신이 정해둔 사야 할 타이밍과 팔아야 할 타이밍을 신경 쓰지 않고도 알 수 있게 되었다.

주식은 주식대로 사업은 사업대로 잘 굴러가는 시스템을 구축한 경우인데, 그가 주식을 하게 된 계기는 현금화가 쉽다는 점 때문이었다. 그가 처음 투자한 여유자금은 3천만 원이었다. 부동산에 투자하기에는 적은 돈이었고, 사업의 특성상 유동성이 좋은 곳에 투자할 필요가 있었다. 필요하면 언제라도 즉시 현금화가 필요했기 때문이다.

이런 목적으로 투자했던 3천만 원이 몇 년 사이에 10배 가까이 불어났다. 은행에 넣어두는 것보다는 낫겠다고 생각한 자금이 효자노릇을 하고 있는 셈이다. 무리하지 않고, 안전하게, 욕심내지 않은 투자결과였다. 떨어지면 사고 오르면 팔자는, 마음 편한 투자원칙 치고는 상상 이상의 결과다.

하지만 그의 투자법은 결코 나쁘지 않은 고수의 투자법이다. 의도야 무엇이든 결과가 그렇다는 의미다. 특히 저금리·저성장 시대에 개인들이 참고할 만한 투자법이다. 우리나라 경제가 확장되던 청년기 시절에는 몇 배에서 수십 배 폭등하는 종목들이 속출했다. 그러나 지금의 우리나라 경제는 장년기에 접어들었다. 경제의 급속한 팽창을 기대하기 어려운 시대다. 이런 시대에는 주가 상승만을 바라보는 투자가 아닌, 주가 변동성을 이용한 박스권 투자가 유리할 수 있다. 기업이 성장하지 않아도 펀더멘탈에 이상이 없는 한 주가는 1천원에서 2천원 사이를 왔다 갔다 한다. 5천원~1만원, 1만원~2만원, 5만원~10만원을 오르락내리락하는 종목들도 있을 것이다. 국가경제도 더 이상 성장하지 않고, 기업도 더 이상 성장하지 않지만, 주가는 언제나 변동성을 그리며 오르내리는 속성을 지니고 있다. 투자심리를 비롯한 계절적 요인 등 여러 가지 요소들이 결합하여 이유 없이 주가가 오르고 내리기 때문이다. 실적이 변함없는데도 말이다.

이런 종목들은 박스권 하단에서 사서, 박스권 상단에서 파는 전략을 취한다. 한 종목으로 여러 번 수익을 반복할 수 있다는 장점이 있다. 단, 시간과의 싸움에서 이겨야 한다. 시간에 구애받지 않고 철저히 하단 매수, 상단 매도라는 원칙을 지켜야 한다. 때로는 박스권 하단에서 상단까지 가는 동안 예상보다 오랜 시간이 걸리기 때문이다. 욕심을 부리기보다는 현재 우리나라 경제상황에 맞는 투자를 하겠다는 원칙을 버리지 않아야 성공한다.

또한 종목을 고를 때는 비교적 탄력이 좋은 종목이 좋다. 우량주와는 또 다른 전략으로, 우량주는 종목이 무거워서 변동성이 크지 않다. 반면 시가총액이 적으면서 기업 실적이 탄탄한 종목들은 주가의 변동성이 상대적으로 크다. 거기에 주가의 성장 잠재력도 있다면, 박스권 매매를 하다가 주가가 박스권 상단을 돌파하여 지속 상승할 경우 더 큰 수익을 기대할 수도 있다. 앞서 배당주에 투자했다가 10배 상승의 기쁨을 맛본 경우처럼 말이다.

주식의 고수들, 아니 고수는 아니더라도 주식으로 돈을 번 사람들의 패턴은 비슷하다. 모두 느긋하게 투자했다는 것이다. '주식은 빨리, 부동산은 천천히'라고 생각하는데, 부동산에 투자하듯 느긋하고 장기적인 안목으로 주식에 투자하면 좋은 결과를 얻을 수 있다. 부동산 투자자에서 주식투자자로 넘어온 사람들의 투자결과가 좋은 이유도 여기에 있다.

또한 자신이 흐름을 아는 종목에만 투자하며 결코 많은 종목을 오가지 않는다. 매우 단순하다. 문제는 알고도 실천하지 않는 것이다. 알고 보면 너무나 쉬운데, 바닥에 사서 꼭지 혹은 올라가는 시점에서 더 이상 욕심 부리지 않고 파는 투자를 하지 못한다. 주가 흐름을 자주 볼 필요도 없다. 관심을 끊지 않는 정도면 충분하다. 아침에 한 번 보고, 점심 먹고 한 번 보고, 장이 끝날 무렵 한 번 보고, 퇴근하면서 한 번 보면 된다. 그조차도 힘들다면 증권사에 일임하여 살 타이밍과 팔 타이밍을 놓치지 않도록 해두면 된다.

2천 원이던 주가가 하락하면 1천 원이 될 때까지 기다린다. 1천 원이 오면 조금씩 주식을 사모아 간다. 절대 무리하지 않고 주가가 떨어져도 괜찮을 만큼만 산다. 이익이 나면 원금을 반드시 인출하고 이익금만으로 투자를 계속한다. 종잣돈 모으기에는 이 방법이 가장 좋다.

사실 돈 벌기 너무 좋은 세상이다. 하루종일 증권사 HTS를 쳐다보고 있을 필요가 없다. 그렇게 전업투자자로, 혹은 직장을 다니면서도 전업투자자처럼 수시로 주가를 확인하는 사람 치고 돈 버는 경우는 많지 않다. 주가 창을 보고 있으면 수시로 가격이 변동되기 때문에 투자심리를 유지할 수 없다. 오르면 어서 빨리 사서 수익을 거두고 싶고, 떨어지면 공포가 밀려와 남보다 일찍 팔고 싶다. 물론 반대의 경우도 비일비재하다. 조금만 올라도 팔고 싶고, 조금만 떨어져도 추가로 사고 싶어진다. 지속적으로 하락이 진행되는 종목일수록 개인투자자들이 많이 물려 있는 이유가 여기에 있다. 개인투자자들은 주가가 떨어지면 싸다는 이유로 덜컥 샀다가 계속 떨어지면 물타기라는 명목으로 계속 산다. 그러다 보면 어느새 가진 돈 전부를 한 종목에 소위 '몰빵'하게 된다. "이러다가 대주주 되겠네" 하는 개인투자자들의 볼멘소리가 남의 일이 아니다.

이처럼 주식 창을 수시로 응시하면 결코 좋은 성적을 기대하기 어렵다. 오히려 느긋한 투자, 관심 없는 듯 관심을 두는 투자가 좋다. 오히려 주식 창을 볼 시간에 동료들과 재테크 모임이라도 만들어서 정보를 교환하는 데 시간을 쓰는 편이 낫다. 점심시간을 단순 휴식이나 수다로 보내기보다는 조금이라도 건설적인 시간으로 채워보면 어떨까.

12

주식과 부동산의
콜라보레이션

몇 년 전 직장 동료 중 한 명이 주식투자를 전업으로 하겠다며 퇴직했다. 한동안 높은 수익률을 올렸다는 소문이 퍼지면서 부러움의 대상이었는데, 아예 주식투자로 직업을 바꾸신 것이다. 한참 지난 후에 수익률이 좋아서 큰 돈을 벌었지만 장이 안 좋을 때는 손실도 컸다는 말이 들려왔다. 그때 순간적으로 리스크에 대한 대비는 어떻게 하는지 궁금했다. 증권시장은 여름과 겨울이 항상 반복되기 때문에 좋을 때는 높은 수익률이 가능하지만, 나쁠 때는 그만큼 큰 손실을 보기 때문이다.

전업투자자나 사업가들의 공통점이 있다. 투자금을 더 많이 넣으면 이익도 그만큼 많을 거라 생각하여 투자를 멈추지 못하고, 때로는 무리한 투자로 리스크를 키운다. 따라서 수익이 매우 불규칙하고 등락이 심하다. 그런데 이익과 손실의 중간 단계가 있다면 어떠한 상황에서도 견딜 수 있는 버팀목이 된다.

〈힐링캠프〉라는 TV프로그램에서 이문세 편이 방송되었다. 이문세는 가요계 콜라보레이션의 원조라고 소개되었다. 그 순간 전업투자자로 직업을 바꾼 동료가 생각나며 주식과 부동산의 콜라보레이션을 떠올렸다. 투자자로서 주식과 부동산을 콜라보레이션 하면 서로 보완이 가능하다. 부동산은 환금성 면에서 약하지만 안정성이 있는 반면, 주식은 현금유동성 면에서는 강하지만 안정을 장담하기는 어렵다. 서로 자신에게 맞는 비율을 유지하면서 현금유동성 확보를 위한 콜라보레이션이 필요하다. 주식의 현금유동성은 부동산의 훌륭한 동반자가 될 수 있기 때문이다.

주식은 부동산시장을 선행한다. 따라서 부동산으로 수익이 나면 이 자금을 곧바로 다른 부동산을 사는 데 쓰기보다는 주식시장에 묻어두면 좋다. 주식이든 부동산이든 가격이 한번 오르면 항상 조정기를 거치는데, 이러한 시간차를 활용하는 방식이다. 이렇게 주식에 투자하다가 부동산이 다시 매력적인 가격대로 진입하면 주식을 팔아 부동산을 산다. 그렇지 않고 부동산이든 주식이든 가격이 오른 후 다시 똑같은 투자를 하면 높은 가격대에서 물려 그동안 벌었던 돈을 모두 잃기 쉽다. 자금이 원 위치된다는 뜻이다. 특히 유동성이 좋은 주식의 특성을 활용하여 부동산을 주로 투자하면서 수익이 나면 주식에 묻어두면서 다음 부동산 투자기회를 엿보는 투자방식도 좋다.

P는 회사에 다니면서 용돈을 벌기 위해 틈틈이 주식투자를 했다. 비록 적은 돈이었지만 와이프 모르게 쓸 수 있는 자금을 만드는 것이 기뻤고, 삶의 유일한 낙이었다. 그러다가 수익률이 잘 나오자 본격적으로 주식을 공부하고 투자했다. 주식 동아리에 참석해 마음에 맞는 사람들을 만났다. 대부분 자신과 처지가 비슷한 샐러리맨들이어서 생각도 비슷하고 정보 공유도 되었다. 덕분에 금방 친해졌다.

크다면 크고 작다면 작은 천만 원 정도의 돈을 다섯 명이 합치니 그래도 할 만했다. 그래도 사람일은 모르니 보조 장치를 마련하자는 제안이 나왔고, 서로 합의하에 계약서를 작성하고 공증을 받은 후 공동투자를 하게 되었다. 그렇게 공동으로 투잡을 시작한 것이다.

우량주 위주로 구입했다. 바쁜 직장생활에서도 각자 분야별로 나누어 정보도 활발히 교환했다. 매주 한 번은 모여 리뷰하는 시간도 가졌다. 그렇게 시작한 투자는 5년 만에 이십 배 정도의 수익으로 돌아왔다. 멤버 중 한 명이 회사에서 임원으로 승진하면서 투자에 소홀해졌고, 슬슬 불만들이 나오기 시작하면서 결국은 각자의 길을 가기로 하였다.

주식으로 벌어들인 수익금에 대출을 얹어 성산동에 소형 아파트 5채로 임대사업을 시작했다. 지금까지 주식 투자로 순탄했던 그에게 역전세난이 왔다. 생각하지 못했던 상황이라 어떻게 해야 할지 막막했다. 급매로 집을 내놓아도 보러 오는 사람조차 없지만 은행 이자는 꼬박꼬

박 내야 했다. 하루하루 피 말리는 날들의 연속이었다. 그동안의 노력이 파노라마처럼 스쳐 지나갔다. 회사에 사직서를 내고 퇴직금과 남아 있던 주식을 모두 처분했다. 어떤 아파트는 원금 아래로 떨어져 손실이 누적되고 있었지만 생각할 겨를이 없었다. 한편으로는 자신이 그동안 좋은 성적을 거두었던 주식에 투자하면서 부동산으로 생긴 손실을 일정 부분 메웠다. 그렇게 그 상황을 넘겼다. 주식이 없었다면 어려웠을 것이다.

그 이후 P는 월세나 돈이 생기면 주식에 재투자하고 있다. 부동산보다 주식의 회복세가 빠르다는 사실을 안 것이다. 그래서 주식으로 현금 유동성을 확보하는 원칙을 철저히 지키고 있다.

금융기관의 예금지급준비율이란, 금융기관이 예금 중 일정 비율을 중앙은행에 적립해야 하는 의무 보유비율로 예금자보호 차원에서 출발하였으며, 금융정책의 한 수단으로 활용된다. 한 개인도 가정경제의 경영 주체로 보면 된다. 그런 개념이라면 언제나 유동성 확보는 필수이다. 특히 부동산이 주 자산이면 그것 또한 리스크로부터 보호할 수 있는 제도적인 장치를 마련해 두어야 한다. 위기 시 부동산은 환금성이 떨어진다. 주식과 부동산의 콜라보레이션이 이루어진다면 자연스럽게 금액이 큰 부동산의 비중이 높아지고, 주식에는 유동성에 쓸 만큼만 투자한다.

다른 여러 가지 중에서 왜 주식만 고집하는지 물었다. P는 펀드에도 일정 부분 넣었지만 주식이 제일 만만하고 배당금이라는 부수입도 생기기 때문이라고 한다. 다만 주식도 금융위기 시에는 반 토막 수준으로 급락할 수 있으니 세계 경제가 불황으로 접어드는 시기에는 투자에 주의해야 한다.

곱셈역수의 법칙이 있다. 주식투자에서 투자한 주식이 절반인 50%까지 떨어졌을 때에는 이를 만회하기 위해서는 주가가 50%만 더 오르면 되는 것이 아니라 50%의 2배인 100%가 올라야 된다는 원리이다. 워런 버핏이 말한 투자의 법칙은 첫째 돈을 잃지 않는 것이고 둘째는 첫 번째 규칙을 지키는 것이다. 그도 비율을 달리할 뿐이지 우량주 투자와 기본 원칙은 고수한다고 했다.

2017년 한화금융그룹 〈부자보고서〉에 따르면 다음과 같다. "부자들의 금융자산 포트폴리오 구성을 살펴보면, 직전 조사에서는 전년 대비 주식 및 펀드 등의 금융상품 비중이 늘었으나, 2016년에는 주식 비중을 줄이고 다시 예금 및 현금성 자산 비중을 증가시켰다. 직전 조사 결과 대비 예금 비중은 24%에서 27%로, 현금 및 단기성 금융상품 비중은 11%에서 14%로 각각 증가한 반면 위험성 자신인 주식 비중은 19%에서 13%로 6% 감소했다. 미국의 금리인상, 영국의 브렉시트, 트럼프 당선, 국내 정치 불안 등 대내외적 불확실성이 증폭되는 시기에 안전자산 및 단기상품으로의 투자비중을 확대시킨 것으로 분석된다. 하지만 부자들 중에서도 금융자산 규모가 큰 부자들일수록 투자여력이 상대적으로 많기 때문에 예금 및 현금성 자산 비중이 낮은 대신 주식, 펀드/신탁 등 금융상품 비중이 높아, 수익추구 성향이 높게 나타났다. 특히 금융자산을 100억 원 이상 보유한 초고자산가의 경우, 예금 및 현금성 자산 비중은 29%, 주식 및 펀드/신탁 비중은 54%로 비중이 월등히 높은 것으로 나타났다."

이렇듯 부자들도 각자의 여건에 맞게 실물자산과 금융자산으로 나누어 투자하고 있다. 약간의 비율만 조절할 뿐이지 현금유동성뿐만 아니라 국내·외 경제상황 등을 고려하면서 리스크에 대비하고 있음을 알 수 있다.

그러면 월세투자자를 생각해 보자. 매월 받는 월세 금액으로는 또 다른 부동산에 투자하기 어렵다. 그러다 보니 어느새 어디론가 사라져 버린다. 있으면 어딘가에 써서 사라지게 만드는 인간의 욕망을 무시하지 말아야 한다. 월세로 받은 돈을 주식에 투자하자. 주식은 소액으로도 얼마든지 종목 매수가 가능하다. 앞서 말한 대로 부동산은 유동성이 떨어지기 때문에 때로는 현금이 필요할 때 '급매'로 파는 상황에 몰리게 된다. 부동산으로 매월 번 돈이나 적은 여유자금은 우량주를 사놓거나 배당주를 사놓으면(혹은 금을 사기도 한다), 주식은 언제든지 사고팔 수 있기 때문에 현금이 필요할 때 활용하기 쉽다. 물론 급히 돈이 필요 없는 상황이 지속되면, 주식으로 장기 투자하여 기대하는 수익을 거둘 수 있다.

부동산 투자자들은 돈이 생기면 이미 내 돈이 된 것으로 착각하고 소비해 버리는 경우가 많다. 그러나 엄밀히 보면 전세금이나 보증금은 내 돈이 아니다. 언젠가는 내주어야 하는 돈이다. 자금이 들어오는 동시에 대차대조표상 양쪽 모두에 해당하는 자금이다. 운영하여 손해가 난다면 결국 월세 수입으로 볼 수 없다. 이익이 난다는 전제하에서만이 월세가 순수입으로 잡힐 수 있다고 본다. 그러나 사람들은 그 수입으로 차를 바꾸거나 쇼핑을 하거나 여유롭게 생활비로 사용한다.

월세가 증발되지 않도록 장치를 마련하려면, 이 돈을 일정 부분 주식 등에 넣어야 한다. 일정 궤도에 오르기 전까지는 이처럼 부동산과 주식을 묶어서 투자하는 것이 좋다. 주식투자가 어려우면 배당주만 투자하라. 어떤 곳에 투자할지 모르면 신문만 봐도 우량한 배당주를 찾을 수 있다.

혹자는 "우량주, 배당주 투자는 돈 많은 사람들이나 하는 투자다. 삼성전자가 한 주에 얼마인지나 아느냐?"고 말하지만 그렇지 않다. 돈이 많지 않기 때문에 오히려 우량 주식에 투자해야 한다. 돈이 적다고 생각하는 사람들은 소액으로 단기간에 큰돈을 벌 욕심으로 급등주나 테마주에 투자하는 경향이 많다. 그러다 보니 아무리 시간이 지나도 돈이 모이지 않는다. 조금 벌었다가도 어느 순간, 한 번의 실수로 투자금을 모두 잃고 만다. 주식투자자 10명 중 9명은 '주식투자의 목표는 원금회복'이라고 한다. 그만큼 주식으로 대부분 손실을 본다는 말이다. 그들 모두 금액이 적다는 이유로 급등주 혹은 부실 기업에 투자하기 때문이다. 금액이 많건 적건 자신의 사이즈대로 수익을 거두면 그뿐이다. 주먹만 한 눈덩이가 눈사람이 되듯, 자신이 가진 금액 내에서 조금씩 불려가야 한다. 이 원칙에서 벗어나면 안 된다. 기나긴 인생에서 단기간에 목표에 도달하려는 생각이 결국 한 발짝도 앞으로 가지 못하게 만드는 족쇄로 작용한다는 사실을 잊지 말자.

수익이 나면 원금을 빼고 수익금으로만 투자하는 습관을 들여야 한다. 그래야 투자에 여유가 생긴다. 그리고 여러 종목을 옮겨 다니는 투자가 아닌, 자신이 잘 아는 믿는 종목에만 투자하는 습관도 필요하다. 믿는 종목이란 그만큼 그 회사에 대해 잘 안다는 얘기이다. 삼성전자를 들으면 그 회사가 어떻다고 줄줄 꿸 만큼 자기 확신이 있어야 한다. 그만큼 기업에 대해 잘 안다면 대외적인 악재, 그러니까 글로벌금융위기 같은 위기시에 싼 값에 우량주를 내던지는 화를 면할 수 있다. 뿐만 아니라 그 종목의 내재가치를 알기 때문에 10%만 올라도 파는 단기적인 투자가 아닌, 한 번으로 큰 수익을 내는 진정한 투자를 할 수 있다.

가진 돈을 주식으로 꽉꽉 채워놓는 것도 악습관이다. 계좌가 사놓은 주식으로 가득하기 때문에 주가가 떨어지면 악재가 된다. 내 돈 전부이기 때문에 더 떨어질까 불안하여 손절매를 하게 된다. 수익금 중 일부로 투자했을 때는 주가가 떨어지면 좋은 종목을 싸게 더 살 기회다. 주식에서 '위기'는 '기회'이며, 증시의 변곡점에서 주식 부자가 많이 나오는 이유가 여기에 있다. 증시 변곡점은 좋은 종목을 헐값에 쓸어 담을 기회라는 사실을 잊지 말자. 그리고 느긋이 기다리는 자에게 부자가 될 절호의 찬스는 반드시 온다는 사실을 기억하자.

3부

시대 흐름의
파도를 탄
부자들

13

돈의 흐름 속에
부의 기회가 있다

화폐, 기축통화(환율), 준기축통화

신흥부자들이 화폐경제를 토대로 부를 이루는 데 초점을 두고 있다면,
대부분의 사람들은 위기설에 관심을 갖고 있다. 박경철의 〈시골의사 부
자경제학〉이라는 책에는 "돈이란 가두면 가치가 떨어지고 흐르면 가치
가 증가하지만 잘못 흐르면 전부 잃을 수도 있고 잘 활용하면 기하급수
적으로 늘려 나갈 수 있다. 이것이 바로 돈이 가진 치명적인 매력이다"는
말이 나온다. 돈의 속성을 정확하게 표현했다.

돈은 흐르는 물과 같다. 황창현 신부는 "내가 가졌다고 내 돈이 아니
다. 내가 쓴 것만이 내 돈이다"라고도 했다. 무인도에서 혼자 살지 않는
한, 내가 가진 돈을 한 푼도 사용하지 않을 수는 없다.

우리 눈에 보이지는 않지만 지구는 쉼 없이 돌고 있다. 돈도 마찬가지다. 대부분의 사람들은 돈이 어디에서 어디로 흐르는지 모르지만, 새롭게 부자가 된 사람들은 그 흐름을 포착하여 기회를 얻었다. 흐르는 돈 위에 가만히 나를 올려놓으면 평소에는 생각할 수도 없는 돈이 내 주머니 속으로 빨려 들어온다.

얼마 전 사업으로 성공한 슈퍼리치에게 물었다. "지금은 뭘 해야 부자가 될 수 있어요?" 그는 "내 눈에는 모든 것이 다 돈 버는 것으로 보인다"라고 말했다. 이미 돈의 속성을 정확하게 파악한 것이다.

부자들은 경제학자나 미래학자가 아니어도 절묘하게 타이밍을 파악한다. 경기흐름을 타고 투자 종목의 비율을 조절한다. 여러 사례에서 보았듯이 평소 꾸준히 경제지식을 쌓는다. 현장 학습과 접목된 이론으로 전문가 이상의 통찰력과 미래에 대한 혜안을 갖고 있다. 또한 기본적으로 부지런해서 부동산, 금리, 환율, 주가, 유가 등을 통하여 경기변동을 수시로 확인한다.

절세도 필수이다. 자신이 알고 있는 상태에서 전문가를 선택하여 맡긴다. 비즈니스에서도 정확하게 트렌드를 읽어 업종과 고객의 니즈를 파악한다. 어떤 이는 경기가 안 좋아 장사가 안 된다고 하는데 그들은 오픈하자마자 줄 서는 대박집이 된다.

어떻게 해야 흐름을 먼저 파악할 수 있을지 궁금하지 않을 수 없다. 아니 흐름을 예측한다는 말은 맞지 않다. 예측은 누구도 불가능하다. 남보다 먼저 흐름을 읽는다고 해야 정확한 표현이다. 부자들도 처음부터 안 것이 아니라 경험하면서 스스로 터득했기에, 그들이 했던 방법을 자신에게 맞게 적용하고 따라하면 누구에게나 가능한 일이다.

우선 경제 상식과 금융의 기본을 알아야 한다. 그렇지만 하루아침에 생소한 경제용어들과 씨름하면서 배우기는 어렵다. 영어 공부처럼 작심삼일로 그치기 쉽다. 우선, 틈나는 대로 금리와 환율, 주가, 부동산과 관련한 지표들을 과거부터 현재까지 쭉 훑어본다. 크고 작게 출렁였던 시기들은 언제였는지 보고, 그 시기에 어떤 이슈들이 있었는지 검색하면 자세히 정리된 자료와 뉴스를 볼 수 있다. 특히 자료들은 이해하기 쉽게 대부분 정리해서 올린 것들이라 당시를 이해하는 데 큰 도움이 된다.

이때 신문을 함께 활용하면 좋다. 신문을 보기 벅차면 헤드라인 기사만 봐도 좋다. 키워드만 쏙 뽑아 놓았기 때문에 한눈에 들어온다. 키워드를 인터넷으로 검색하여 자료를 더 수집한다. 그 현상들을 내 주변 환경과 비교해 보고 자신의 현재 재정 상태를 대입해 본다. 지금 살고 있는 이 집이 몇 년 전에 떨어졌을 때는 무슨 일이 있었는지, 가격이 올랐을 때는 또 왜 그랬는지 대입해서 본다. 어느 순간 큰 틀에서 보면 오르고 내리고를 반복한다는 사실을 알 수 있다. 경제와 자산은 언제나 버블을 키우면서 성장하고, 포화상태가 된 버블이 터지면서 조정의 시기를 거친다. 늘 그래왔고 앞으로도 그럴 것이다.

이 사이클을 이해하면 그 안에 도사리고 있는 수많은 기회들이 보이기 시작한다. 오르고 내리는 사이클을 그리면서 그와 연관된 금리와 환율, 주가, 부동산은 어떻게 움직였는지 보인다. 지표는 숫자로 보여주니 정확하다는 신뢰가 생기고 배우면 유용하겠다는 믿음이 생긴다.

공부에 속도가 붙는다고 할까. 그때부터는 누가 시키지 않아도 궁금하고 알고 싶은 게 많아진다. 서적도 읽고 강좌도 찾아서 듣게 된다. 세상이 궁금하고 배울 것이 천지인 곳이 된다. 때로는 돈을 떠나 지적 호기심에 대한 갈증으로 배우고 싶은 마음이 생긴다. 더군다나 알수록 돈이 보인다면 그것만큼 배움이 즐거울 수 없다. 시험을 위한 공부와 차이점이다. 우선 내가 사는 세상의 돈이 어떻게 흐르고 있는지를 먼저 아는 것에서 출발하는 게 신흥부자가 되기 위한 전제조건이다.

정권이 바뀌는 5년마다 정책은 바뀌었고 10년 주기로 경기 및 부동산의 흐름은 변화했다. 영원한 상승도 하락도 없으며, 영원한 호황도 불황도 없다. 한 국가에서 일어나는 모든 경제는 좋을 때가 있고 나쁠 때가 있다. 일정한 패턴을 가지고 주기적으로 반복하는 것을 경기라고 한다. 이러한 현상을 경기변동 또는 경기순환이라고 한다. 경기순환은 확장기와 수축기라는 2국면으로 나뉜다. 확장기는 회복기와 호황기로 구분하고 수축기는 후퇴기와 불황기로 구분한다. 한 가지 특정 국면에 머물지 않고 호황기, 후퇴기, 불황기, 회복기로 끊임없이 순환한다. 그래서 경기변동의 사계절이라고 한다.

상승기에는 주식과 부동산, 펀드에 투자하고, 정점에서는 국채(채권)와 외환에 투자한다. 후퇴기에는 실물자산인 금에 투자하면 되고, 하락기에는 현금 보유를 늘려가야 한다. 단순히 불황이 와서 힘들다고 생각하지만, 부자들은 경기흐름의 원리를 이해하고 불황을 기회로 삼는다.

〈경기불황의 4가지 패턴_한국은행〉

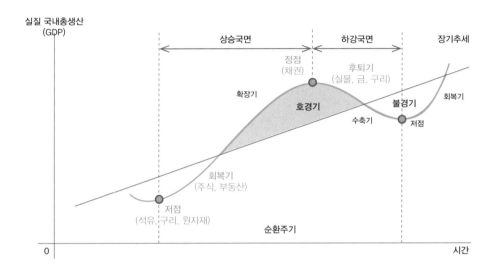

출처 : 한국은행, 「알기 쉬운 경제 이야기」

- V자형 : 경기회복이 빠르게 나타나는 경우
- U자형 : 경기회복이 다소 느린 경우
- L자형 : 일본의 '잃어버린 10년'과 같이 장기불황에 빠진 경우
- W자형 : 경기가 회복되다가 다시 불황에 빠진 경우로 더블딥(double dip)

경기순환의 주기에 따라 단기순환(키친 순환)은 기업의 상품 재고량 등의 변동원인으로 발생하여 순환주기는 40개월로 본다. 중기순환(주글리 순환)은 기업의 설비투자 변동 등으로 경기가 변동하는 현상으로 8~10년 순환주기이다. 장기순환(콘트라티에프 순환)은 기술혁신 등으로 50~60년의 순환주기이다. 그 외에 쿠즈네츠 순환으로 건설 투자의 변동 등으로 약 20년 주기이다.

우리나라의 경기순환은 불규칙하게 움직였다. 40년간 10순환을 했으니 평균적으로 약 4년마다 한 바퀴씩 돌고 있는 셈이다. 바꾸어 말하면 기회는 언제나 있었다는 이야기다. 상승 시에는 시간이 걸렸으나 위기 시에는 급속하게 하락했다. 대다수에게는 재난에 버금가는 충격이었다. 이 시기에는 그동안 쌓아왔던 자산이 원 위치되고, 수익이었던 투자금이 원금 혹은 마이너스로 돌아선다. 힘들게 키워왔던 사업체가 한순간에 부도위기에 내몰린다. 매우 빠른 속도로 진행되었기 때문에 많은 사람들이 망연자실할 수밖에 없었다. 그러나 부자들에게는 시간을 단축시켜주는 절호의 기회였다. 그런 면에서 세상은 잔인하다.

향후 경기흐름 예측을 위하여서는 국내경제(국민소득통계, 산업생산지수, 경기선행종합지수, 동행종합지수, 경기후행지수, 소비자물가, 생산자물가, 제조업BSI, 가계연체률, 소비심리지수 등), 국외경제(원/달러, 엔/달러, 수출입지수, 상품교역지수 등)와 거시건정성지표(외환보유액, 경상수지, CDS국가부도위험 지수, 국가신용등급)는 발표되면 수시로 확인하라. 경기흐름에서 잔물결과 조류에 휩쓸리지 않고 파도 타는 법을 평소에 훈련해야 한다.

또 중요한 것이 금리다. 금리는 수요와 공급에 의해 결정된다. 돈을 빌리고 빌려주는 사용료이며 금융자산의 대부분이 금리에 의해 좌우된다고 봐도 된다. 우리가 은행에서 돈을 빌리면 이자를 지불한다. 그 원금에 대한 비율이 이자율, 즉 금리이다. 금리의 종류에는 단기금리와 복리가 있다. "시간은 돈이다"라는 말을 들으면 시간을 귀하게 사용하라는 뜻으로만 알았다. 시간 속에 마법같이 숨은 복리가 있다는 사실을 몰랐다. 일종의 시간에 대한 기회비용이다.

금리 중 단리는 내가 맡긴 원금에 대한 정해진 이자를 받는 것이다. 추가로 생기는 것은 없다. 복리는 원금에 이자를 가산하고 계산하는 방식이라 매년 이자가 증가할 수밖에 없다. 복리는 시간이 갈수록 유리하다. 존 템플턴은 "1626년 인디언들이 맨하튼을 24달러를 받고 판 돈을 매년 8%의 복리수익률을 올렸다면 지금 맨하튼을 사고 로스앤젤레스를 두 번 사고도 돈이 남는다"라고 말했다. 복리의 힘을 잘 표현한 대표적인 사례이다.

복리의 마법을 경험한 부자들은 1%의 금리에도 민감하다. 그러나 복리효과의 양면성이 있다. 장기대출에도 적용되며 대출이자가 빨리 불어나기 때문에 조기상환에 초점을 맞춰야 하고, 원리금 납부방식도 신중하게 선택해야 한다.

기준금리가 변동하면 물가, 주가, 환율, 채권, 부동산 등의 모든 경제 지표가 따라서 변동한다. 그만큼 파급력이 크다. 투자자 입장에서는 가장 관심 있게 볼 수밖에 없는 지표이다. 금리변동에 따라 무엇을 사고 팔아야 하는지 알 수 있기 때문이다.

그러나 무엇이든 이론과 현장은 괴리가 있다. 100% 맞는 것은 어디에도 없고 경기변동 전에 예측할 수 있는 전문가도 없다. 다만 흐름이 변곡점을 지날 때 먼저 파악하여 발 빠른 대응이 가능할 뿐이다. 또한 흐름의 원리를 보고 자신에게 맞는 투자의 방향성을 잡는 데 참고를 하면 좋다.

한류열풍이라는 뉴스가 연일 나와도 대다수는 그런가 보다 하고 흘려듣고 만다. 또 다른 누군가는 기회라고 판단을 한다. 일찍 결혼한 Q는 사회생활을 거의 하지 않고 전업주부가 되었다. 대기업에 다니는 남편의 월급이 적지는 않았지만 잠실에 주택을 구입하며 얻은 대출금을 내고 나면 빠듯했다. 외국생활을 오래 했던 남편은 한국의 교육현실을 답답해했고 미래나 경제적으로도 상대적 박탈감을 크게 느끼고 있었다.

고민 끝에 그들은 이민을 신청했다. 생각보다 시간이 길어지면서 학년을 고려하여 아이 둘을 미국으로 먼저 보냈다. 유학비용을 보내야 했기에 Q도 집에만 있을 수 없었다. 그러다 우연히 친구를 만났는데, 집에서 중국으로 의류를 수출하고 있었다. 한류열풍이 뉴스에 나오는 것을 보면서 어릴 적 일본제품이 한국에 들어왔을 때와 비슷하다는 생각이 들었다. 기회라는 생각이 번뜩 스쳤지만 사회 경험도 부족하고 시작할 용기가 나지 않았다. 그녀는 친구의 일을 도와주며 일을 배우고 싶다고 했다. 그녀는 곧바로 중국어를 공부했다. 새벽 6시에 일어나 한 시간 집중해서 듣고 오전에 학원에 나가서 공부하고 오후에는 친구를 도왔다. 저녁에 집에 오면 피곤했지만 지금 아니면 안 된다는 생각으로 무조건 2시간 이상 공부했다. 힘은 들었지만 날이 갈수록 속도가 났다. 학창시절 그렇게 공부했으면 고시도 패스했을 거 같다는 생각이 들었단다. 처음에는 남편도 그러다 말겠지 했지만 열심히 하는 모습을 보고 함께 중국어 공부를 시작했다.

몇 달 일하다 보니, 한국의 면 종류와 청바지 제품이 중국에서 먹힌다는 사실을 알았다. Q는 사업 아이템을 고급 니트류로 정했다. 한류 열풍이 점점 더 거세지고 있었기 때문에 분명 수요가 있으리라고 확신했다.

드라마와 영화의 힘을 얻어 화장품과 함께 한국의 제품은 없어서 못 파는 상황이었다. 마케팅은 동생의 도움을 받아서 홍보를 했고 남편도 퇴근 후 도와주었다. 그렇게 시작하자마자 사업은 상상 외로 잘 되었다. 자고 나면 통장에 돈이 들어와 있었다고 한다. 주문 물량이 많아 동생들과 남편도 퇴사하고 도와주는 상황이 되었다. 더욱이 생각지도 못한 환차익까지 얻을 수 있어서 큰 수익을 거두었다. 밤낮으로 6년 일하다 보니 평생 쓰고도 남을 돈을 벌었다고 한다. 그 돈으로 잠실에 건물을 구입했고 3년 정도 온 가족이 세계여행을 다녔다. 얼마나 큰 부를 얻었는지 짐작할 수 있다. 지금은 이민 신청이 받아들여져 미국에서 살고 있다.

14

부동산 정책에
돈의 흐름이 있다

부동산 경기는 욕망보다 진폭이 크기 때문에 수요와 공급 간의 균형을 맞추기 어렵다. 부동산 정책과 같다고 보면 된다. 부동산 정책을 이해하고, 향후 흐름을 예측하려면 정부의 시각에서 왜 정책을 내놓는지 등을 봐야 한다. 정책과 정치는 서로 필요에 의해 같은 방향으로 움직인다. 따라서 현재 부동산 정책을 펴고 있는 정부가 어떤 사상과 가치에 중점을 두는지 알아야 한다. 정부는 결코 바보가 아니다. 국민들에게 피해를 주기 위해 일부러 역행하는 정책을 펴지도 않는다. 부동산을 억제하는 정책도 다 이유가 있기 때문이다. 이를 정확히 알고 활용할 수 있어야 한다. 정부의 정책에 반하여 투자했다가는 결국 백기를 들 수밖에 없다.

정권이 바뀔 때마다 언제나 관심사는 부동산 정책이다. 지금까지 내놓은 규제 대책과 향후 나오게 될 정책에 대해서도 촉각을 세우고, 다양한 예측들을 쏟아낸다. 그러나 일반인과 부자의 차이점은 어디에 초점을 두느냐에 있다. 일반인은 부동산 규제에 민감하여 당장 무엇을 해야 할지 생각한다면, 부자들은 규제와 함께 향후 정책에 더 관심을 갖는다. 규제에 대한 두려움보다 자기만의 원칙으로 규제에 대응하며, 정책에 대해서는 탄력적으로 정부의 호흡에 맞추어 뒤따라가는 자세를 취한다.

그러니 부자들은 어떠한 정책에도 흔들리지 않는다. 바른 부자들은 원칙에 입각하여 정당한 세금을 내고 있고 자기자본비율 또한 탄탄하기에 가능하다. 또 어떠한 정권에서 수많은 정책을 내놓아도 규제와 완화는 되풀이될 수밖에 없다는 사실을 안다. 이를 요약하면 정부는 부동산에 버블이 형성되면 이를 꺼뜨리기 위한 정책을 펴고, 부동산 경기가 불황에 빠지면 완화하는 정책을 편다. 이 틈에서 단기 투기세력들은 정책에 따라 매우 민감하게 움직이지만, 부자들은 정책에 따른 돈의 흐름을 파악하고 경기 변동에 따라 돈을 관리할 뿐이다.

국정브리핑특별기획팀에서 발표한 〈대한민국 부동산 40년〉은 다음과 같다.

"가장 중요한 교훈은 정책의 일관성이다. 부동산 정책을 경기조절 수단으로 활용할 경우 자금이 단기 부동화되어 생산적 부문으로의 유입이 억제되며, 이로 인한 투기과열은 노동윤리의 상실, 소득의 양극화를 초래한다. 건설부동산업의 경쟁력 강화를 위한 구조조정이 지연되어 국민경제의 기반이 약화되는 부작용이 뒤따른다. 따라서 보유세를 강화하고, 양도소득세 등 불로소득을 환수하는 정책기조는 경기흐름에 관계없이 일관되게 유지되어야 한다. 또 실거래가 신고제, 과표현실화 등은 부동산 시장 안정의 전제조건인 시장 투명화의 토대이자 경제정의를 위한 기본요건인 만큼 더 치열하게 다듬고 유지해야 한다."

정부는 부동산 시장이 과열되면 규제했고 침체되면 완화하여 주거안정을 꾀한다. 그러나 지금까지 우리의 주택정책을 보면 정부의 이념적인 정책이 아니라 시장의 움직임과 변화에 따라 움직였던 정책이었고 일관성이 없었다. 규제와 완화의 반복은 가격의 급등락의 요인이 되어 시장을 오히려 불안하게 만들었다. 오히려 정부가 개입하지 않고 그냥 있는 것이 도와주는 것이라는 말이 있을 정도이다. 우리에게 부동산은 거주에만 국한된 것이 아니라 생활필수품이면서 투자재이기 때문이다. 대다수 서민의 자산 80%가 부동산이기 때문에 지역별, 소유별, 세대 간의 이익에 따라 부동산을 대하는 태도가 다르다.

집값 상승을 부추기는 요인으로 부동산에 대한 심리도 있다. 가격이 떨어지면 주택을 구입해야 하는데 오히려 구입하지 않는 심리이다. 반대 상황에서도 마찬가지다. 부동산이 사람의 욕심과 만나 투자재로 재산증식의 역할을 하고 있다. 도시계획이 발표되면 하루아침에 보상금으로 부자가 되는 것을 우리는 너무 많이 보아왔다. 그러한 불로소득에 대하여서도 세금으로 환수되지 않는 것을 잘 알고 있다. 그래서 아무리 정부에서 강력한 규제를 해도 다른 지역이 풍선효과로 상승한다. 그동안 수많은 부동산 정책에 따른 학습효과로 부동산은 불패라는 생각이 자리 잡고 있기 때문이다.

〈한국의 젊은 부자들〉(박용석 저)에서도, "어떠한 경우에도 일희일비하지 않는 태도를 갖고 있다. 정부의 고강도 부동산대책으로 아파트가격이 급락할 때 일반 서민들은 자신이 보유한 아파트 가격이 떨어져서 자산이 감소하거나 두 채 이상 가진 경우 맞게 될 세금폭탄을 염려한다. 하지만 젊은 부자들은 아무리 정부가 고강도 정책을 펼치면서 아파트 가격하락을 부추겨도 결코 이를 처분하거나 정부정책에 임기응변으로 대처하는 등의 흔들림이 없다"고 말한다.

내 친구 중 하나는 맞벌이 은행원으로 1998년 3월에 결혼했다. 당시 IMF로 인해 부동산 시장이 좋지 않았다. 무리하더라도 대출을 받아 구입할까 고민했지만 집값이 더 떨어질 거라는 생각에 분당에 소형 아파트를 전세로 구입해 결혼생활을 시작했다. 그러면서 '5년 내 내집마련 플랜'을 계획했다.

월급을 쪼개고 알뜰하게 생활하며 차근히 모았다. 부부의 각자 생활비도 교통비 포함 삼십만 원으로 정했다. 남편은 담배 값도 아까워서 끊었고 그 돈에서 쪼개어 주식으로 용돈을 벌고 있다고 했다. 갑작스런 생활비 축소는 힘들었어도 희망이 있었다. 부동산 가격이 더 떨어져서 내 집 마련이 가능하리라 생각했기 때문이다. 그러나 아파트 가격은 떨어지지 않고 계속 올랐다. 그런데도 친구는 부동산 폭락론을 믿었다. 아마도 그렇게 되었으면 하는 기대심리가 있었던 거 같다.

5년의 피나는 노력으로 어느 정도 목돈이 생겼으나 분당의 아파트 가격은 계속 오르고 있었다. 구입을 결정하기가 더욱 어려웠다. 그렇게 지켜보다 2006년 1월에 모아놓은 돈과 대출을 받아 구입했다.

〈대한민국 부동산 투자〉(김학렬 저)에서는 "가격을 인식하는 네 가지 단계, 1단계 너무 싸서 매수하지 않는 가격. 2단계 약간 싼 듯한 가격. 3단계 비싸다는 생각이지만 딱 매수할 수 있는 한계 가격. 4단계 너무 비싸서 매수하지 않는 가격"이 있다고 했는데 친구는 3단계에서 구입했다고 볼 수 있다.

막상 구입했지만 최고점에 산 것 같아 불안했고 대출이자를 생각하니 마음이 편하지 않았다. 정부에서는 전국의 집값상승률은 1.6%에 불과하였는데 서울 강남, 서초, 송파, 목동, 분당, 용인, 평촌 등은 20.7%가 상승했다며 '버블세븐'이라고 했다. 2006년 발표된 3.30 주택시장 합리화 방안으로 투기지역 총부채상환비율을 40%로 규제하고 재건축초과이익 환수제 등의 강력한 규제와 11.15에는 주택담보대출 규제를 강화하였다. 거주하려고 샀으니 신경 쓰지 말아야지 생각은 했지만 이상하게 마음은 편치 않았다. 대출이자로 용돈은 줄었어도 이후 부동산 상승이 계속되자 그나마 지금이라도 산 게 다행이라는 안도의 마음까지 생겼다. 세입자에서 자가소유자가 되고나니 사람의 마음이 참 간사했다.

아무도 예상하지 못한 2008년 금융위기가 왔다. 집값은 하락했다. 대출금은 갚지 못했는데 집값이 빠지니 통장에서 빠진 만큼의 자금이 빠져나가는 기분이었다. 안 쓰고 열심히 벌어 집 한 채 마련했는데 자산 가치가 증가하기는커녕 오히려 부채만 늘어나 있는 현실이었다. 물론 이사 안 다녀도 되고 전체적으로 집값이 하락하였으니 괜찮다고 생각해도 위로가 되지 않았다. 더군다나 금융위기의 구조조정에서 행내 커플이라는 이유로 물망에 올랐다. 대출금도 갚아야 하는 상황에서 한 명이 그만둬야 한다는 것이 형평성에 안 맞았지만, 어쩔 수 없이 친구가 퇴사했다. 불행은 떼로 온다고 했던가. 퇴사 후 얼마 지나지 않아 남편이 위암 판정을 받았다. 그나마 1기라 불행 중 다행이었지만 불안감으로 매일을 살았다. 수술은 잘 되었지만 재발에 신경 써야 했다. 남편에게는 집안일에 대해 일체 얘기하지 않았다. 내 집 마련을 위해 남편에게 과도한 스트레스를 준 것이 암의 원인은 아니었나 죄책감까지 들었다고 한다.

친구는 더 이상 이렇게 있어서는 안 된다고 생각했다. 이 집 하나가 가족의 전 재산이나 마찬가지인데 너무 관심이 없었다는 생각이 들었다. 그리고 앞으로도 어떻게 될지 모른다는 불안감으로 무언가 해야 했다. 퇴직금이 있었지만 창업하기에는 턱없이 부족했고 자신도 없었다. 언제인지 기억은 안 나지만 평범한 월급쟁이에서 부동산 부자가 된 스토리가 생각났다. 그 사람처럼 해보자는 생각이 들었다. 그 다음날부터 아이들이 학교에 갈 때 함께 나와 도서관으로 향했다. 도서관에서 인터넷으로 무료강좌부터 부동산 공부를 시작했다. 경제기사도 꼼꼼히 챙겨 읽었다. 책은 도서관에서 빌려 읽었다. 결혼 이후 지금까지의 정책과 집을 구입하기까지를 대입시켜서 분석해 보았다. 어렴풋이 흐름이 머리에 잡혔다. 그러고는 옆 동네와 알고 있는 지역까지 그동안에 무슨 일들이 일어났고 그것들로 인하여 어떠한 변화가 있었는지를 파악해 보았다. 그전에는 '버블세븐이구나'라고 생각했던 것이 어떠한 경로를 거쳐서 부동산에 영향을 미쳤고 왜, 무엇 때문에 그곳을 지정했는지 알게 되었다.

그동안 너무 관심 없이 살았다는 생각이 들었다. 처음에는 남편과 아이들을 위해 무언가 해야 한다는 생각에 공부가 힘들었지만, 계속 지식이 쌓여 갈수록 재미있었다. 모든 세상사에 관심이 생겼다. 남편 걱정과 아이들 염려로 하루를 보냈는데 이제는 시간이 나면 공부하게 되니 잔소리도 줄어들고 활기도 생겼다. 그녀의 변화를 아이들이 제일 좋아했다. 처음에는 시큰둥했던 남편도 내심 좋아하는 눈치였다.

부동산 공부를 하던 중 대구에서 힘들게 사는 시누이가 생각났다. 전세금까지 합쳐서 작은 분식집을 개업했지만 매일 고된 장사로 월세 내면 남는 게 없다고 힘들어 했다. '생애최초주택구입자금'을 통해 집을 구입하라고 했다. 월세로 내는 돈을 이자로 내고 소형 아파트를 구입하라고 연락해 주었다. 그해 시누이는 15평 아파트를 구입했다. 공부한 보람이 있었다. 살고 있는 분당 아파트는 구입할 당시의 시세도 회복되지 않았다. 퇴직금으로 대출금은 상환했지만, 미래에 대한 자금이 막막했다. 남편은 여전히 직장에 다녔지만 먹는 양이 줄어서 체력이 약해지자 그만큼 힘들어 했다. 남편을 생각하면 쉬라고 하고 싶었지만 점점 커가는 아이들을 보면 심란했다.

2011년 3월 '주택거래시 취득세 연말까지 50% 감면'에 대한 정책이 나왔다. 12월에는 지방 청약 가능지역 확대, 투기과열지구 해제 등이 발표되었다. 기회라는 생각이 들었다. 과거에도 규제완화 정책이 나오면 부동산 시장이 좋아졌기 때문이다. 서울과 분당은 갖고 있는 자금으로는 턱없이 부족했다. 시누가 살고 있는 대구가 생각났다. 평일에는 대구와 관련한 부동산 시세며 정보를 수집했다. 주말에는 남편에게 아이들을 맡기고 대구로 내려갔다. 시누의 도움으로 다니는 것은 불편하지 않았다. 그리고 장사를 하니 지역상권도 잘 알고 있었다. 처음에는 시누네 소형 아파트를 구입하러 갔지만 다니다 보니 그 지역에 작은 빌딩에 관심이 갔다. 보증금과 대출금을 포함하고 지금 살고 있는 아파트를 담보대출 받으면 충분히 가능했다. 그렇게 주말마다 내려가던 몇 달 후 원하던 빌딩을 팔기로 했다고 연락이 왔다.

그렇게 시작한 임대업은 생각보다 수익률이 좋았다. 남편 앞으로 나왔던 남은 암보험금과 분당의 집을 전세 놓고 대구에 추가로 작은 빌딩을 구입했다. '돈이 돈을 번다'는 말을 실감했다. 남편은 건강을 위해 은행을 퇴직하고, 동생들이 살고 있는 대구로 내려가 살고 있다.

분당의 아파트는 이제 구입한 원금보다 조금 올랐다고 한다. 지역이 좋다고 다 오르는 것이 아니라 자신이 언제 들어갔는지 타이밍이 중요하다고 했다. 친구는 "돈이 없어도 부동산에 관심을 갖고 꾸준히 공부해야 한다. 그래야 기회가 왔을 때 방법이 생각난다. 또 자금이 부족하면 지방으로 눈을 돌리는 것도 방법이다. 단, 잘 아는 지역으로 해야 한다. 무엇보다 발품을 많이 팔아야 한다. 왜 인생사 새옹지마라고 했는지 알겠다. 아무리 힘들어도 좋은 날이 온다는 것을 이제는 안다. 지금은 마음도 편안하고 남부러울 것이 없다"고 말한다.

하버드대 경제학과 에드워드 글레이저 교수는 〈도시의 승리〉에서 "도시는 어떻게 인간을 더 풍요롭고 더 행복하게 만들었나?"라는 화두를 던진다. 그는 이렇게 말한다. "혁신과 학습을 조장하는 데 있어 도시가 가진 우위는 한국이 이룬 성공을 설명하는 데도 유용하다. 서울은 수십 년 동안 전국 각지에서 많은 인재들을 끌어오며 번영한 도시로써 위상을 높였다. 서울의 크기와 범위는 서울을 위대한 혁신의 집합소로 만들었다. 상경한 근로자들은 농촌 공동체에서 고립된 생활을 접고 세계 경제의 일부가 될 수 있었다."

그러나 이제 서울은 상경하는 근로자들에게 더는 자리를 내주지 않는다. 그동안의 정책들 중에 서울은 오히려 정부가 개입하지 않고 그냥 있는 것이 도와주는 것이라는 시장주의자들도 있다. 그래도 '진정한 도시의 힘은 사람으로부터 나온다'고 한다. 진정한 부동산 정책도 정치적인 입장과 표를 얻기 위한 것이 아니라 사람에게서 나와야 한다. 그런데도 경기부양으로 사용하는 카드는 부동산을 통해서만 하려고 한다.

최근 실시한 '초이노믹스'가 그랬다. 전문가들은 오히려 그것들을 활용하는 기회로 삼았다. 서민의 입장에서는 투기라고 막았으면 하지만 또 다른 서민은 그것을 디딤돌로 삼은 것이다.

15

시작하기에
늦은 때는 없다

내 지인인 R은 몇 년 전 가족의 경제적인 문제로 인해 재산을 정리해야
했다. 50대 중반에 졸지에 무주택자가 되었다. 기반을 잡고 노후를 준비
해야 하는 나이인데 이제 새로 시작해야 한다니 앞이 캄캄했다. 공기업
에 다녀서 정년은 보장되었지만 월급을 모아서 집을 산다는 것도 막막했
다. 집값은 떨어질 줄을 모르고 계속 오르고 있기 때문이다. 경기도에 전
세로 거주하고 있었지만, 곧 돈을 올려줘야 할 게 뻔했다. 매일 고민하던
어느 날 명예퇴직한 직원이 그 동네에서 공인중개사를 한다는 소식을 들
었다. 직장 다닐 때는 모르는 사이였지만, 전세금을 올려야 하니 다른 곳
으로 이주해야 할 거 같아 답답한 마음에 찾아갔다. 지금의 재정 상태와
여러 가지 상황을 털어놓았다.

그는 명예퇴직을 하고 공인중개사를 취득했다고 한다. 퇴직금을 종

잣돈으로 중개업을 하면서 자신에게도 맞는 물건을 구입했단다. 처음부터 공인중개사를 했다면 자신의 것을 투자하지 못했을 거라고 한다. 중간에 시작하면서 보니 의외로 주변의 공인중개사들이 자신은 투자하지 않고 중개만 해서 수수료를 받고 있더란다. 그래서 그들은 그 일을 오래 했어도 부를 이루지 못했던 것 같다고 생각했다.

그는 이를 타산지석으로 삼았다. 자신의 물건도 함께 보면서 중개를 했다. 그러다 보니 고객의 물건이 아니라 자기 물건을 사는 것처럼 열심히 중개했다. 진짜 좋은 물건인데 계약이 깨지면 본인이 구입했단다. 그렇게 구입하다 보니 여러 개의 상가건물과 아파트를 보유하게 되었다. 이후 관리해야 할 물건이 많아져서 공무원이었던 남편도 퇴직하고 함께 일을 했다.

그러면서 R에게도 아직 늦지 않았으니 상심 말라고 조언했다. 전세자금 올릴 돈으로 소형 아파트를 사서 현금 유동성을 갖자고 했다. 마침 그 주변에 15평이 있는데 해보라고 권유했다. '초이노믹스'로 인해 기회라고 했다. 당장 필요한 몇 천만 원은 자신이 빌려주겠다고 했다. 생각지도 못했던 제안에 너무 고마웠다. 그 정도로 도와준다는 것은 단순히 중개거래를 위해서가 아니라 진심으로 돕고 싶은 마음이라는 것을 알기 때문이다. 세상에는 좋은 사람이 더 많다는 사실을 새삼 깨달았다. 초이노믹스의 골자는 '주택담보대출비율(LTV)*50%에서 70%로 완

---

* 'Loan to Value'의 약자로 주택담보대출비율이다. 이 집을 담보로 할 때 얼마나 돈을 빌릴 수 있는지에 대한 비율이다. 예를 들어 LTV가 60%일 때 매매가 1억 원이면 대출은 6,000만 원이다.

화, 총부채상환비율(DTI)^{**} 60%로 단일화'였다. R은 규제 완화를 활용하여 2014년 11월에 첫 집을 구매했다.

그동안에는 언론에서 발표되는 정책들은 자신과 상관없는 일이었다. 그러나 작지만 집을 구입하고 나니 관심이 생겼고, 더욱이 퇴직한 직원의 투자 사례를 듣고는 공부하기로 마음먹었다. 어떤 것을 공부할까 고민하다 지인의 소개로 1년 동안 부동산 전반과 법률 등을 강의하는 1년 과정을 등록했다. 매주 일요일 6시간 수업이라 만만치 않았지만 굳게 마음먹고 100% 출석을 목표로 세웠다. 집에서도 동영상으로 매일 2시간 이상 복습했다. 관련 추천도서는 모두 읽었다. 나이 들어 하는 공부가 쉽지는 않았지만 알아가는 것이 늘어날수록 재미있었다.

그렇게 공부하던 어느 날(2015년 2월), 서울시에서 '서울역 7017 프로젝트'라는 서울역 고가 재생 계획을 발표했다. 직장이 서울이었기에 출퇴근이 가까운 곳이었으면 좋겠다고 생각했지만 너무 오른 집값 때문에 엄두를 못 내고 있었다. 그러다 발표된 곳은 어떤 곳인지 궁금해서 주변을 살펴보았다. 생각보다 많이 낙후되었다. 서울역 앞으로는 대로변으로 연결되어 명동까지 도로가 시원하다. 그런데도 서울역 뒤쪽은 빌

** 'Debt to Income'의 약자로 총부채상환비율이다. 총 소득에서 부채의 연간 원리금 상환액이 차지하는 비율이다. 대출을 소득을 보고 갚을 능력에 따라 한도를 정해주는 것이다. 예를 들어 소득이 6천만 원이고 DTI가 40%라면 연간 원금상환액은 2,400만 원이다. 연소득에서 원리금 상환액 한도이기 때문에 대출기간을 장기로 하는 것이 유리하다.

2000년 이후, 한국의 신흥 부자들

딩숲으로 직주근접^{***}의 최적임에도 불구하고 주변환경이 정리되지 않아 상대적으로 저평가되었다고 판단했다. 시간이 날 때마다 공인중개사에 방문했다. 오랜 직장생활로 인하여 사람들과의 관계 형성이 얼마나 중요한지 잘 알고 있었다. 또한 배우는 학생의 신분으로서 앞서간 선배들에게 노하우를 전수 받는 귀한 시간이라 생각해서 빈손으로 간 적이 한 번도 없다. 그렇게 공인중개사 선배들에게 배우고 또 배웠다.

인지상정이라고 했다. 좋은 물건이 나오면 제일 먼저 연락을 준다. 두 번째 집도 규제완화에 따른 대출을 활용해서 매입했다. 소형 평수가 추가로 나왔는데 물건 상태도 좋고 전세 세입자도 있어서 괜찮으니 추가 구입하라고 연락이 왔다. 소형 평수였기에 신용대출이면 전세 레버리지가 가능했다. 그렇게 단시간에 3채를 구입하고 나니 그동안 대출과 주택 다가구 소유에 대한 두려움이 없어졌다. 부동산과 법률 세금도 혼자 계산할 정도가 되었다. 엑셀을 활용하여 세금도 관리한다.

그 전까지 생각하지 못했던 기쁨들이다. 무엇보다 좋은 것은 전세금 걱정, 이사 걱정 안 해도 된다는 것이었다. 정년 이후도 대비가 된다고 생각하니 배우는 것이 더 즐거웠다. 항상 수업 시작 한 시간 전에 가서 맨 앞자리에 앉는다. 1년 과정이 끝났지만 재수강 등록을 하였다.

누구나 그렇듯이 처음이 어렵지 여러 채가 되니 자금 유동성이 수월해지면서 투자에 속도가 붙었다.

---

^{***} 직장과 주거가 가까운 것을 말한다. 물리적 요인과 시간적 요인이 함께 작용하는 것으로 출퇴근 시간을 줄여 여가시간 등으로 활용할 수 있다. 도로와 전철의 발달로 직주근접의 효과를 높이고 있다.

2017년 5월, 대한민국의 대통령이 바뀌었다. 선거 때 발표한 부동산 공약들을 살펴보았다. 단연 '도시재생뉴딜사업'에 대한 신념을 알 수 있다. R은 멀리서 출퇴근하는 가족들에게 이미 나와 있는 도시재생과 관련한 지역의 아파트를 구입하라고 알려주었다. 지금 구입하고 갖고 있는 집을 매도한다면 1가구 1주택이니 부담도 없고 분명히 가격이 오르니 그 전에 실거주 목적으로 구입하라고 했다. 가족들도 역세권에 구입했다. 구입하고 나서 가격이 급등하고 있다. 매물이 없어서 난리라고 한다. 어차피 가족들은 투기가 목적이 아니었다. 몰랐던 정보를 알려줬을 뿐이다. 그리고 사회초년생인 자녀 부부까지 저축하고 아껴서 생활하고 있다. 가족들뿐만 아니라 주변에 필요한 젊은이들에게도 알려주고 도움을 주고 있다. 함께 성장하는 모습에 보람을 느낀다.

R은 아직 우리가 생각하는 부자는 아니다. 하지만 그녀가 소개한 부동산은 가격이 많이 오른다. 그렇기에 신흥부자로 가는 길목에 들어서고 있다고 보인다.

지금 당장 돈이 많아야 부자인 것은 아니다. 누가 봐도 부자가 될 것 같은 사람들이 있다. 그들에게 필요한 건 '시간'이다. 5년 후, 10년 후 R은 아마도 부자의 반열에 올라 있을 것이다.

〈앞으로 5년, 돈 되는 수익형 부동산〉(조건희 저)을 보면 '도시재생뉴딜사업'에 대해 다음과 같이 요약 정리하고 있다.

"구도심의 현재 틀을 유지하면서 주거환경을 개선하는 데 공적자금을 투입하겠다는 의미이다. 즉, 구도심, 단독, 다가구, 다세대주택이 밀집한 지역의 형태를 유지하면서 주거환경을 개선하고 지역발전을 도모하겠다는 것이다. 주거환경의 개선과 지역의 발전, 무슨 생각이 드는가? 앞으로 도심, 특히 서울의 도심은 더욱 개량, 개발되고 발전할 것이다. 지역의 가치와 가격은 당연히 오른다."

우리나라는 그동안 강북과 강남이 확연한 차이를 보이며 발전했다. 그러나 지금은 강북에서도 역세권은 향후 큰 수익이 가능한 지역들이 있다. 그곳은 아직도 저평가에서 벗어나지 못하고 있다. 실수요자라면 눈여겨보다가 기회가 오면 잡아야 한다.

하늘에서 뚝 떨어진 도시계획?

"특별히 많이 오르는 땅이 있나요? 많이 오르는 땅은 도시기본계획을 보면 나와 있습니다. 앞으로 개발될 지역은 이미 시의 2030도시기본계획을 보면 개발방향이나 개발계획이 정해져 있는 경우가 대부분입니다. 그러니 장기적으로 보고 개발이 될 곳을 선점하는 것이 유리합니다."〈한국의 1000원짜리 땅부자들〉(김장섭, 윤세영 공저)

음악을 전공한 S의 남편은 치과의사이다. 남부럽지 않은 생활을 하던 어느 날, 과중한 진료로 힘들어하던 남편이 좀 쉬고 싶다고 했다. 그동안 경제적으로 마련해 놓은 것이 있어서, 휴식기를 가지다가 몸이 회복되면 다시 개업하자고 했다. 남편은 부모님이 계시는 충남 서산으로 내려가고 싶다고 했다. 대학 때 서울로 올라와 그동안 부모님과 떨어져 살았는데 몇 년은 가까이서 살고 싶다는 것이다. 낚시도 좋아하니 그곳이 좋겠다고 했다.

하루아침에 날벼락이었다. 고3인 아이가 음대 진학을 준비하고 있어서 함께 내려갈 상황도 안 되었다. 설사 내려갈 상황이라 해도 그러고 싶지 않았다. 그러나 밤에 잠도 못 잘 만큼 정신적으로 힘들어 하는 남편을 보니 허락하지 않을 수 없었다.

생각보다 병원은 금방 정리되었다. 서산에 내려가서도 병원 부지와 부모님과 함께 살 집을 짓기 위해 땅을 구입했다. 병원 바로 옆에 집을 짓고 점심식사도 부모님과 함께한다. 아파트에서는 반려견을 키우기 곤란했는데 마당 넓은 집이라 개 2마리도 분양 받았다. 남편의 불면증도 없어졌고 행복한 나날이었다. 딸아이도 대학에 들어갔고 주말이면 가족이 내려왔다.

2008년 글로벌 금융위기가 왔다. 서울에 있는 친구들은 병원 사정의 악화로 문을 닫는 곳도 있었지만 서산은 큰 변동이 없었다. 먹는 것들은 텃밭에서 재배하고 낚시로 잡은 생선들은 별미였다. 특별한 생활비도 안 들었다.

그런데 몇 년 후 구입한 땅이 개발된다는 발표가 나왔다. 의도하지 않은 행운처럼 보였으나, 남편과 얘기하다가 알았다. 남편은 어려서부터 서해안 개발로 인하여 친인척들이 땅으로 부를 이루는 것을 보고 자랐다. 그래서 땅에 대한 믿음이 있었다. 좋은 땅을 사놓으면 언젠가는 오른다는 사실을 말이다. 좋은 땅에 대한 식견도 있어서 나름대로 미래를 대비하여 땅을 구입했던 것이다.

서해안개발계획은 이미 발표되었던 내용이었다. 나라에서 추진하는 개발은 시간이 걸리고 수정이 될 수 있어도 계획 자체가 없어지는 일은 드물다. 더욱이 개발 전에는 가격이 상당히 낮아 적은 금액으로 사놓을 수 있다. 그러나 일단 개발이 시작되면 토지가격은 급상승한다. 땅은 아파트나 상가처럼 정해진 가격이 없기 때문에 한번 오르기 시작하면 10배, 100배도 오른다. 또한 땅은 소멸되거나 폭락하는 일도 없으니 믿을 수 있다.

남편은 고향으로 내려와서도 개발계획에 따라 땅을 보러 다니고 변화를 보면서 투자 타이밍을 잡았다. 그래야 서울에서 진료했을 때만큼의 경제적 여유가 생기고 심적으로 부담이 없을 거 같았다. 그리고 치과의사가 적성에 맞지 않았다고 한다. 인생 2막은 마음 편하게 지내고 싶었기에 경제적인 자유를 이루고 싶었다. 무리해서 병원을 운영하다 보니 그동안 심적으로 매우 지치고 힘들었다는 것이다.

남편은 평생 공부 말고는 해본 일이 없었기에 다른 일을 시도할 엄두가 나지 않았다. 그래서 무얼 해야 행복하게 지낼까를 생각하다 보니 사람들을 만나는 일보다 조용히 혼자 지내는 것이 적성에 맞는다는 것도 알았다. 고향에서 배 타고 좋아하는 책도 읽고 낚시도 하고 텃밭에서 재배해서 먹는 것이 좋았다. 친구들이 가끔 내려오면 함께 고기도 구워먹으며, 깊어가는 시골의 정취를 만끽할 수도 있다. 너무 소박해서 꿈이라고 말하기도 부끄럽고 주변에 말하면 배부른 소리한다고 핀잔을 들을 것 같아서 혼자 조용히 준비했다. 더욱이 불면증으로 고생하면서는 남은 인생을 그렇게 살자고 다짐했다. 그러려면 먼저 경제적인 자유가 이루어져야 한다. 그래야 가족들에게도 미안하지 않으면서 마음 편하게 시골생활을 할 수 있기 때문이다.

결국 남편의 바람대로 모든 일이 잘 풀렸다. 지금 그 부부는 서울과 서산을 오가며 여유롭게 살고 있다.

S는 남편을 보면서 "신선놀음에 팔자가 늘어졌다"고 말한다. 그를 보면서 거창한 꿈이 아니더라도 자신이 원하는 삶을 살면 행복이라는 생각이 들었다.

또 한 명의 지인은 반대의 상황이다. 어느 날 절친한 친구가 개발호재라며 정보를 알려주었다. 워낙 확실하다고 해서 친구들 몇몇이 공동으로 투자했다. 그러나 그곳은 아직까지 그린벨트 지역으로 묶여 있다. 또 다른 지인 한 명도 개발한다는 소리에 무리하게 대출까지 받아 구입하였다. 그러나 그 집만 빠지고 개발계획이 나와 결국 원금까지 날리게 되었다. 성공한 전자와 실패한 후자의 차이는 판단 근거에 있다. 전자는 자신의 눈으로 판단했지만, 후자는 남의 말에 귀가 솔깃해 정확히 알아보지도 않고 덥석 땅을 샀다. 누군가의 말을 듣고 투자하여 손실을 보아도, 그 누군가는 절대 손실을 책임져 주지 않는다. 그러니 스스로

2000년 이후, 한국의 신흥 부자들

판단이 되지 않으면 투자해서는 안 된다.

또 다른 지인은 땅에 대한 애착이 남다르다. 시골에서 소작농을 하는 부모님을 보며 자랐다. 부모님의 땅은 텃밭 수준이 전부였다. 고등학교를 졸업하고 무조건 돈 되는 일은 닥치는 대로 다 했다. 그러나 막노동을 하면서 돈을 모으기는 어려웠다. 군대를 다녀왔어도 생활은 여전히 불안정했다. 서른의 나이에도 고시원 생활을 면치 못하고 있었다. 남들처럼 결혼도 하고 번듯한 아파트에서 가족들과 평범하게 살고 싶었다. 시골에 계신 부모님에게도 효도하고 싶은 생각이 간절했다. 수많은 아파트와 주택 속에서 내 한 몸 편안하게 누울 곳이 없었다. 절망이 몰려올 때마다 막노동을 하던 정주영 회장과 벼룩의 일화를 되새기며 '빈대도 하는데, 나라고 못할 것이 없다'고 이를 악물었단다.

그러다 건설현장에서 부동산업자들을 보고 무조건 따라 다녔다. 점차 부동산에 눈을 뜨면서 기회를 엿보았다. 몇 년을 따라다니면서 역시 땅이라는 결론을 내렸다. 그래서 돈을 벌 때마다 땅을 샀다. 그렇게 10년 정도 되었을 때부터 사놓았던 땅이 큰돈으로 돌아오기 시작했다고 한다. 결혼도 하고 시골 부모님에게 효도도 했다.

신기한 점은 그가 갖고 있는 땅들이 유난히 잘 개발된다는 사실이다. 주위에서는 무슨 복을 그렇게 세게 타고났느냐며 부러워했다. 하지만 그와 대화를 나누다 보면 우연이 아님을 알 수 있다. 그는 그저 땅이 좋고, 좋은 땅을 사다 보니 그렇게 되었다고 하지만, 사실은 건설현장에서 터득했던 경험이 쌓여 땅을 보는 안목으로 자리 잡은 것이다.

그는 건설현장에서 살아남기 위해서 부동산이며 법률공부며 안 한 것이 없다. 전문가 못지않은 식견에 감탄이 절로 나온다. 역시 세상에 공짜로 얻어지는 것은 없다.

아이들이 자라면서 가족들은 서울로 이주했지만 그는 아직도 지방을 다니며 땅을 본다. 서울은 답답해서 며칠만 있어도 힘들단다. 가족들에게는 이미 증여도 마쳤다. 매월 임대료로 충분히 생활할 수 있게 해놓았다며 홀가분한 마음으로 전국의 땅을 보러 다닌다.

보유하고 있던 토지에 세종시가 들어서면서 대토****보상으로 받은 곳에 건물을 지었다. 그는 자신이 한 일이 별게 아님을 강조하면서, "여전히 하루하루 달라지는 모습을 보면서 전 세계에 대한민국처럼 대단한 국민들도 없는 거 같다"며 자신을 낮추고 남을 높이는 인성의 소유자다. 땅으로 갑부가 되었지만 여전히 대중교통을 이용하고 농사도 짓는다.

돈이 많으면 행복할까? 돈이 많으면 행복을 향한 초석이 될 수는 있

**** 공익사업 등으로 토지가 수용되는 지역에서 현금보상 대신 토지로 일정 면적을 받는 것을 말한다. 농지를 4년 이상 재촌자경하고 다른 농지를 취득하는 '농지대토'와는 다른 개념이다. 공익사업을 위한 토지를 토지로 보상할 시 보상하는 토지자격의 산정기준 금액은 다른 법률에 특별한 규정이 있는 경우를 제외하고는 일반분양 가격으로 한다. 토지 소유자에게 토지로 보상하는 면적은 사업시행자가 정하며 그 보상면적은 주택용지는 990m2, 상업용지는 1,100m2를 초과할 수 없다. 이렇게 보상된 토지는 소유권이전등기를 마칠 때까지 전매(매매, 증여, 그 밖의 권리변동을 수반하는 모든 행위 포함, 상속 및 개발전문부동산투자회사에 현물출자하는 경우는 제외함)할 수 없다. 이를 위반한 때는 토지 대신 현금으로 보상할 수 있다.

지만, 돈 자체는 사람에게 어떤 행복도 주지 못한다. 아니 오히려 돈이 화가 되는 경우도 있다. 내가 아는 한 사람도 시골에서 빈손으로 서울에 올라왔다. 달동네에서 근근이 생활하다 친척이 운영하는 건설회사에서 일하면서 짧은 시간에 큰 부를 얻었다. 30살에 100억대 재산가가 되었다. 그것으로 다른 사업을 시작했는데 믿었던 친구 때문에 큰 손실을 보았다. 그로 인한 배신감으로 우울증이 와서 몇 년간 힘들었다. 그래도 여전히 친척의 건설업을 도와주고 있었기에 그의 부는 계속 증가하였지만 마음의 상처까지는 아직 치유하지 못했다. 화창한 가을날 파란 하늘이 펼쳐졌어도 방에서 암막커튼을 치고 생활한다. 그는 돈이 전부가 아니라고 말한다. 물론 정답은 없다.

"부동산 선동주의는 경계해야 한다. 건설업을 통한 경기부양은 안 된다. 부동산 세금의 원칙을 정하고 흔들림 없이 추진한다. 가계와 은행의 건전성을 지키는 것은 부동산 경기보다 우선하는 가치이다. 본인의 노력에 의하지 않는 개발이익은 공공과 나눠야 한다. 이 네 가지는 우리 주택 정책에서 놓쳐서는 안 되는 원칙이자 규범이다. 타협이 있어서도 안 되고, 정치적 유혹에 흔들려서도 안 된다. 반면 이를 제외한 영역은 경기조절 수단으로 사용하는 데 주저할 필요가 없다. 예를 들어 전매금지 기간, 청약자격, 심지어 분양가 규제까지 융통성을 발휘할 수 있다. 적어도 위의 네 가지 장치가 규범으로 지켜진다면 다른 일들은 시장 상황에 맞춰서 정부가 결정해도 상관없다." "복잡한 부동산 문제를 몇 개의 정책으로 다 해결할 수 있다거나, 그걸 안 해서 값이 올랐다고 하는 식의 선동이야말로 우리 부동산 정책이 진정 해결해야 하는 과제들을 감추는 결과를 초래할 뿐이다."(《부동산은 끝났다》 김수현 저)

어디까지가 투기고 어디까지가 투자인지 서로 바라보는 입장이 다르다. 그러나 한 가지 분명한 것은 있다. 아무리 자본주의 사회체제라 해도 내 재산만을 위하여 서민의 주거안정까지 흔든다면 분명 잘못된 것이다. 단순히 주택을 많이 소유했다고 나쁘게 보는 시각과는 다르다. 다만, 과도한 주택을 소유하고 있으면서 어떠한 세금도 내고 있지 않다면 그에 따른 정당한 부담을 해야 한다. 또한 내가 노력하지 않았는데 발생하는 개발이익에 따른 불로소득의 일정 부분은 사회에 환원하는 것이 형평에 맞는다고 생각한다. 전 세계적으로 이익의 전부를 소유주의 것으로 보는 곳은 없기 때문이다. 그 비율은 사회적 합의가 필요하다. 이에 수반되는 사회적인 통합을 이끄는 것은 국가가 해야 할 역할이다. 다 같이 고민하여 합의점을 찾아야 한다.

신혼희망타운

'신혼희망타운'은 2017년 8월 2일 발표된 '주택시장 안정화 방안'에서 신혼부부에 맞춤형으로 공급하는 분양형 공공주택 단지를 말한다. 분양가격은 주변시세의 80%이다. 젊은 층의 주거안정을 위한 주거사다리 구축을 위하여 신혼부부에게 최우선으로 공급하고 일정 기간이 지나면 공공임대주택 중 임대인에게 분양해 준다. 공공분양주택과 분납형주택, 10년 분양전환임대 등의 유형으로 공급하여 선택의 폭을 넓혔다. 신혼부부를 위하여 보육시설과 비용 부담이 없도록 전용면적은 40~60m2의 소형 주택이다. 수요자들의 선호도가 높은 지역의 그린벨트 해제와 공공택지 등을 활용하여 수도권, 과천지식정보타운, 위례신도시, 화성동탄신도시 등에 우선 추진한다. 향후 5년 동안 총 7만 가구를 공급할 계획이며, 입주 자격도 기존 신혼부부 특별공급에서 제한한 수준보다 확대될 것으로 보인다. 부부 합산 연소득 6000만 원 이하 무주택자는 주택담보인정비율(LTV), 총부채상환비율(DTI)을 10%포인트 높여 적용하고 신DTI적용 이후에도 선의의 피해를 보지 않게 최대한 완화할 방침이다. 현재의 기준은 혼인기간 5년 이내로 자녀가 있는 신혼부부에서 혼인 7년 이내 무자녀 무주택가구까지 대상을 넓힌다는 구상이다.

행복주택

국토교통부 (http://www.molit.go.kr/happyhouse/info.jsp)

대학생, 사회초년생, 신혼부부, 취약계층, 노인계층, 산업단지근로자 등에게 직장과 학교가 가까운 곳이나 대중교통 이용이 편리한 곳에 짓는 공공임대주택이다. 주변 임대료시세보다 20~30% 저렴하며 계층마다 다르나 거주기간은 최소 2년에서 최대 20년까지이다. 청약통장의 가입기간은 6개월 이상, 6회 이상 납입해야 한다. 행복주택에 입주해도 청약통장의 자격은 유효하다는 장점이 있다. 전국 지구별 모집공고에 따라 입주자를 선정한다. 그해의 공급예정지를 관심지역 알람서비스 신청하면 자동으로 받아 볼 수 있다.

자격으로는, 사회초년생은 공급지역에 재직하고 있거나, 취업한 지 5년 이내이거나, 1년 이내의 미혼 무주택자로서 전년도 도시근로자 월평균 소득의 80% 이하(세대의 경우 100% 이하)이다. 본인 자산은 1억9천만 원 이하, 자차는 2천5백만 원 이하이다. 대학생은 재학중이거나 졸업, 중퇴 이후 미혼 무주택자로서 본인과 부모님의 소득합이 도시근로자의 월평균 소득의 100% 이하이면 가능하고, 본인 자산이 7천2백만 원 이하에 자차가 없어야 한다. 신혼부부는 공급지역 인근에 재직, 재학 중이며 결혼기간이 5년 이내 무주택세대구성원으로 도시근로자 월평균소득의 100% 이하여야 한다. 세대 자산은 2억2,800만 원이며 자차는 2,500만 원 이하여야 한다. 예비부부는 입주할 때까지 결혼사실을 증명해야 한다. 모두 전년도 가구당 월평균 소득은 100% 이하(맞벌이는 120% 이하)이다.

주택특별공급제도

(http://nhuf.molit.go.kr)

정부가 사회계층의 주택마련 지원을 위하여 청약경쟁 없이 분양받을 수 있도록 한 제도이다. 생애최초 주택구입자로서 5년 이내로 자녀가 있는 신혼부부, 만 65세 이상 노부모 부양하는 자, 기관추천(국가유공자,

장애인, 보훈대상자, 518유공자 등), **이전 기관종사자**(세종시, 혁신도시, 도청이전지역 등), **외국인 등이다.**

신혼부부 특별공급은 무주택세대구성원으로 6개월 이상 가입한 청약종합통장이 있어야 하며, 기 주택에 당첨된 적이 없어야 한다. 주택 전용면적 85m2 이하로 가구 월평균 소득 100% 이하(맞벌이는 120% 이하)이다. 부동산은 1억2,600만 원 이하, 자동차는 2,467만 원 이하이다.

노부모부양 특별공급은 만65세 이상의 직계존속을 3년 이상 부양하고 있는 무주택세대주이어야 한다. 선정기준은 일반 공급과 동일하게 결정된다.

뉴스테이

국토교통부 (http://www.molit.go.kr/newstay)

2016년 중산층의 주거안정을 위하여 도입된 기업형 임대주택이다. 만 19세 이상 누구나 입주자격이 주어지며 최소 8년 정도 임대할 수 있다. 임대료 상승률은 연 5%로 제한된다. 입주조건에 특별한 제한이 없는 것이 장점이다.

16

도시계획 활용하기

도시계획은 계획고권이며 사회 경제적 요구에 따라서 바뀌어 왔고, 지금까지 부동산 정책의 수단으로 사용되었다. 손익에 대하여 정부는 외면하였기에 도시계획 자체가 흔들렸다고 보면 된다. 전체적 공급에 가장 큰 영향을 미치는 수단은 도시계획이다. 중앙정부가 정하고 공표하여 금융은 투명하게 운영되지만 지방정부에서 진행하는 도시계획은 투명하지 못한 적이 많다.

이런 이론적인 설명 이외에 행정적인 계획을 이해한다면 미래에 발전할 곳을 알 수 있다. 넓게는 국토교통부에서 발표하는 국토종합계획안에 도종합계획과 시종합계획이 있다.

지역자치단체의 홈페이지에서 알 수 있는 지역계획으로는 수도권정비계획, 광역권계획, 개발촉진지구계획, 특정지역개발계획이 있다. 부분별 계획에는 전국 공항 및 항만 계획, 전국도로망계획, 국가 간 교통망계획, 물류개발종합계획 등이 있다.

상위 행정구역을 알면 나라 전체의 개발흐름을 알 수 있다. 이 흐름을 알면 투자의 귀재가 될 수 있고, 타인의 말과 정책에도 흔들리지 않는 자신만의 투자원칙을 세울 수 있다. 그러나 쉽지 않은 일이다. 그러니 최소한 내가 살고 있는 곳이 어떻게 발전할 것인지만 알아도 큰 도움이 된다. 내가 예측하는 것이 아니라 이미 나와 있는 것을 보는 것이기에 방법을 몰랐을 뿐이지 어려운 것은 아니다. 그것이 바로 도시계획이다. 내가 사는 서울이 어떻게 변화하고 있는지를 아는 것이 '서울 도시기본계획'이다. 지역별 관심사별로 자료를 스크랩하고 폴더별로 정리해서 보관한다. 그 이후에 진행과정에 대해서도 수시로 업데이트 해놓는 습관을 기르다 보면 어느새 전문가 수준의 정보를 갖게 된다.

도시계획에서 가장 중요한 핵심은 적절한 타이밍이다. 몇 해 전 '김연아 선수의 송도국제도시투자 쪽박'이라는 기사를 본 적이 있다. 금융위기 이후 부동산 침체 등으로 주상복합상가도 어려웠다. 그러나 그 이후 꾸준한 한류열풍, 인구유입 등으로 좋아지고 있다. 새로운 아이디어로 사업에 성공한 CEO들은 새로운 아이템도 너무 일찍 앞서가면 망한다. 한 보만 앞서가라고 말한다. 도시계획도 마찬가지이다. 물론 자금의 여력이 넘쳐서 딱히 어디다 투자할 곳이 없는 사람이라면 한 발이 아니라 두 발 앞선 시점에 저가매수하면 좋다. 그러나 대다수는 한 보 정도 앞서면 시간 대비 비용이나 수익률 면에서 적절하다.

예를 들어 '서울시 7017프로젝트'는 2015년 1월 29일에 발표되었고, 2017년 5월 개통되었다. 서부역 주변의 재생계획도 포함되어 있었다. 사례로 중림동 삼성사이버아파트의 가격변동을 보면 오르는 시점이 있다. 개통이 임박하면서 뚜렷한 상승세를 확인할 수 있다. 그러나 이때는 이미 매물이 없는 상태이다. 아래 그래프를 보면서 발표시점과 상승시점 등을 분석해 보고 언제 사면 좋을지 공부하기 바란다. 중요한 점한 가지는 이미 발표가 난 이후에 사도 충분히 수익구간이 있다는 사실이다.

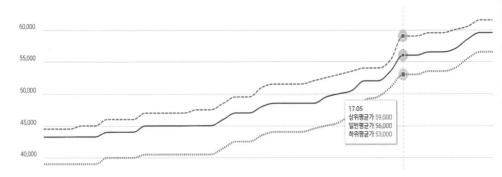

17.05
상위평균가 59,000
일반평균가 56,000
하위평균가 53,000

출처 : KB국민은행

이외에도 무수히 많은 도시계획들이 있다. 그러나 내가 직접 알고 있는 계획과 지인이 추천하는 계획은 다르다. 각자 아는 수준에서 계획을 바라보고 해석하는 것도 다르기 때문이다. 똑같은 개발계획이 있는데 자기 생각대로 해석하거나 악의적으로 활용하는 사람이 많기 때문에, 도시계획은 전문가의 자문을 구할 수는 있어도 무엇보다 본인이 스스로 알아보고 진행상황을 체크해서 타이밍을 잡아야 한다.

• 각종 국가 및 지자체 사이트에 들어가는 일도 번거로울 수 있다. 그런 경우라면 구글에서 검색하기를 추천한다. 검색창에 '서울도시기본계획.pdf'하고 검색어를 입력하면 된다.

• 서울시 홈페이지 - 서울소식 - 고시.공고

http://spp.seoul.go.kr/main/news/news_notice.jsp#list

• 국가 및 지자체 부동산 포털

서울시부동산통합열람일사편리 http://kras.seoul.go.rk

경기도부동산포털 http://gris.gg.go.kr

온나라부동산 http://www.onnara.go.kr

부동산포털 http://bdsportal.com

국토교통부실거래가공개시시템 http://www.rt.molit.go.kr

• 토지 관련 사이트

토지이용규제정보서비스, 국토지리정보원, 산지정보시스템, 한국개발연구원,

온나라부동산포텔,

• 토지이용규제정보서비스

http://luris.molit.go.kr

2000년 이후, 한국의 신흥 부자들

도시계획은 타이밍이 중요하다

몇 해 전부터 그린벨트에 대한 관심이 높아졌다. 서울은 더 이상 지을 곳이 없기 때문이다. 더군다나 최근 발표된 정부의 주거복지 로드맵에 그린벨트를 해제해서 공공택지지구를 조성한다는 계획이 포함됨에 따라 수도권(경기도 성남시, 부천시 원종과 괴안동, 의왕시 월암동)을 중심으로 토지시장이 움직이고 있다. 그러나 그린벨트에 보상을 보고 지금 투자하는 것은 손해이다. 그린벨트 보상금으로 부자가 되는 사람들은 원주민이거나 10년 이전에 사놓았던 사람들이다. 대표적으로 판교신도시 개발 시 350억 원의 보상을 받은 삼형제들이 화제였다. 언론에서도 보도한 이들은 부모 없이 자라 고생하며 모은 돈으로 땅을 사놓았다. 오랫동안 그곳에서 오골계식당을 하던 중에 판교신도시가 개발되면서 보상을 받았다.

땅은 단기적인 안목으로 투자했다가는 기다리다 목이 빠져 죽고 만다. 언젠가는 오르겠지 하는 느긋한 마음이어야 한다. 어떤 경우에는 '내 대가 아니면 자식 대에 오르겠지' 하는 게으름뱅이 식 투자여야 한다. 땅을 사서 모두 부자가 될 수는 없지만, 대한민국에 땅으로 벼락부자가 된 사람들이 부지기수다. 그러니 투자관점에서 본다면 한 곳에 있는 자금을 모두 투여하기보다는 돈이 생기는 대로 여러 곳을 사 모으면, 시간이 지나고 지나 하나씩 대박으로 돌아온다고 할 수 있다.

4부

그들의
부자본능

17

푼돈과 종잣돈에 대한
생각을 바꾸라

탈무드에는 '사람에게 가장 상처를 입히는 것은 빈 지갑'이라는 말이 나온다. 그래서 유대인들은 어릴 적부터 역사교육과 함께 경제교육을 빼놓지 않는다. 세계 인구의 0.2%인 1,500만 명이 유대인이다. 그런데 월가의 영향력 있는 인물은 25명 중 10명이 유대인이다. 미연방준비제도이사회 의장도 1979년 폴 볼커 이후 현재의 재닛 옐런까지 4대째 유대인이다. 마이크로소프트 빌 게이츠나 페이스북의 마크 저커버그 등도 유명하다.

유대인들은 13세가 되면 '바미츠바'라는 성인식을 치르고, 친지들이 축의금을 모아서 아이에게 준다. 그 돈은 종잣돈이 되어 아이가 스스로 투자하면서 현장에서 배우고 깨닫는 금융, 경제교육의 원석이 된다. 그리고 그들은 자선함을 두어 어릴 적부터 습관적으로 남을 돕는다.

흔들리면서 피는 꽃

개인에게 종잣돈은 큰 의미가 있다. 이 돈을 시작으로 큰 성과를 낼 수도 있고, 설령 모두 잃는다 해도 다시 잃지 않을 노하우를 배운다면 그것대로 의미가 있다. 그러니 종잣돈이 아무리 적어도 푼돈으로 폄하하면 안 된다. 세계적인 부자가 된 유대인들도 푼돈밖에 되지 않는 종잣돈부터 시작했다.

이 책에 소개하는 신흥부자들은 금수저를 물고 태어나지 않았다. 많지 않은 돈을 키워서 현재의 부를 이루었다. 그리고 종잣돈의 규모와 상관없이 자신을 바꾸는 기회로 활용했다. 결국은 태도가 결정한다. 여기 등장한 부자들을 보면서 그 부분을 느꼈으면 한다.

흔히 사람들에게 종잣돈의 규모를 물으면 대다수가 천만 원 정도라고 답한다. 그러나 신흥부자들에게는 300만 원부터 500만 원도 종잣돈이 되었다. 그것이 마중물이 되었다. 가치를 어디에 두느냐에 따라 돈도 상대적이다.

은행원이었던 V는 구조조정으로 명예퇴직을 했다. 퇴직금이 있었지만 그 돈으로 시작하기에는 부담이 컸다. 무엇을 해야 할지도 막막했다. 그래서 없어져도 부담되지 않는 300만 원으로 시험삼아 장사를 하기로 했다. 그러나 평생 은행원으로 고객만 상대했을 뿐, 아는 것도 잘하는 것도 없었다. 턱없이 부족한 돈으로는 자리조차 얻기 힘들었다.

그날은 추운 겨울이었다. 한 달째 아이디어만 구상하느라 지친 발걸음으로 버스에서 내렸다. 눈앞에 항상 그 자리를 지키고 계시는 붕어빵 아저씨가 있었다. 그는 붕어빵을 사면서 무언가 '번쩍' 하고 눈이 뜨이는 것 같았다.

'그래 이거면 충분히 할 수 있겠다!'

고객을 상대하는 일이 그의 주 업무였기에, 최소한 부끄러움은 잊을 수 있다고 생각했다. 그날부터 매일 아저씨를 찾아갔다. 손님에게 붕어빵을 같이 팔아드리면서 노하우를 전수받았다. 그렇게 몇 달 하고 나니 자신감이 생겼다. 어디서 시작할지가 고민이었다. 이미 몫 좋은 자리는 누군가의 차지였다. 그러다 문득 퇴사한 회사가 생각났다.

'아무리 궁해도 이건 아니지' 생각했지만 다시금 용기를 내어 결심했다. 중고로 기계를 구입하는 등 장사준비에 150만 원 정도가 들었다. 추운 겨울 리어커로 회사 앞까지 가는 거리는 약 한 시간 반이 걸렸다. 그렇다고 봉고차를 살 수도 없었다. '그래, 일부러 걷기 운동도 하는데 운동 삼아 걷자' 하고 생각을 바꾸었다.

그는 출근할 때처럼 양복을 입고 회사 앞에 도착했다. 막상 와보니 되돌아가고 싶은 생각도 들었지만 지금 이 작은 것도 성공하지 못하면 앞으로 아무것도 이룰 수 없다고 생각했다. 더 나은 미래를 위해 부끄러움은 던져버리자고 다짐하고 다짐했다.

드디어 점심시간이다. 동료들이 쏟아져 나왔다. 아니나 다를까 처음에는 아무도 그를 알아보지 못했다. 그러다가 "붕어빵~"이라는 빌딩숲에서 들을 수 없는 생뚱맞은 소리에 모두의 시선이 집중되었다. 그를 본 동료들이 놀란다. 그는 애써 웃으며 "개업기념으로 오늘은 프리입니다. 공짜입니다!"라고 외쳤다. 동료들이 어색해하며 몰려들었다. 돈을 주려고 하는 것을 오늘은 프리라고 큰 소리로 외쳤다.

유난히 맑았던 그 겨울의 하늘을 그는 아직도 잊지 못한다. 마치 벌거숭이가 되어 대중 앞에 던져진 기분이었다. 그래도 그는 포기하지 않았다.

다음날도 그곳에 갔고, 그 다음날도 갔다. 가면 갈수록 리어커를 모는 속도도 빨라졌다. 그리고 그의 허전한 마음을 매일 생기는 단골들이 채워주었다. 처음에는 동료들만 찾아왔는데, 이제는 인근 빌딩에서 간식으로 예약 주문까지 들어왔다. 시간이 지날수록 주문량을 맞추기 힘들 정도로 잘되었다. 바쁜 간식 시간대에는 아르바이트까지 고용해야 했다. 바로 그의 아내가 3시간 정도 나와 함께 도와주었다. V는 철저하게 최저시급의 알바수당도 지급했다. 처음에는 마음 아파하던 와이프도 그의 밝은 모습과 열정적인 모습에 충실한 알바생이 되었다고 한다.

차츰 종류도 늘렸다. 아침에는 샌드위치와 뜨끈한 차도 팔았다. 붕어빵뿐만 아니라 군고구마에 군밤도 추가하자 매상이 몇 배로 뛰었다. 특히 간식 배달이 많았다. 샌드위치나 김밥은 아내가 집에서 아이들과 만들어 공수했다. 여름에는 시원한 음료도 추가했다. 그렇게 2년 정도 되어갈 때 가까운 곳의 단골 분식집이 매물로 나왔다고 동료가 말해주었다. 정신없이 달려온 시간이지만 분식집 투자금 3천만 원은 되고도 2천만 원이 남았다. 150만 원이 마중물이 되어 수십 배로 늘어난 것이다.

그는 투자금이 늘어난 것 이상으로 못할 것이 없다는 자신감을 얻었다는 데에 큰 의미를 두었다.

분식집도 나날이 잘되었다. 붕어빵 시절부터의 단골 고객들이 새로운 고객을 연결해 주기도 했다. 옆집을 트고 또 옆집에는 집밥 식당을 열었다. 그렇게 장사를 확장해 나갔다. 그 상권에서 그를 모르는 사람이 없을 정도로 신뢰가 높았다. 골목의 궂은일도 도맡아 했고, 은행에서 근무했던 경험으로 틈나면 주변 상인들의 금융상담도 해주었다. 열악했던 상인들은 그의 도움을 많이 받았다. 합법적인 절세와 금융상품 활용에 대하여서도 틈을 내서 무료로 강의하고 교육을 해주었다. 컨설팅도 마다하지 않고 해주었다. 그때 V는 하루에 3시간도 채 못 자는 날이 많았다고 한다. 그러나 은행에 다닐 때와는 다른 보람이 있어 누가 시키지 않아도 자발적으로 도왔다.

장사는 작지만 알찬 수익이었다. 그렇게 7년 정도 되었을 때 그 지역에서 꽤 유명한 호텔이 급매물로 나왔다. 워낙 잘 아는 사이라 모자라는 돈은 분납하기로 하고 건물을 구입했다.

일약 은행원에서 사업가가 되었다. 푼돈으로 생각하지 않고 장사를 시작했기에 가능했다. 믿기지 않는 현실이었지만 지난 7년은 그의 인생에 가장 소중한 시간이었다. 지금 V는 호텔도 매각하고 빌딩으로 임대업을 하고 있다. 그의 빌딩에 입주한 상인들에게 10년 넘게 임대료를 올리지 않았다. 자신도 어려운 시절을 겪어 보았기에 상인들이 남다르다고 생각한다. 말이 임대업이지 그들과 가족처럼 지내고 있다.

위의 이야기는 푼돈의 위력을 새삼 느끼게 하는 대사건이다. 가까이에서 그를 지켜본 나는 아무리 적은 돈도 푼돈으로 보이지 않는다. "종잣돈이 천만 원뿐입니다"라고 부끄러운 듯 말하는 사람에게는 "그렇게나 많아요?"라고 되묻고 싶다.

돈은 내가 어떤 마인드로 대하느냐에 따라 위력이 달라진다. 적다고 생각하면 푼돈에 머무르고, 많다고 생각하면 세상을 품는 꿈을 꿀 수 있다.

푼돈으로 부를 이룬 또 다른 내 친척은, 돈을 모으기에 앞서 성취감을 쌓으라고 조언한다. 무언가를 성취하는 기쁨을 맛보고 나면, 그 이후 돈을 모으는 것은 더 이상 참고 인내하는 과정이 아니라 목표로 전환된다. 더 이상 수고가 아니라 미래에 대한 노력으로 생각되기에 훨씬 쉬워지고 가속이 붙는다. 〈푼돈재테크〉(장순욱 저)에서도 "푼돈은 인내심을 길러주고, 그 인내심은 사회생활이나 일상생활에서 조급하게 서둘다 일이 잘못되는 경우를 최소한으로 줄이는 내적 에너지가 된다. 푼돈이 인내심을 키우는 이유는 시간이 개입되기 때문이다"라고 했다. 공감가는 부분이다.

푼돈 투자의 대가로 〈나는 마트 대신 부동산에 간다〉의 저자 김유라 씨를 꼽고 싶다. 그녀도 거주하는 곳부터 시작했다. 이후에는 적은 돈으로 수익률이 높은 지방에 투자했다. 시골의 아파트는 투자 대상이 아니라는 고정관념도 함께 깨주었다. 논밭 가운데 있는 아파트도 입지조건과 편의시설이 좋으면 저평가되었을 뿐, 투자 대비 수익률이 높다는 사실도 알게 되었다. 설사 가격이 오르지 않아도 수익률만 비교한다면 충분히 가치 있다. 그녀에게 소액은 푼돈이 아닌 충분한 가치의 마중물이자 종잣돈 역할을 하는 것이다.

대다수의 신흥 부자들의 공통점도 밑바닥부터 시작했다는 것이다. 그들은 푼돈도 소중히 다루고 그 푼돈을 불려 더불어 나누는 삶을 살고 있다. 그동안 투자 경험을 통해 얻은 노하우를 아낌없이 공유한다. 당신 수중에 얼마가 들려 있던, 그 돈의 가치를 무시하지 말고 인생의 목표로 전환하여 키우는 재미에 빠져보기 바란다.

18

지식이 부를 지배한다

사람들은 내게 흔히 이런 질문을 한다.

"앞으로 부동산이 오를까요, 떨어질까요? 주식이 오를까요, 떨어질까요? 환율이 오를까요, 떨어질까요?"

그런데 미안하게도 '아무도 모른다'가 정답이다. 다만 그 전조증상을 남들보다 조금 빨리 파악할 수 있을 뿐이다. 무릎에 사서 어깨에서 매도하라고 한다. 그런데 어깨가 어디인지도 정확히 알 수 없다. 다만 종합적으로 판단하여 '이 정도면 어깨겠다' 하고 가능성을 높이는 노력이 필요하다. 그리고 그 가능성을 조금이라도 더 높이려면 일부분이 아닌 경제 전반을 판단할 수 있어야 한다. 거기서 통찰력이 나오기 때문이다.

신흥부자가 되기 위한 필수 요소 중 하나는 배움이다. 경제전문가가 되라는 말은 아니다. 최소한 본인이 투자하고 있거나, 종사하고 있는 분야에서 만큼은 현장에서 몸소 터득한 실전과 함께 이론적인 부분에서도 전문가 이상의 전문성을 가져야 한다. 궁금한 것들을 참지 못하고 그때그때 찾아가서 질문하고, 배우고, 또 정리하여 내 것으로 만들면 자연스럽게 전문가를 능가하는 지식과 실력을 겸비할 수 있다.

정부출연기관에 다니는 W를 알게 된 것은 오래 전이었다. 그의 손에는 항상 책이 들려 있었고 한 시간 정도 사무실까지 걸어서 출퇴근한다. 배우고 싶은 것이 있으면 적극적으로 모임에 참석하고 강연도 빼놓지 않고 찾아다녔다. 그리고 새로운 사람들을 만나면서 시각을 넓혔다. 그렇게 얻은 정보 중에 좋은 것이 있으면 누구에게라도 공유하는 열린 마음의 소유자였다. 저 사람은 안정적인 직장에 다니는데 뭐가 부족해서 저렇게 열심인지 궁금했다. 때로는 그의 주변 사람들도 물었다. "안정된 직장인데 왜 그렇게 철저하게 사세요? 매일 책보고 공부하고 운동하고 지루하지 않나요? 때로는 좀 즐기면서 살면 안 되나요? 피곤하지 않으세요?" 그러면 W는 웃으면서 답했다. "세상에 모르는 게 너무 많아서요. 알수록 보이는 시야가 넓어지고 생각의 폭이 깊어져요. 어차피 주어진 시간 중 자투리 시간을 활용하는 것뿐인데요. TV 대신 책을 보는 것이고요. 버스 타고 가는 시간에 걷는 것뿐이에요. 그냥 걷는 대신 영어 공부를 하는 거예요. 대단한 것도 아닌데 뭐가 피곤해요? 그리고 세상 모든 것이 배울 것투성이고 하나씩 알아가는 재미가 쏠쏠합니다. 그리고 가장 중요한 이유는, 바로 나에 대한 투자이기 때문이죠.

가끔 하기 싫을 때도 있지만. 남들과 똑같이 해서는 다르게 살 수 없어요."

그렇다. 가장 중요한 나에게 투자하는 것인데 그것보다 우선시되어야 할 일이 있는가? 그 대답을 듣고 나 역시 '나는 이 세상에서 가장 중요한 내게 무엇을 해주고 있는가?'라는 질문을 자신에게 던졌다. 그리고 W를 만난 이후부터 소중한 나를 위한 투자를 할 수 있게 되었다.

그가 다니던 정부출연기관이 민영화가 되면서 임원으로 승진했다. 그러나 W가 맡은 업무는 구조조정 업무였다. 그는 회사의 편이 아닌 직원들의 입장에서 일을 처리했다. 직원의 입장을 대변하고 조율했던 것이다. 그의 역할이 커서 양자 간 서로 원만한 조율이 가능했고, 덕분에 많은 후배들이 자리를 보존할 수 있었다.

기업에 소속된 사람으로서 그처럼 행동하기는 쉽지 않다. 그런데도 그가 냉혹한 현실에서도 자유로운 결단을 내릴 수 있었던 원동력은, 그동안 자투리 시간을 활용하여 자기계발을 해왔기 때문이다. 회사에서는 누구보다 성과가 좋았다. 다른 직원보다 몇 배의 성과를 냈으니 말이다. 또한 전문가라 불러도 손색없을 만큼 부동산에 해박한 지식을 가지고 있었다. 그리고 그 지식을 이용해 이미 오래 전에 경제적 자유도 얻은 터였다. 어떠한 상황이 와도 주어진 환경에 적응 가능한 경쟁력을 키운 것이다.

오늘을 살아가는 대부분의 사람들은 마음속에 열정과 패기를 갖고 있다. 다만 가장이라는 이유와 경제적인 여건 등으로 인해 내 생각보다는 기업이나 조직의 논리를 앞세울 수밖에 없는 것이 현실이다.

자신감과 용기는 두꺼운 지갑에서 나온다는 우스갯소리가 있다. 다 맞는 말은 아니지만 근거 없는 말도 아니다. 돈 때문에 하고 싶은 말도 못하고, 돈 때문에 세상과 타협해야 하고, 현실에 굴복해야 한다. 반면 경제적으로 자유롭다면 자기 소신도 더 자유롭게 펼칠 수 있다.

몇 년 후 W는 후배들의 박수를 받으며 퇴사했다. 퇴사 후 그에게 근황을 물었다.

"일단 마음이 편합니다. 내가 하고 싶을 때 일하고 내가 쉬고 싶을 때 쉴 수 있어서 좋습니다. 또 읽고 싶은 책을 마음껏 읽을 시간도 있고요."

여러 군데에서 입사 제안이 들어왔지만 당분간은 좀 쉬고 싶다고 했다. 그리고 얼마 후 그는 부동산 회사를 차렸다. 주변 사람들이 찾아오면 무료로 자문도 해주고 공부하는 방법까지 자세하게 알려주며, 심지어 식사까지 대접해 준다. 돈을 받고 컨설팅을 하거나 강의에 나가시지 그러느냐는 제안에 단호하게 싫다고 하셨다.

회사 다닐 때 연봉보다 많이 벌면 된다. 더 크게 사업을 벌이면 직장 생활을 할 때보다 더 자유롭지 못할 것이다. 나를 찾아오는 사람들은 모두 나를 아는 사람들이고 집 살 형편이 안 되는 사람들이다. 내 집 하나 경매로 싸게 받아보고 싶어서 찾아오는 건데 어떻게 돈을 받겠는가. 그러면서 돈은 진짜 부자들한테 정당한 대가로 받으면 된다고 말했다. W가 왜 주변사람들로부터 이구동성으로 사람 좋다는 평을 받는지 다시금 알게 된 만남이었다.

혹시 후배들에게 해주고 싶은 말이 없냐고 물으니 이렇게 말했다. "지금 그 자리에서 전문가가 돼라. 배우고 공부하면 지식이 된다. 지금 아니면 안 된다는 조급함을 버려라. 아는 만큼 보인다고, 보일 때 투자하면 된다."

그 역시 공부의 필요성을 역설했다. 대다수의 사람들은 자신을 채우는 일보다는 내가 지금 있는 자리가 어느 위치쯤인지 비교하는 데만 익숙하다. 부자가 되려고 노력하기보다는 부자와 나를 비교하는 데서 그친다. 그래서는 원망과 시기만 남을 뿐이다.

반면 부자들은 대상이 무엇이든, 지금 자신이 얼마나 정확히 알고 있으며, 정말 제대로 하고 있느냐에 초점을 맞춘다. 당장의 성과보다는 더 큰 지향점을 향해 나아간다. 모르면 스스로 이해하고 알 때까지 배우고 공부한다. 그 배움의 깊이가 어디까지인지 스스로 확인할 때까지 멈추지 않는다. 그러니 당연히 전문가가 될 수밖에 없다.

곧바로 성과가 나지 않는 공부와 배움도 많다. 하지만 시간이 지나면서 차곡차곡 쌓인 지식은 지혜가 되어 고스란히 무형자산으로 형성된다. 누구에게나 공짜로 주어진 24시간인데 누군가는 이런 생각으로 생활하고 있다. 나는 지금 있는 이 자리에서 어떠한 생각으로 살아가고 있으며, 시간이 없다는 핑계로 배움을 회피하진 않는지 되돌아봐야 한다.

또 한 사람의 롤 모델이 있다. 그는 50세에 경제적인 자립을 이루어

봉사하며 생을 마무리하고 싶다고 했다. 경제적인 자립의 규모도 구체적이셨다. 강남에 건물 2채는 가져야 가능할 거 같다고 했다. 당시에는 현실성이 거의 없어 보였다. 그때 그는 가족 때문에 살던 집도 처분하고 작은 전세로 옮긴 상황이었고 월급 차압도 있어서 경제적으로 힘들었기 때문이다.

그는 경매로 넘어간 부모님 집을 낙찰 받아야 해서 경매를 공부하고 있다고 했다. 학창시절에 이렇게 공부했으면 수석을 했을 거라며 웃는다. 몇 달 후 대출을 끼고 500만 원으로 낙찰을 받아 부모님께 드렸다. 이 일로 시골에서는 효자로 유명인사가 되었다. 한번 해보니 자신감도 생기고 생각보다 대출이 많이 되는 것에 놀랐다. 그때부터 본격적으로 경매공부를 시작했다. 돈을 모아 집을 구입하기에는 현실적으로 어려웠기에 대출이 유리한 경매밖에 방법이 없었다. 그마저도 돈이 없었기에 실패하면 안 되는 상황이었다.

경매 관련 책을 사서 공부하다 보니 부동산 자체뿐 아니라, 세금과 법률을 포함하여 경제 전반을 모두 알아야 제대로 투자할 수 있음을 깨달았다. 그래서 그는 아예 내친김에 진짜 전문가처럼 경제 전반을 모두 공부함과 동시에 공인중개사에도 도전했다. 하지만 직장을 다니면서 공부하기란 어려운 일이다. 중소기업 영업직 특성상 잦은 회식으로 집에 들어오면 매우 피곤했다. 의지만으로는 부족했기에 제도적인 장치를 마련해야만 했다.

아이들과 생활비를 생각하면 한 푼이라도 아껴야 하는 상황이다. 그래서 가격이 가장 합리적이라 생각되는 인터넷으로 등록을 했다. 형편에 무리인 등록비가 아까워서라도 열심히 할 수밖에 없었다. 전날 몇시에 잤든 아침 5시면 일어나서 2시간가량 공부했다. 차로 이동 중에도 열심히 듣고 또 들었다. 주말에는 온전히 공부하는 시간으로 보냈다. 늦잠에 대한 유혹이 있어도 무조건 일어나서 집 근처 도서관에 갔다. 점심에는 아내가 도시락을 싸서 아이들과 왔다. 밥 먹는 시간 잠깐 짬을 내어 아이들과 시간을 보냈다.

물론 힘들 때도 있었다. 그럴 때면 '이것이 내가 할 수 있는 유일한 길이다'고 스스로를 다독이며, 힘든 이유보다 해야만 하는 이유에 초점을 맞추었다. 그리고 어려운 이 시기를 견뎌냈을 때 돌아올 보상, 즉 가족의 밝은 미래만을 생각했다.

운 좋게 그해에 합격했다. 살고 있는 동네의 작은 빌라를 낙찰 받았다. 어두컴컴한 집이었지만 그 집에 들어가면서 부부는 감격의 눈물을 흘렸다. 이후로는 부인도 적극적인 조력자가 되었고, 부부는 함께 힘을 모아 부동산 투자에 전념했다. 그래도 고정적인 수입이 필요해서 직장생활을 계속하며 주말에는 임장을 다녔다. 평소 가족과 함께할 시간이 없었기에 여행을 간다는 생각으로 가족이 모두 임장을 다녔다.

기본기를 다질 때는 생소한 용어부터 앞길을 가로막는다. 포기하고 싶어진다. 하지만 그는 고승덕 변호사가 알 때까지 읽고 읽었다는 말이 생각나 무조건 읽고 또 읽었다. 그래도 이해되지 않으면 노트에 직접 쓰면서 읽었다. 어떤 파트는 50번 이상 쓰기도 했다. 이해될 때까지 읽고 또 읽으니 어느 순간 정말 이해되었고 점차 모르는 것보다 아는 것들이 많아지면서 공부에 탄력이 붙었다.

그렇게 공부하면서 5년 정도 신나게 임장을 다니다 보니 어느덧 30채가 넘는 집을 소유하게 되었다. 자금이 부족해서 광역시 역세권 소형 평수 아파트와 빌라를 위주로 하였다. 월세 비율은 서울이나 지방이나 비슷하다. 오히려 자금에 비해 지방의 수익률이 웬만한 서울보다 높았다. 물론 미래가치를 논하면 서울과 지방을 비교할 수 없지만, 자금 사정에 맞추어 수익을 내고 자금을 모은 후 서울 역세권에 투자하면 된다.

집도 방배동 아파트를 낙찰 받아 이주했다. 그러다 또 기회가 왔다. 임장을 다니면서 알게 된 공인중개사를 통하여 NPL(무수익여신, 부실대출금과 부실지급보증금을 합친 개념으로 금융기관이 빌려준 돈을 회수할 가능성이 없거나 어렵게 된 부실채권을 의미한다)에 투자하는 사람들을 소개 받았다. 서로 되는 만큼 내고 빌딩을 받아 리모델링 후 되팔았다. 갖고 있는 것들을 정리하고 공동으로 NPL을 하게 되었다. 지금 NPL은 개인들에게 법으로 금지하고 있지만 당시에는 가능했다. 온 나라가 2008년 불어 닥친 글로벌금융위기로 힘들었지만 그들에게는 기회였다. 그 기간을 지나면서 큰 부를 얻었다. 계획보다 몇 년 미루어졌지만 지방의 물권들을 정리하고 서울의 강남과 강북의 역세권에 똘똘한 효자 빌딩을 소유하고 있다. 지금은 여유로운 삶을 살며 자유롭게 봉사하고 있다.

그는 "배움이 부를 지배하는 시대가 왔다"고 말한다. 흔히 개천에서 용 나는 시대는 지났다고 하는데, 그 말은 어폐가 있다고 본다. 지금이야말로 배울 수 있는 기회가 더 많고 더 쉬워졌다. 마음만 먹으면 사이버로 부동산이며 경매, 공매, 주식 등을 배울 수 있다. 물론 공부하는 것은 누구나 싫어한다. 손쉽게 누군가에게 배우고 싶어 한다. 그러나 세상에 공짜는 없다. 힘들게 배운 만큼 큰돈을 가져다주는 것이 부자공부이다. 힘들더라도 기본부터 차근차근 다지면서 투자의 흐름을 보는 정확한 통찰력을 갖는 것이 중요하다. 그러한 여건은 어느 누구도 만들어주지 않는다. 스스로 배우는 수밖에 없다. 배워서 자신도 활용하고 남에게도 주라. 그냥 손쉽게 얻어가고 배우고 싶은 마음은 아닌지 생각해 보라.

'1만 시간의 법칙'은 존재한다. 다만 1만 시간을 향해 가다보면 어떤 것은 그 전에 이룰 수도 있고 어떠한 것은 시간이 더 필요할 때도 있다. 몰입과 집중의 차이일 수도 있고 간절함의 정도에 따라 다르다고 본다. 팀 페리스의 〈타이탄의 도구들〉에서도 1만 시간의 법칙을 깬 거인들의 이야기가 나온다. '매일의 작은 습관, 태도, 명상, 주문, 보충학습 계획, 즐겨하는 질문들, 독서법 등을 얼마나 일관적으로 시작하고 유지하는지의 중요성'을 강조한다. 목표는 크게 가지되 실천을 위해서는 디테일한 방법이 뒷받침되어야 한다고 강조한다.

시간이 없어서 공부할 시간이 없다는 말은 자기합리화며 핑계이다. 물론 쉬운 일은 아니지만, 계획을 세우고 하나씩 이루어 가다 보면 어느 순간 공부에 재미가 붙고 속도가 빨라지는 현상을 경험하게 될 것이다. 무엇 하나 쉬운 것은 없다. 힘들지만 불가능은 아니다. 신흥 부자들도 타고난 능력이 아닌, 배우고 노력해서 이룬 것이다. 그러면 나도 얼마든지 가능하다는 결론에 이를 수 있다. 공부하기가 싫어서 자신의 무한한 가능성을 썩히고 있지 않은지 살펴보자.

19

좋은 대출,
나쁜 대출,
이상한 대출

보통 부자들은 '돈은 버는 방법'과 '지키는 방법', '사용하는 방법'이라는 세 개의 수레바퀴가 유기적으로 맞물리며 돌아간다. 세 개의 수레바퀴, 즉 삼박자를 균형 있게 맞추려면 모든 방법을 알아야 한다.

'돈을 버는 방법'을 알아야만 한 번이 아니라, 꾸준한 수익구조 시스템을 구축할 수 있다. 돈 버는 방법을 몰라도 돈을 벌 수는 있지만 운 좋은 한 번뿐이다. 구조를 알아야만 지속적인 수익이 가능하다.

지키는 방법으로는 원금보전과 절세가 있다. '부자 3대 못 간다'는 '부불삼대(富不三代)'라는 말이 있다. 과거 통계에 의하면 부자가 2대로 가서는 20%만 남고 3대에서는 2%만 남았다고 한다. 부를 유지하기가 버는 것만큼 어렵다는 이야기다. 부를 유지하려면 법률에 대해서도 전문가 못지않은 내공이 있어야 한다. 또한 돈을 사용하고 활용하는 방법 중에서 일반인과 다른 대표적인 관점은 대출이다. 부자들은 대출도 자산으로 보고 절세 등 유리한 범위에서 자산 증식을 위한 투자를 위해서만 대출을 전략적으로 활용한다. 일반인은 금리가 인상되면 보유 중인 자산을 정리해서라도 무조건 대출을 갚아야 한다고 생각하지만, 부자들은 금리 인상에 초점을 맞추기보다 자산의 큰 틀에서 손익 계산을 해보고 포트폴리오를 재구성한다.

워런 버핏이 돈을 빌리러 온 딸에게 했던 유명한 말이 있다. "딸아, 돈은 은행에 가서 빌리는 거란다. 부모한테 빌리는 것은 빌리는 게 아니지. 은행에서 돈을 정식으로 빌려서 제대로 갚는 연습을 해야 내가 이 다음에 조금이든 얼마든 물려주는 재산을 유지할 수 있을 것이다"라고 했다. 또 버핏은 "자식들에게 너무 많은 유산을 남겨주면 오히려 독이 된다"고 하며 그의 재산 80%를 사회에 환원했다.

어렵게 번 돈일수록 한 번 더 생각하고 사용하게 된다. 돈의 귀함을 알고 재산관리를 효율적으로 할 수 있는 습관을 물려받은 사람은 대를 이어 갈 수밖에 없다. 이렇듯 부자가 되기도 힘들지만 지키기도 어렵다. 그런데 역설적으로 생각하면, 누구나 부자가 될 수 있다는 말이 되기도 한다. 부자가 계속 바뀐다는 말이니까.

부자들을 측근에서 모셔온 아라이나 오유키는 〈부자의 집사〉에서 이렇게 언급한다. "벌기보다 쓰기가 더 어렵다는 사실을 안다. 부자들은 종종 '돈은 벌기보다 쓰기가 더 어려운 법이야'라고 한다. 그 말을 들은 보통사람들은 '자산이 너무 많아 다 쓸 수 없기 때문이 아닐까?'라고 생각한다. 하지만 여기서 돈 쓰기가 어렵다는 말은, 낭비하기는 쉽지만 돈을 의미 있게 쓰기는 아주 어렵다는 뜻이다. 이 말인즉슨, 부자들은 돈을 의미 있게 써왔기 때문에 그토록 많은 돈을 모았다는 뜻이기도 하다."

이렇듯 부자들은 적은 돈이라도 필요 없는 곳에는 사용하지 않는 경우가 많다. 이 책을 읽으며 비서로 모셨던 임원이 생각났다. 인품과 성품이 훌륭하다는 평판을 들었지만, 그분을 옆에서 뵈어온 3년은 참으로 값지고 소중한 시간이었다. 직책과 상관없이 사람을 똑같이 대하시고 말씀 한 마디도 배려해서 해주셨다. 더욱이 본받아야 할 점은 생활습관이었다. 공직자 재산등록을 통해 재력을 알고 있었지만, 은행물품 작은 것 하나도 아끼는 검소한 모습은 매번 나를 반성하게 했다. 아무리 바빠도 꾸준히 독서를 하셨고 캘리포니아(UCLA)에서 학교를 나오셨으면서도 매일 영어공부를 하셨다. 영어단어장은 오래 사용해서 손때가 묻어 있을 정도였다.

그분은 연 0.1%의 은행금리 차에도 번거로워하지 않으셨다. 특히, 당신에게는 적은 돈도 아끼시지만 베풀어야 할 때와 가치 있다고 생각하는 곳에는 아낌없이 사용하시던 모습이 생생하다. 그 따뜻한 배려와 마음은 아직도 잊지 못한다. 여전히 정정하시고 활력을 유지하시는 체력관리까지 뭐 하나 본받지 않을 게 없다.

2017년 발표한 〈2017년 하나금융 부자보고서〉는 "부자들의 과반수는 대출을 보유, 주요 용도로는 부동산투자, 절세효과 및 사업자금 마련순 (중략) 금리상승이 예상되는 2017년, 부자들의 대출심리는 어떨까? 부채가 없는 부자들의 74%는 앞으로도 대출을 받을 계획이 없다고 밝힌 반면, 이미 부채를 보유한 부자들의 경우 48%는 추가 대출 의향이 있다고 밝혔으며, 대부분 투자목적이거나 사업자금 마련을 이유로 꼽았다"라고 했다.

부자들은 돈이 돈을 벌게 하는 시스템을 갖추려고 노력한다. 소비보다 투자에 초점을 맞추고 있다. 돈이 많아도 한 푼이라도 새는 것을 막기 위해 자신의 규모를 정확히 파악한다. 대출 금리에도 민감하게 반응하며, 수익률을 곧바로 계산하는 능력이 탁월했다. 대출을 부를 증식하는 사다리로 활용했다.

자산 증가에만 사용하는 좋은 대출

좋은 대출이란, 타인의 자금을 활용하여 자산 증가에만 활용할 때를 의미한다. 부자들은 자산이 증가될 수 있다는 확신이 강할 경우에는 대출을 적극 활용한다. 이는 단순히 누군가의 추천에 마음이 혹해서거나, 돈이 될 수도 있겠다는 막연한 추측이 아니다. 스스로 확고한 신념으로 움직이기 때문에 오판할 확률이 높지 않다.

신흥부자들은 저금리 시대에 접어들면서 더욱 빛을 발휘했다. 대출은 자금출처 증명과 증여, 상속 시 절세가 되는 측면으로 활용하기도 한다. 그들은 조금이라도 자신에게 이익이 되면 이를 마다하지 않는다. 더할 나위 없는 효자 대출인 것이다. 특히 저금리 시대가 지속되면서 대출금의 이자율이 낮아 자산의 증가 속도도 더욱 빨라졌다.

그렇다고 무분별하게 대부분의 자금을 대출에만 의존하진 않는다. 자기자본과 대출을 적절하게 활용하기 때문에 대출규제 발표가 나도 문제없다. 이미 자산의 규모에 맞는 비율을 감안해서 운용하고 있기 때문이다. 물론 어디에 투자했느냐에 따라 상황은 다를 수 있지만, 부자들은 투자를 판단할 수 있는 통찰과 지식을 이미 갖고 있기 때문에 여간해서는 실수하지 않는다.

이처럼 부자들은 대출을 통해 이중효과를 누린다. 어쩌면 이중효과로 부자가 된 것인지도 모르겠다. 여하튼 봉이 김선달처럼 타인의 자금을 활용하여 자산을 불리는 데 귀재들이다.

X는 대출을 통한 지렛대 효과를 한국이 아닌 중국에서 활용했다. 2008년 금융위기 때 사업을 접어야 했다. 모든 것을 정리했고, 막막했다. 집도 줄여서 외곽으로 가야 하는 상황이었다. 한국에서 새로 시작하기에는 어려움이 많았다. 중국과 오랜 무역업을 하며 중국 현지인들과 꽌시(나를 중심으로 사람을 차등 대우하는 문화로 사람 간의 관계를 의미한다)도 형성되어 있었기에 중국으로 가자고 생각했다. 향후 중국시장이 성장할 것이라는 확신이 있었기에 중국이 기회라고 판단하였다.

그곳에서 인생의 변곡점을 맞이할 줄은 꿈에도 몰랐다. 호형호재하는 현지인의 도움으로 적응에는 문제가 없었다. 그 현지인은 2000년부터 부동산에 투자하여 부를 이루었고 여러 채의 부동산을 소유하고 있었다. 우선 그가 갖고 있는 부동산 중 하나를 렌트했다. 정확히 말하면 거저 들어간 것이나 마찬가지였다. 어려운 시기에 가족 이상의 도움을 받았다.

한국에서 집을 정리하고 가져간 자금으로 중국에서 생활이 가능했다. 낮은 물가와 학비는 감당할 수 있는 수준이었다. 그동안 거래해 왔던 곳에 중국에서 필요한 물품을 연결해 주며 그 수수료를 받아 우선 생활비를 마련했다.

현지인은 새로운 사업을 하려고 찾아다니는 X에게 남은 자금을 부동산에 투자하라고 권유했다. 중국의 부동산은 외국인도 법적보호를 받을 수 있고 세금 면에서도 한국보다 유리하고 저렴하다는 사실도 알려주었다. 그래서 그는 현지인의 도움을 받아 현지인이 투자하는 곳에 함께 투자했다. 임대부터 시작하고 현지인을 따라다니며 중국의 부동산도 공부했다. 현지인은 그에게 필요한 사람까지 연결해 주는 등 그를 물심양면으로 도와주었다.

아무리 도움을 받았다고는 하지만, 한국에서도 어려운 일을 타국에서 배우고, 투자하고, 수익을 얻는다는 것은 쉬운 일이 아니었다. 몇 배의 노력이 필요했다. 중국 부동산 시장의 가능성을 현지에서 확인하고 나니 힘이 났다. X는 평생 그때처럼 열심히 공부한 적이 없었다고 한다. '아마도 고시공부가 이렇겠지'라고 생각할 정도였다.

그렇게 시작하여 결국 중국에서 부동산으로 큰 수익을 거두었다. 한 기사에 따르면 중국은 개혁개방 이후 30년간 대도시 주택가격이 7배나 올랐다고 한다. 그가 바로 부동산 폭등의 한가운데에 있었던 것이다.

이제 두 아이는 중국에서 명문대를 나오고, 미국으로 건너가 직장생활을 하며 지내고 있다. 요즘은 아내와 함께 아이들을 보러 미국에 자주 방문한다고 한다.

업무상 알게 된 펀드매니저가 한 명 있다. 주변에서는 그가 투자로 큰 수익을 냈으리라 생각하지만, 회사 실적과 다르게 정작 개인의 투자 성적은 좋지 않다. 몇 번의 큰 수익률이 있었지만, 이를 상쇄할 만큼의 큰 손실을 두 번이나 입었다.

몇 해 전 그와 식사를 할 기회가 있었는데, 생각과 달리 표정이 밝았다. 그동안 손실을 만회했고 현재 수익률이 초과되는 변곡점을 맞이했다고 한다. 그는 받을 수 있는 최대한도의 대출을 받았고, 이 자금을 중국 ETF에 투자해 큰 수익을 거두었다.

그가 투자한 상품은 뉴욕에 상장된 중국 부동산에 투자하는 ETF였다. 해외 ETF는 주식처럼 사고팔기 용이하며 세금 면에서도 양도소득세 20%와 지방소득세 2%가 분리과세되어 유리하다. 중국의 14억 인구와 꾸준한 경제성장으로 인해 소득수준은 계속 향상될 것으로 예상되기 때문에 중국 부동산은 향후에도 좋을 것이며 장기적인 관점에서 투자하면 큰 기쁨으로 돌아올 것이라고 했다. 더욱이 최근 그리스 상황에 따른 변동과 중국증시의 하락으로 지금이 투자 적기라고 했다.

이후에도 그는 좋은 수익률을 거두었고, 수익금과 주택구입자금 대출을 활용하여 직장 근처에 소형 아파트를 구입했다. 그러면서 "사람만 빼고 완벽하게 결혼준비를 마쳤다"고 말한다.

그는 여전히 감당할 수 있는 범위 내에서 대출을 통해 투자의 선순환 구조를 일으키고 있다. 대출을 통해 자산을 증가시킬 수 있다면, 대출은 부채가 아닌 투자금이 된다.

소비를 위한 나쁜 대출

단순한 소비를 위한 대출은 나쁜 대출이다. 어떤 경우라도 피해야 할 악성대출임을 잊지 말자.

직장인에게는 월급날이 정해져 있다. 그런데 월급날이 돈이 들어오는 날이 아니라 돈이 스쳐지나가는 개념인 사람들이 많다. 하지만 이정도면 그나마 양반이다. 카드대금 등이 월급을 초과하여 자금을 막아야 하는 사람들도 있다.

금수저를 물고 태어난 Y도 마찬가지이다. 부모로부터 일찍이 증여를 받았는데도 늘 카드대금에 허덕인다. 가끔 지인들에게 전화를 걸어 자금을 융통할 수 있는지 묻는다. 그러다 이도저도 안 되면 가족들이 해결해 준다. 부모는 이제 그를 반포기한 상태다. 형과 누나들이 여전히 막아주고 있지만 언제까지 가능할지 모르겠다. 그런데도 그는 외제차에 명품쇼핑을 제어하지 못한다. 어쩌면 믿는 구석이 있기에 안일하게 생활하는 것 같지만, 마치 내일이 없는 것처럼 대출을 받거나 지인들에게 돈을 빌려 생활비로 쓴다는 것은 문제가 큰 행동이다.

지인 중에 럭셔리한 부부가 있다. 남편은 대기업에 다니고 집은 강남이며 온가족이 해외여행을 해마다 2번은 간다. 부부가 한 달에 몇 번은 골프를 친다. 차도 보증기간 만기 전에 바꾸는 것이 유리하다며 멀쩡한 차를 바꾸고, 아이들에게는 고액과외를 시킨다. 그녀의 인스타그램에는 호텔 맛집이며 고급레스토랑 사진이 수시로 올라온다. 모임에서 단연 부러움의 대상이다.

나는 그녀가 금수저이거나 남편 수입 외에 믿는 구석이 있다고 생각했다. 하지만 나중에 그들이 경제적으로 어려움을 겪는다는 소식을 들었다. 결국 그들은 과다한 대출을 이기지 못하고, 모든 것을 정리해 외곽의 소형 평수를 얻어 전세로 이사했다. 대출의 역습을 생각하지 못했다고 한다. 그나마 강남 집값이 많이 올라 정리하고 빚을 정리할 수 있었다. 힘겹지만 처음부터 다시 시작한다고 했다.

그들은 젊을 때 어느 정도 즐기며 살자고 생각했다. 그러나 소비를 하면 할수록 조금씩 규모가 늘어났고 대출 규모도 함께 커져갔다. 어느 시점에서는 소비와 대출에 대해 무감각해졌고 어떻게 되겠지 하는 생각으로 살아오다, 더 이상 대출을 감당하지 못하고 터지고 말았다. 마치 세계경제가 버블로 인해 폭락하듯이 말이다. 지금이야 그때를 생각하면, 어떻게 그렇게 무책임하고 생각없이 행동했는지 후회된다고 하지만, 애초부터 '경제적인 사고'를 했다면, 지금쯤 집값이 많이 올라 상당한 자산을 보유했을 것이다.

수입이 아무리 많아도 그 이상으로 쓰면 장사가 없다. 실제로 의사나 판사 등 전문직 종사자나, 부모로부터 상당한 자산을 물려받은 사람들, 대기업에 다니는 사람들 중에 빚에 허덕이는 경우가 종종 있다. 차라리 아무것도 없이 시작했으면 적은 돈이라도 조금씩 불려갈 수 있지만, 이처럼 돈을 물 쓰듯이 쓰는 사람들은 결국 가진 돈을 모두 탕진하고 만다.

이상한 전세보증금

전세보증금, 마치 대출인 듯 대출 아닌 대출 같은 자금이라고 생각된다. 소유주 입장에서 전세보증금은 나중에 내어주어야 하기 때문에 부채로 봐야 하지만, 엄밀히 따지면 부채로 보기에는 한 푼의 이자도 내지 않고 만기도 없으며 심지어 자산으로 활용가치가 뛰어나기까지 하다. 결국 사용하는 사람에 따라 부채라면 부채고 자산이라면 자산이다.

전세 레버리지를 활용해 투자하는 사람들이 많다. 전세 레버리지를 활용하여 부동산에 투자한 사람들은 전세보증금이라는 이상한 대출을 기가 막히게 활용했다는 공통점을 갖고 있다. 그래서 전세자금을 활용한 갭투자나 레버리지투자가 유행했을 것이다. 매매와 전세금의 차이가 얼마 나지 않는 곳에서 전세금이 상승할 때 활용하여 부를 이룬 사람들이 있다. 그런가 하면 전세를 사는 사람들은 그 제도로 인해 전세보증금을 올려주기 위해 대출을 받아야 한다. 생각할수록 정말 이상한 순환구조이다.

또 한편에서는 전세보증금은 우리나라 가계에 보탬을 준 제도라고 주장한다. 전세보증금이 올라 대출을 받아야 했고, 그 대출금을 갚기 위해 열심히 노력한 결과 자산이 늘었다는 논리다. 그러나 전세를 사는 세입자 기준에서 그 논리가 정당한지 되묻고 싶다.

〈대한민국 20대 부동산에 미쳐라〉(박정선 저)에는 이런 내용이 나온다. "가난의 대물림, 내가 끝장낸다. 가난은 혼자만으로 끝나는 일이 아니다. 자식이 힘들고 대대손손 힘들어질 수도 있으므로 그 고리를 끊어야 한다. 가난해서 내 아이의 소질을 키우지 못하고 지원해 주지 못하는 부모의 심정을, 남들 다 하는 것 내 가족은 못하는 가장의 심정을 미리 느껴 보아야 한다. 그래야 오기와 독기가 생긴다. 그렇게 절실해야 행동한다. 아직 생각만 하고 미적거리고 있는가? 그러면 여러분은 덜 절박한 것이다. 좀더 고통을 겪어봐야 한다. 좀더 자존심이 상해봐야 한다. 아니면 성공한 사람의 책을 읽으면서 자극을 받기를 권한다. 고통과 고난을 겪지 않고 성장한 사람은 단 한 사람도 없다." 책 제목부터 자극적이라 거부감이 들 수도 있지만, 나는 박정선 작가의 삶을 알기에 어떤 마음으로 한 말인지 이해한다.

박 작가는 '신의 직장'이라고 불리는 서울보증보험에서 15년간 근무했다. 금융위기 때에도 구조조정을 비켜가고 오히려 승승장구했다. 그러다 2002년 개인 사업을 해서 성공하겠다는 마음으로 퇴사하고 보증보험 대리점을 창업하였다. 그러나 현실에서 벌어지는 '갑'과 '을'의 관계를 잘 몰랐다. 자기 뒤에 거대한 조직이 뒷받침하고 있을 때나 '갑'의 위치에 설 수 있다는 사실을 말이다.

매일이 고통의 나날이었고 5천 원짜리 점심도 사치라고 생각할 정도의 어려움을 겪었다. 생존이 어려워지자 돌파구를 찾아야 했다. "나는 꼭 크게 성공하리라!" 어금니를 악물었다. 서민이 할 수 있는 투자는 부동산이다. 우선 체계적인 공부가 필요했다. 치열하게 1년 동안 공부해 공인중개사 자격증도 취득하고 경매, 토지, 신축, 재개발, 재건축, 세테크 등 부동산과 관련한 각 영역을 공부했다. 매일 집중과 몰입해서 체계적으로 공부하니 감이 생겼다. 그리고 부족한 자금은 금융기관의 대출을 활용하고 제도와 접목하면 가능하다는 판단을 내렸다.

그는 현명한 대출을 활용했다. 전세보증금을 활용한 레버리지이다. 1가구 1주택 양도소득세 비과세 제도다. 갖고 있는 집을 활용했다. 2012년 6월 29일부터 2년 동안 보유하면 비과세가 적용되도록 법이 바뀌었다. 전세를 끼고 사두어도 된다는 말이다. 박 작가도 아파트 전세를 빼서 단독주택을 사고 돈 한푼 들이지 않고 6층 빌라를 신축해 원룸 10개를 임대하고 위층에 살고 있다. 땅의 용도지역이 준주거지인 곳을 구입했다. 또한 정부에서 주택신축자금을 2%라는 저금리로 융자해 주는 제도를 활용했다.

부동산으로 성공한 사람들이 많은데도 박 작가를 소개한 이유는, 평범한 직장인이 현실감 없이 생활하다가 퇴사 후 사업에 뛰어들어 어려움을 겪는 사람들에게 경각심을 심어주기 위해서다. 나아가 혹시 실패를 했더라도 좌절하지 않고 현재에서 돌파구를 찾고 활용할 수 있는 수단을 활용하면, 다시 부자가 될 수 있음을 알리기 위해서다. 눈을 크게 뜨고 보면 정책이 보인다. 정책이 아무리 수시로 바뀌어도 어느 정책이든, 어느 시대든 틈새는 있다. 그것을 찾으면 누구나 역전이 가능하다. 무주택자들에게는 더할 나위 없는 기회이기도 하다.

대출과 전세보증금을 활용해서 투자하는 시대는 지났다. 대출비율이 낮아지면서 자기자본금이 낮은 사람은 지렛대효과를 활용하기 어렵기 때문이다. 금리인상이 예상되고 정부의 정책을 보면 '대출 받아 집 사라'는 시대도 지났다. 대출을 냉정하게 판단해야 할 시점이다. 지금으로부터 몇 년 전에나 가능했고 향후에도 비슷한 상황이 오기 전까지는 생각하지 말아야 한다. 뒤늦게 대출의 늪에 빠지지 않도록 주의해야 한다.

지금은 보편적으로 대출 비중을 줄여서 리스크에 대비해야 한다. 자신의 현금흐름에 맞는 적합한 대출 규모를 정해 대출을 하지 않거나 '적당히'만 하라. 그리고 수익을 창출했다면 대출 비율만큼 자산으로 늘리고 다음 자금을 활용해야 완벽한 레버리지 효과를 얻을 수 있다.

대출은 개인뿐만 아니라 한 국가에도 예외 없이 적용된다. 과도한 빚을 갚지 못한 그리스는 국가 부도에 직면했다. 하물며 개인에게는 더

엄격한 것이 돈을 빌려준 주체들이다.

다시 강조하지만, 대출은 소비가 아닌 투자를 위해서만 일으켜야 한다. 투자 시에도 미래 수익까지 감안할 수 있는 기초지식의 토대 위에서 현금 흐름표를 작성하고 예상 수익률과 감가상각, 세금 등을 감안한 후에 실행해야 한다. 남들이 하니까 괜찮겠지 하는 마음으로 무턱대고 했다가는 결코 부자가 될 수 없다. 대부분의 사람들처럼 서민에서 벗어나지 못한다. 서민들이 서민에서 벗어나지 못하는 이유 중 하나는 돈을 못 벌어서가 아니다. 돈은 분명 벌었지만, 위기의 시대에 원점으로 돌아가기 때문이다.

하지만 기다리는 자에게 기회는 오는 법, 또다시 대출을 통한 자산증식이 수월해지는 시기가 오기 때문에 그때를 대비해서 미리 공부해 두는 습관을 들이면 좋겠다.

20

기회는 사람과의
관계 속에 있다

"부자를 부자로 만들어주는 것은 그들이 가진 돈이나 행운의 힘이 아니라는 사실을 발견하게 되었다. 이는 참으로 새로운 '발견'이었고, 그로 인해 내 인생의 운명을 바꾸는 실로 큰 변화가 생겼다. 부자를 부자로 만들어 준 것은 바로 '사람'이었던 것이다. 어떤 부자도 혼자서 그런 부를 축적하게 된 이는 없었다. 철저히 사람과의 인연과 서로의 도움을 통해 부자가 된 것이다."(〈한국의 부자인맥〉 이태규 저)

지금 당신이 가장 많은 시간을 보내는 사람들 중 5명을 추리고, 그 사람들의 생활습관과 그들이 이룬 것들을 평균한다면 그것이 당신의 미래가 된다는 말이 있다. 지금 누구와 함께하느냐가 나의 미래를 결정한다.

예나 지금이나 사람과의 관계는 변함이 없다. 내가 아는 신흥부자들의 인간관계도 이 범주에 들어간다. 그들은 받은 만큼 베푸는 삶을 살며, 누구를 만나던지 성심성의껏 대한다. 계산적인 만남은 하지 않고, 작은 것에도 감사의 인사를 빼놓지 않는다. 또한 최선을 다하여 자산을 모으지만, 베푸는 시점에는 누구보다 과감하다.

부자라고 티를 내지도 않고 거들먹거리지도 않는다. 오히려 배려심이 강하고 부자라는 사실을 감춘다. 평범한 우리 이웃과 다를 바가 없다. 그렇지만 상대가 계산적으로 접근하거나 시간 약속을 소홀히 여기거나 부정적이고 공격적인 성향이면 가차 없이 관계를 정리한다.

나는 10년 전 한 부자 강연회에 참석했다. 사람들이 어찌나 많이 왔는지 멀리서 왔다가도 자리가 없어 돌아가는 사람이 속출했다. 그때 생각했다. '부에 대한 사람들의 갈망은 정말 뜨겁기만 하구나.'

강연이 끝나고 서로 명함을 교환하는 시간이 있었는데, 그때 많은 사람들 속에서 유독 눈에 들어오는 사람이 있었다. 나는 그녀의 환한 미소와 자그마한 체구에서 뿜어져 나오는 아우라에 반했다. 그녀도 먼저 인사를 건네는 내게 밝은 미소로 화답한다.

그녀는 여러 가지 사업을 하고 있었다. 여성용 식품부터 시작해 지금은 건설 분양대행도 하고 있다며 명함을 주었다. 분양대행은 남자들만 하는 어려운 일이라는 선입견이 있던 터라 궁금해서 시간을 내달라고 부탁했다. 그녀는 처음 보는 나의 요청을 흔쾌히 수락했다. 며칠 후 나는 그녀의 사무실을 방문했다. 대략 10명 정도의 직원이 있었는데, 대부분 남자들이었다. 천진난만하게 웃고 있었지만 눈은 강렬한 에너지로 이글이글 타올랐다. 부드러운 카리스마가 바로 이런 것이구나 하고 새삼 느꼈다.

비즈니스 컨설턴트인 브라이언 트레이시는 한 인터뷰에서 이렇게 말했다. "100명의 성공한 사람들에게서 실력만큼 중요한 것은 그 사람이 얼마나 매력적인가입니다. 매력은 성공의 열쇠죠. 특히 사업, 영업, 정치 그리고 연예 분야에서 그렇습니다. 사람들에게 영향을 미치고 싶고 설득력을 갖고 싶으면 당신이 매력적일수록 사람들은 당신에게 더욱 빠져들고 협력해 주며 목표를 달성하도록 도움을 줄 것입니다. 오바마의 자신감은 카리스마와 매력을 형성합니다. 사람들은 타인의 자신감 정도에 많은 영향을 받습니다."

명품 옷을 입고, 명품 구두를 신어야만 매력적인 것은 아니다. 그런 매력은 몇 마디만 나눠도 금방 사라져버린다. 대부분의 사람들이 매력적이라고 느끼는 요인은 긍정적인 자세와 웃는 얼굴이다. 돈으로는 결코 살 수 없는 것들이다. 평소에 무엇이든 감사하는 마음과 자신에 대한 확신이 있어야만 발산되는 것들임에 틀림없다.

강연회에서 만난 매력적인 그녀는 나와 동갑이고 내가 평소 관심 있는 부동산 관련 종사자여서 금방 친해졌다.

어느 날 머리도 식힐 겸 강화도에 가는데 같이 가자고 연락이 왔다. 그녀는 강화도 출신이었다. 그녀의 부모님은 피난 오신 이북 분이었다. 그녀가 살았던 집은 강화도에서도 안쪽이었고 그 동네에서도 제일 어려웠다. 어릴 적부터 농사 짓는 부모님을 도왔고 이후에도 안 해본 일이 없다. 어린 마음에 흙이 낀 손톱이 그렇게 싫었다. 학교에 가면 아이들에게 보이기 싫어 숨기기 급급했다고 한다. 중학교도 겨우 졸업하고 언니가 간호조무사로 일하는 서울로 왔다. 언니와 쪽방에서 생활하면서 갖은 일을 하며 어렵게 살았다. 그러다 여성건강식품을 파는 곳에서 일하면서 사업 시스템을 배웠다. 판매 유통과 수익 구조를 배우고 익혔다. 그러면서 여성 질병으로 고생하는 사람들이 많다는 사실도 알았다. 그녀도 마법의 날에는 학교도 빠질 정도로 힘들었을 때 부모님이 쑥을 이용하셨던 일이 생각났다. 사람들에게 알려주고 싶었다. 강화도에 계시는 부모님이 재배하는 것들을 제품화하여 팔았다. 쑥부터 시작하여 환으로도 만들었다. 모르고 시작했지만 할수록 공부가 필요했다. 체험해서 좋다고 말하는 것과 이론적으로 이것이 좋다고 설명하는 것에는 차이가 있었다. 그리고 배움에 대한 갈증이 있었기에 검정고시로 고등학교도 졸업했다. 어느 정도 자리를 잡으면서 언니와 전세를 얻어 방을 옮길 수 있었다.

그 집으로 옮긴 것이 그녀에게 또 한 번의 기회가 될지는 몰랐다. 집주인은 한 울타리 안에 4가구로 쪼개어 전세를 놓고 있었다. 주인아주머니는 공사현장에서 밥집을 했다. 그녀는 쪽방촌에서 탈출했다는 사실만으로도 너무 좋았다. 여러 세대가 있는 전세여도 매달 내야 하는 월세가 없으니 마음이 편안했다. 바쁜 와중에 마당과 집앞도 청소했다. 함께 사는 사람들도 좋았다. 집 주인에게도 진심으로 감사했다. 지금 생각해도 참 순수한 시절이었다고 말한다.

성실하게 사는 두 자매를 눈여겨 본 주인아주머니는 공사장 밥집을 하는 것이 어떻겠냐고 제안했다. 몸은 힘들어도 수익이 괜찮으니 배워보라고, 할 거면 물심양면으로 돕고 알려주겠다고 했다. 그 즈음에 사업도 처음 같지 않았기에 정리하고 아주머니를 따라 다녔다. 밥집에서 일하면서 건설업에 대해 알게 되었다. 그리고 작은 건설회사에서 일하고 분양대행과 시행사에서도 일했다. 그분의 중매로 남편도 만났다. 작은 회사에 다니는 남편은 성실하게 일했지만 회사가 문을 닫으면서 그녀와 함께 일하게 되었다.

그렇게 정신없이 달려왔다. 그녀가 험한 건설현장에서 버틸 수 있었던 원동력은 일하는 사람들을 부모님처럼 생각했기 때문이다. 그분이 없으면 나와 가족의 생활도 불가능하다고 생각하고 성심껏 대했다. 그래서 자금회전이 어려운 적은 있었어도 사람 때문에 어려운 줄 몰랐다고 한다. 사업도 어느 정도 성장하였다.

그녀의 부모님은 강화도에서 여생을 마무리하기 원하신다. 그래서 틈만 나면 강화도에 가서 살 곳을 보러 다닌다. 그녀는 부모님을 위해서지만 장기적으로 보면 강화도는 매력적인 곳이니 관심 있게 보고 땅을 사놓으라고 귀띔해 주었다. 정말 그 이후 강화도는 갈 때마다 달라지고 있다. 다리도 하나둘 연결되며 교통이 좋아지는 중이다. 지금은 그녀가 부모님을 위해 샀던 땅들이 크게 올랐다. 그동안 가족을 위해 생활전선에서 뛰었는데 원하는 만큼의 부를 이루었으니 이제 그만할 때라고 했다. 그래도 사람이 욕심을 내려놓기가 쉽지 않은데 참 멋지다는 생각을 했다. 그동안 아이들과 함께하는 시간이 적어 미안했는데 요즈음은 가족과 여행을 자주 다닌다. 다 커서 아이들과 다니니 친구 같고 좋단다. 남다른 아우라의 멋진 친구이다.

　주변 사람들은 내게 묻는다. "안정된 직장을 다니면서 뭐가 아쉬워서 그렇게 많은 사람들을 만나고 다니는가?" 그들이 꼭 부자라서 만나고 싶은 것은 아니다. 그들만이 갖고 있는 특별한 무엇이 궁금해서이다. 특별한 무엇이 그들과 일반 사람들을 어떻게 다르게 만드는지 알고 싶다. 꼭 부에만 적용되는 것은 아니라고 생각한다. 그들에게 부는 부수적으로 따라오는 것이라는 생각이 들었다.

　그들에게는 사람이 우선이다. 언제나 사람이 중심에 있다. 사람들이 무엇을 원하고 불편해 하는지 잘 파악하는 능력을 갖고 있다. 〈삼국지〉에서 유비는 제갈량을 얻기 위해 삼고초려도 불사했다. 꼭 필요한 사람이라면 먼저 손을 내밀어야 한다. 부를 이루기 위해 계산적으로 접근하라는 말이 아니다. 내 인생에 적용할 수 있는 부분이라면 먼저 손을 내밀어야 한다. 신흥부자들 역시 자신이 궁금하고 알고 싶은 사항이 있으면 망설이지 않고 먼저 손을 뻗어 도움을 구했다. '들이대 정신'으로 찾아가고 조언을 구하는 특징이 있다. 그만큼 간절하기 때문일 것이다. 또한 자신과 관계없는 사람들도 성심껏 대하고 자신이 아는 노하우를 흔쾌히 알려준다. 부자들에게 제일 감동받고 신기했던 부분이다.

　우리는 일상생활에서 많은 사람들과 다양한 관계를 맺으며 살아간다. 비즈니스, 종교, 친구, 동료, 이웃, 더 가까이는 가족 간의 관계로 인해 기뻐하고 상처받는다. 가까운 사이일수록 그 상처는 더욱 클 수 있다. 상처를 받는 원인도 여러 가지가 있겠지만 가장 근본적으로 들어가 보면, 결국은 나와 생각이 다르기 때문이다. 다름을 인정하면 아무것도 아닌 일이, 인정하지 않기 때문에 갈등이 생기고 마음에 상처가 남는다. 결국 모든 문제의 원인과 해결책은 내 마음에 있다. 마음을 바꾸고 생각을 고치면, 수많은 관계들이 회복되고 진전될 것이다.

내게 상처가 되는 말일지라도 상대방은 의도적이지 않을 수 있다. 머리로는 알지만 가슴으로 받아들이고 인정하기 어려운 것이 인간이다. 대부분 나의 생각과 성향이 맞는 사람들과 어울리고 그 관계 속에서 강한 유대감과 만족감을 얻는다. 그러나 어디 마음이 맞는 사람들과만 만나며 살 수 있는가. 때로는 맞지 않는 사람과도 관계를 맺어야 한다. 따라서 내가 바뀌는 수밖에 없다.

강남에 화려한 시설의 건물들과는 대조적인 미용실이 있다. 외관으로 보기에도 미용실인지 헷갈릴 정도의 허름한 곳이다. 그런데 대부분 10년 이상 단골고객들이 많고 아는 사람 소개로만 온다고 한다. 이름만 대면 누군지 알 정도의 사모님들이 대부분이다. 나의 지인 한 명도 은행에 다니다 명예퇴직을 했다. 퇴직금으로 대치동 단독주택을 구입했고 우연히 그곳을 알게 되었다. 무심결에 들어갔던 미용실에서 예약이 꽉 차서 받을 수 없다는 말에 당황했다고 한다. 작은 미용실의 성공 비결도 궁금했지만 무언가 다르다는 생각을 했다. 틈나는 대로 간식거리를 만들어 들렀다.

그러던 어느 날 은행에 다닐 때 알고 지냈던 VIP고객을 만나서 지인도 그곳에 다닐 수 있었다. 허름한 공간과 선뜻 매칭이 되지 않는 분들을 보고 깜짝 놀랐단다. 그 대단하신 분들이 격의 없이 대해 주셔서 감동을 받았다.

처음에는 예약제라 일반인은 받지 않는다고 했단다. 그래도 끊임없이 점심을 해가기도 하고 부산에 사는 언니한테 부탁해서 해산물도 공수 받아 해갔다. 꾸준히 변함없이 한참을 그러다 드디어 멤버에 합류할 수 있게 되었다. 이후 그분들이 해산물을 주문해 주고 다른 사람들을 연결해 주어 유통업을 시작할 수 있었다. 사업이라고는 해본 적도 없었지만 그들의 도움을 발판삼아 유통업으로 큰돈을 벌었다. 그 자금으로 부동산에 투자하라는 조언을 받아 부산과 강남에 투자하여 더 큰 부의 발판으로 삼았다.

지인은 언제 어떠한 순간에 기회가 올지 모르니 좋은 관계를 형성하는 데 최선을 다하라고 조언한다. 그 관계 속에서 일반인이 부의 사다리에 올라탈 기회가 온다며 말이다. 또한 항상 밝고 긍정적인 성격이 큰 도움이 되었다며, 상대에게 좋은 이미지를 주기 위해 노력하라고 덧붙였다.

원하지는 않았지만 그릇된 관계가 되는 경우도 있다. 금융위기 당시 Z는 은행원이었다. 갑자기 은행이 문을 닫는 상황이 되자 그는 몇 해

전 미국에 갔을 때 보았던 통신 관련 사업아이템을 떠올렸다. 당시 퇴직자들과 자금을 모아 사업을 시작했다. 사업은 예상보다 더 크게 성공하였고 매우 큰 금액을 받고 팔았다.

그 다음에는 원유에 투자했는데, 지인 중 한 명이 함께 참여했다가 큰 타격을 입었다. 다른 사람한테 소개를 받았다고 한다. 한번 크게 성공한 것을 보고 무작정 같이 투자한 것이다. 지금 생각하면 그렇게 큰돈을 냉정하게 판단하지 않고 투자했다는 것이 이해가 안 되지만, 그 당시는 한번에 큰돈을 벌고 싶은 욕심이 화를 부른 거 같다고 고백한다.

무언가를 얻고자, 혹은 사업 파트너를 찾고자 사람과의 관계를 형성하는 것은 바람직하다. 그러나 욕심만 앞세워 앞뒤 재보지도 않고 돈으로만 연결되려고 해서는 안 된다. 이성적으로 판단해야 하고 감당할 수 있는 만큼만 투자해야 한다.

하버드 의대 정신과 조지 베일란트 교수는 최고 명문대를 졸업하면 모두 성공하는지를 조사하기 위해 하버드 260명 졸업생의 삶을 60년 동안 추적했다. 대학의 성적이 이후 50년의 삶에 어떠한 영향을 미치는지 보았다. 학교 성적은 전혀 영향을 미치지 않았다. 성공한 사람들은 어려움에 처했을 때 그 역경을 극복하는 방법이 있다. 그것은 유머였다. 유머는 역경을 극복하는 완벽한 수단이다. 특히 슬픔을 극복하는 수단이기도 하다. 유머는 가장 고통스러운 감정, 가슴 속 깊은 곳에 있는 감정들을 머리로 끌어올려서 고통을 하찮은 것으로 만들어주는 것이었다는 결론을 얻었다.

행복한 사람만이 유머를 가지는 것은 아니다. "행복해서 웃는 게 아니라, 웃어서 행복해진다"는 말이 있지 않은가. 그런데도 우리는 내 환경이 유머는커녕 잠깐 웃을 일조차 없다고 푸념한다. 좋은 일이 있어야 웃을 게 아니냐며 말이다. 돈이 많으면 더 행복해지고 웃을 일도 많아질까? 내가 만난 부자들은 부의 크기가 행복의 크기를 좌우하지는 않는다고 단언한다. 사람들과의 관계 속에서 선한 영향력을 끼칠 때 부가 도움이 되어 자유롭게 도와줄 수 있는 수단이 되는 것은 맞다. 하지만 중요한 것은 인생을 살아가는 마음의 자세다. 부와 상관없이 오늘 내가 작은 일에 웃으면 행복이 찾아온다. 들에 핀 한 송이 꽃을 보면서도 행복을 느낄 수 있다. 아이들의 웃음 속에도 행복이 있다. 그러니 웃고 행복해져야 한다. 진정으로 부를 바란다면 더욱 행복해지는 일에 전념해야 한다.

자수성가한 사람들은 대부분 긍정적이고 편안한 성격이다. 돈보다 사람과의 관계를 우선시한다. 비록 일 때문에 만났더라도 진심을 다해 대한다. 더욱이 필요하다고 생각하면 성심성의를 다하며 관계를 유지한다. 기꺼이 갖고 있는 것을 나누기도 하고 자신을 찾아오는 사람들도 성심껏 대한다. 또한 취미 등을 통하여서도 인적 네트워크를 구성한다. 나의 지인인 의사는 '할리데이비슨' 마니아여서 토요일마다 양평에서 라이딩을 즐긴다. 그곳에서 마음에 맞는 사람들끼리 자연스럽게 교류한다. 또 다른 지인은 송도에서 '요트'를 즐긴다. 개인 요트를 소유한 사람들이 많지 않기 때문에 어느 정도 제한된 사람들끼리 만나게 된다. 그들은 취미생활을 통해 삶의 행복도 얻고 타인과의 유대감도 형성한다. 취미를 통해 또 다른 비즈니스로 연결되는 경우도 많다고 한다.

21

자신을 믿고
꿈을 놓지 않는다

나폴레온 힐은 〈놓치고 싶지 않은 나의 꿈 나의 인생〉에서 "신념이 강하면 어떠한 한계도 뛰어 넘는다. 종종 사람들은 자신이 가난한 것이나 실패를 경험하는 것을 숙명이라고 생각하고 어쩔 수 없다고 단념해 버린다. 이런 사람들은 무의식중에 부정적인 사고를 잠재의식에 심으면서 스스로 불행을 만들어 내는 것이다. 반대로 자기암시로 긍정적인 사고를 잠재의식에 주입하면 당신은 무엇이든 손에 넣을 수 있다. 신념이 기적을 낳는다"라고 했다. 그들의 강한 신념을 유지하는 지속성 뒤에는 꿈과 소명이 있다. 꿈의 종류가 다를 뿐이고 소명을 이루겠다는 신념이 있다. 그것이 기본이 되어 어떠한 어려운 상황도 극복하고 이겨낼 수 있는 성장동력이 된다.

1인지식기업전문가를 양성하는 정진일 대표는 〈꿈이 없는 놈, 꿈만 꾸는 놈, 꿈을 이루는 놈〉에서, 100세 시대에 한 가지 꿈만 꾸기에 인생은 길다고 하면서 20대 비보이, 30대 공무원, 40대 프로강사에서 80대까지 로드맵이 있다고 말한다. 그는 꿈을 위해 과감히 공무원을 박차고 나왔다. 주변에서는 미쳤다고 말렸다. 후회할 것이라는 말도 많이 들었다. 그렇지만 확고한 꿈이 있었기에 과감히 나왔고, 지금까지 후회한 적이 없다. 주변 사람들은 그의 꿈을 향한 열정을 몰랐을 것이다. 꿈을 이루기 위하여 얼마나 철저히 준비했는지도 몰랐을 것이다.

성공한 부자들의 열정과 노력은 눈에 보이지 않는다. 직접 만나 대화를 나누거나 오랫동안 옆에서 지켜봐야만 알 수 있다. 현재의 모습이 끊임없는 노력과 무수히 많은 실패를 딛고 일어선 결과물이라는 사실도 다른 사람들의 눈에는 보이지 않는다. 화려하게 조명 받는 성공한 모습만 보이기 때문이다.

양재동에 위치한 O의 사무실에 방문했을 때 깔끔하게 정돈된 사무실과 환하게 웃는 얼굴에서 빛이 났다. 노랗게 염색한 머리에 어울리지 않는 사투리가 정겨웠다. 그는 대뜸 내게 물었다.

"매일 출근하는 것이 행복하세요?"

그는 매일 아침이 너무 행복하단다. 매일 출근하는 것도 행복하다. 이 행복을 모두와 나누고 싶다고 말한다. 그에게는 멘티가 600명 정도 있는데, 그들에게 베푸는 삶이 너무 좋단다. 그래서 빛이 났나 보다. O

는 화려한 스펙이 없어도 실력을 키우면 박사 학위가 없어도 인정받는다고 말한다. 물론 박사학위를 폄하하는 것은 아니다. 그는 대학 시절 춤에 미쳐서 공부는 뒷전이었다고 한다. 춤을 추는 그 시간이 행복했다. 춤에 관해서는 그를 따라올 사람이 없었다. 대학등록금도 춤으로 벌어서 다녔다. 춤으로 대학은 졸업할 수 있었지만 취업하기에는 어려웠다. 그는 공무원에 도전했다. 쉽지 않은 도전이다. 주변에서는 최소 몇 년은 준비해야 가능하다고 말했지만 그는 한 번에 합격했다. 공무원에 합격해야 결혼한다는 목표가 있었기 때문이다.

과거 O는 프로강사가 되고자 90만 원을 들고 서울로 올라왔다. 간절히 원하는 꿈이었지만 처음에는 수월하지 않았다. 그래도 묵묵히 지지하고 믿어주는 가족이 있어서 꿈을 향해 도전할 수 있었다. 목표를 이루는 법칙은 간절함의 무게일지도 모른다고 생각했다. 그리고 10년 공무원 생활을 하였다.

그때도 10년 후 1인지식기업가가 되겠다는 꿈의 로드맵이 있었기에 평범한 공무원은 아니었다. '내가 하는 일에 전문가가 된다. 아침마당 방송에 출연한다. 저자가 된다' 등 구체적인 목표를 세웠다. 박봉인 월급에 천만 원을 대출받아 자기계발에 사용하였다. 기획력이 주 업무여서 현장에서 습득하고 업무에도 적용하였다. 그에 수반되는 업무를 위하여 엑셀을 프로급 이상으로 올려놓았다. 수동적으로 업무를 처리하는 공무원이 아니라 적극적이고 주도적으로 하는 자세였다. 주변에서도 하나둘 그를 찾는 이가 많아졌다. 엑셀 하면 누구 할 정도로 유명해졌다. 동료들을 대상으로 강의도 했다. 그러다 엑셀 관련 책을 집필했고 강의도 다니게 되었다. 엑셀은 지금까지 O의 인기강좌이다.

공무원이 되고 10년이 지나자 모든 준비를 마쳤고 진짜 퇴사를 선언했다. 무엇보다 꿈에 대한 열망을 누구보다 잘 알기에 그의 아내는 묵묵히 지지해 주었다. 타인들은 그가 철저히 준비했다는 사실을 잘 모르기에 무리한 도전이라고 말리기 바빴지만, 그에게 타인의 의견은 중요하지 않았다.

퇴직금을 정리하고 남은 돈은 900만 원이었다. 그래도 아무도 없는 서울에 처음 올라왔을 때 수중에 90만 원밖에 없었던 일을 떠올리면 10배나 많아진 돈이다. 인맥도 스펙도 없이 열정하나 믿고 여기까지 왔다. 그는 또다시 꿈을 향한 여정에 혼자 뛰어들었다. 집을 나와 고시원에서 생활했다. 아무도 그를 몰라주었기에 무조건 발로 뛰었다. 힘든 때도 있었지만 꿈을 위해서라면 참을 만했다. 원하는 꿈을 이루고 50대 다른 꿈을 위해 비상하는 모습을 그렸다. 많은 이들과 나누며 행복에 차서 생활하는 모습을 그리다 보면 이 정도는 견딜 만했다. 지금은 덕후가 트렌드인 시대이지만 그때만 해도 미쳤다는 소리만 들었다. 그때마다 스스로 잘하고 있다고 생각했다. O는 늘 "거북이처럼 느려도 매일 반 보씩만이라도 성장하자"라고 말한다. 반 보의 미학이 어찌 보면 나비효과 같은 이론이라는 생각이 들었다. 별거 아닌 나비의 날갯짓이 허리케인을 일으킨다는 강력한 힘처럼 말이다.

자수성가한 사람들은 냉정할 거라는 편견을 갖기 쉽다. 오죽이나 독하면 혼자 힘으로 성공을 했겠느냐고 쉽게 판단한다. 하지만 그들은 누구보다 자신의 꿈을 향해 겸손하게 달려온 사람들이다. 돈을 좇으면 안 된다는 말을 절실히 증명해 보이고 있다. 너무 좋아하고 이루고 싶은 꿈이라서 열심히 했을 뿐인데 부도 이룬 사람들이 많다. 한순간도 포기하지 않고 쉼 없이 달려오게 만든 원동력은 바로 꿈 하나였다. 단지 표현 방법에서 부를 이룬 방법과 철학 등을 소개하다 보니 그 이면의 것들이 잘 드러나지 않을 수 있다. 그러나 꿈과 부는 동떨어진 것이 아니라 함께 공존한다. 지금은 덕후가 뜨는 시대이다. 미쳤다는 소리를 들을 정도가 되어 혼을 다해 열정을 쏟아 부어야 한다. 꿈에 미쳐 10년이 되어가는 지금 시점에서 돌아보니 모두 이루었다. O의 연봉은 공무원의 3배나 된다. 떨어져 지내던 가족들과도 합쳤고 지금은 송파구 아파트에 거주한다.그의 꿈을 지지해 주던 부인도 뒤늦게 꿈을 찾아 교원대학교를 다녔고, 지금은 초등학교 교사로 제2의 인생을 행복하게 살고 있다. 진정한 꿈 부부들의 롤 모델이다.

〈인간 플랫폼의 시대〉의 저자인 배명숙 대표를 만난 것은 중앙대학교 GFMP최고경영자 과정에서였다. 교수로 참여한 그녀는 자기관리가 철저했다. 진행을 하면서도 항상 밝고 친절했다. 40세의 젊은 나이에 '푸드얍'이라는 연매출 100억 원 회사를 운영한다. 고생 모르고 자란 금수저일 거라는 선입견을 가졌지만, 그녀도 집안 형편이 어려워 고등학교 졸업 전에 취업을 해서 모은 돈 3000만 원을 들고 일본 유학을 갔다. 무역업을 공부하면서 학비와 생활비를 벌어야 하는 어려운 시절이었다. 자동차 용품을 수입해 팔기 위해서 컴퓨터가 필요했다. 그마저 살 돈이 없어서 밤새 줄을 서서 노트북을 경품으로 타고 사업을 시작했다.

그러나 독점으로 하던 수입이 병행수입이 가능해지며 사업을 접고 보험회사에서 일을 시작했다. 생소한 용어와 사람을 상대해야 하는 과정에서 울면서 배웠다. 그러나 보험업계의 잘못된 관행과 지인 위주의 영업방식이 문제라는 점을 깨달았고 회사 입장이 아닌 고객 입장에서 일했다.

그러다 보험회사가 통폐합되면서 다른 접근이 필요했다. 미국은 한 명의 설계사가 기업 전체를 맡는다는 사실을 알고 퇴사하였다. '머니쉐프'라는 개인브랜드를 만들어 세무·노무·외식업 전반을 관리하고 있다. 보험상품뿐만 아니라 슈퍼바이저를 교육하게 되었다. 지금은 외부 강연이나 초기 창업가들을 위한 컨설팅도 한다. 그녀의 말을 들으며 보험설계사로 성공한 지인이 생각났다. 그녀처럼 책임감 강하고 강인한 사람이라고 직감적으로 알았다.

그녀는 꿈이 있었다. 경제적으로 여유가 생기면 자기처럼 어려운 상황에서 스타트업하는 청년들을 돕겠다는 사명이 있었다. 그래서 더 열심히 일했고 3년 만에 연매출 100억 원의 회사로 키울 수 있었다.

하나를 해서 성공하기도 힘든 세상에서 모든 것을 이룬 데에는 그만한 이유가 있다. 남들에게는 보이지 않지만 몇 배의 노력이 있었다는 것을 알아야 한다. 그런 그녀의 노력을 잘 아는 사람들은 가족이다. 시부모님과 남편, 딸아이가 지지자이자 조력자라고 한다. 마케팅 특강을 하러 오신 모 교수는 그녀 같은 사람을 본 적이 없다고 했다. 그녀는 교수의 처음 수업을 듣고 배울 것이 많다고 여겨 매 강의마다 들으러 왔고, 수시로 찾아와서 묻고 조언을 구했단다. 정말 꾸준하고 지독한 그녀의 열정에 감동했다고 한다.

그녀의 성공비결은 끊임없는 노력과 꿈을 이루기 위한 강한 열망에 있다. 이제 경제적인 여력이 생겼으니 그동안 꿈꾸어왔던 것을 실천한다. 5년 전부터 구체적인 계획을 세웠다. 그녀도 젊은 시절 맨손으로 시작했던 것처럼, 아무것도 없는 청년들을 성공한 사업가들과 연결하고 지원하는 플랫폼을 운영하고 있다. 자기가 연결해 줄 수 있는 것은 종류를 가리지 않고 하고 있다. 그녀의 도움으로 한 명씩 꿈을 이루어 가는 청년들을 보며 행복해 한다. 대단하다고 말하는 내게 그녀는 "세상에 성공한 사업가들은 좋은 일을 많이 하시고 더 많이 하고 싶어 하신다. 또 그 대표님들은 그동안 알고 있는 노하우들을 후배들에게 모두 알려주고 싶어 하신다. 그런데 그동안 그런 창구가 없었을 뿐이다. 나는 그것을 그저 연결해 주는 역할만 한다. 대단하신 분들은 사업으로 성공한 대표님들이다"라고 했다. 꿈이 있고 다른 사람의 꿈을 도와주는 그녀가 빛이 났고 아름다웠다.

한 명의 꿈은 결코 한 명에서 끝나지 않는다는 사실을 새삼 깨달았다.

우리는 후배가 운영하는 커피숍에서 독서모임을 한다. 유난히 추운 겨울날, 도착했을 때 주차장 입구에서 안내하는 노인을 보았다. 장갑을 꼈어도 추운지 손을 입으로 불고 있었다. 갖고 있던 손난로를 드렸더니 고맙다고 하셨다. 한 시간 정도 모임을 갖고 창밖을 보았을 때에도 그분은 똑같은 모습이었다. 후배에게 너무 안 되셨다고 따뜻한 차 한 잔 갖다드리자고 했다. 후배는 따뜻한 차는 괜찮은데 저분이 이 건물 주인이라고 했다. 우리는 너무 놀라서 물었다. "그런데 왜 일을 하시는 거야?"

후배는 매우 훌륭한 분이라고 했다. 초등학교도 졸업 못하고 서울로 올라왔단다. 그 시절 자수성가한 사람들처럼 행상부터 시작해서 안 해본 일이 없었다. 맨손으로 부를 이루었다. 처음에는 만 원까지 정확하게 따져서 단 한 푼도 손해 안 보려는 사람인 줄 알았는데, 나중에 보니 그렇게 모은 돈으로 기부를 하신단다. 그마저도 할아버지가 말씀하신 것이 아니라 후원 받았던 사람이 찾아와서 알게 되었다. 오늘처럼 주말이면 주차를 도우며 받는 돈으로도 후원을 하고 있다.

부모가 있다는 이유로 복지에서 제외되는 복지 사각지대 아이들이 있다. 그 아이들의 의무교육이 끝나는 고등학교부터 대학교까지 후원하고 있다. 또 시설에 있는 아이들과 동남아에도 후원을 한다. 여러 군데에서 인터뷰 요청이 있었지만, 얼굴이 알려지는 것을 원하지 않는다. 알려지면 후원을 끊겠다고 협박까지 하셨단다. 추운 날 이렇게 고생하면서까지 후원을 하느냐는 질문에 그것이 평생의 꿈이라고 대답하셨다.

그동안 나만을 위해 무언가를 이루는 것이 일차적인 꿈이고 그 다음에 타인을 도우는 것이 이차적인 꿈이라고 생각했다. 우리는 보통 우선 내가 잘되어야 남도 도울 수 있다고 생각한다. 하지만 없으면 없는 만큼, 많으면 많은 만큼 도와야 한다. 없을 때 돕지 않으면 많아도 돕지 않는 것이 사람의 속성이다. 그래서 유대인들이 어려서부터 남을 돕도록 하여 습관처럼 평생 도울 수 있도록 만드는 것이 아닐까.

꿈에도 종류와 가치의 크기가 다르다. 타인을 위한 꿈이 우선인 사람들이 있어 세상은 더 아름답다는 것을 깨달았다.

이렇듯 꿈을 이루는 사람들은 자신은 물론이거니와 타인의 꿈도 이루어지도록 기꺼이 조력자를 자청한다.

집으로 돌아와서 수없이 읽었던 김미경의 〈꿈꾸는 아내는 늙지 않는다〉를 다시 읽었다. 자신의 꿈을 위해 열정적인 삶을 사는 사람들은 타인의 꿈도 똑같이 돕는다. 또 그것을 보고 있는 주변의 사람들도 동기 부여를 받고 꿈의 근육을 키워나간다. 끝까지 포기하지 않고 이루어나가는 그들을 보면서 꿈은 꿈꾸는 자의 것이며, 꿈을 놓지 않는 한 꿈도 우리를 배반하지 않는다는 것을 알았다. 그들은 꿈을 이루다 보니 부는 부수적으로 따라오더라, 그래서 돈을 좇지 말라고 역설한다. 신흥부자들은 모양과 크기가 다른 꿈을 향해 성실하게 노력했다는 사실을 나는 누구보다 잘 안다. 그들의 땀과 열정에 박수를 보내며 꿈을 함께 이루는 그날을 꿈꾸어 본다.

5부

신흥부자 되기
프로젝트

22

부자근육으로
리셋하자

사람은 자라온 환경에 절대적인 영향을 받는다. '맹모삼천지교'라는 말을 통해 공부 환경의 중요성을 우리는 너무 잘 안다. 그런데 자본주의 사회를 살아가면서 진짜 중요한 돈의 가치를 설명해 주는 곳은 없다. 돈이 없으면 가난하고 그 가난으로 인해 많은 자유를 침해받을 수 있다는 사실을 알려주는 사람도 없다. 단순히 돈은 많으면 좋으니 공부 잘해서 좋은 곳에 취직하면 급여를 많이 받아 안정적인 삶을 살 수 있다고 강조할 뿐이다. 나부터도 그랬다. 정작 자본주의 사회에서 돈의 가치와 중요성을 정확하게 몰랐고 막연하게 많으면 좋다, 부자가 되고 싶다고만 생각했다. 돈은 자신을 소중히 다루는 사람에게 찾아온다는 것을 몰랐다.

돈의 속성을 모르니 부자가 되고 싶어도 정확하게 어디서부터 어떻게 접근해야 하는지 모르는 것은 당연하다. 돈과 가난에 대한 명확하고 현실적인 정의를 알아야 한다. 자본주의 사회에서 돈을 벌어서 유지하고 불리기 위한 머니게임의 룰을 알아야 한다. 각자 버는 규모는 달라도 불리는 방법은 같다. 그 방법을 알면 비로소 부자로 가는 길이 열린다.

그 룰과 함께 수반되어야 하는 것이 마음가짐이고 결단이다. 해이해질 때마다 신념의 깊이에 따라 다잡고 돌아올 수 있다. 그 신념은 미래에 대한 로드맵이 있어야 확고해진다. 아주 구체적이고 정확하게 1년 후, 5년 후, 10년 후를 정하고 시작해야 한다. 계획하지 말고 정해야 한다.

투자하지 않고 부자가 된 사람은 없다. 종잣돈을 모으면 반드시 수반되어야 하는 것이 투자이다. 그러나 부자와 일반인은 투자에 대한 생각이 정반대다. 부자는 어떠한 대상에서라도 투자할 것이 있는지를 찾고 방법을 알아보고 수익률 상승을 위해 해야 할 노력에 초점을 맞춘다. 반면 일반인은 위험요소만 찾아서 투자하지 말아야 한다는 결과로 자기 위안을 삼는다. 일반인은 돈이 없는데 어떻게 투자를 하느냐고 한다. 부자는 돈이 없지만 투자할 방법이 없을까를 고민하고 방법을 찾는다. 일반인은 어디서부터 시작해야 할지 막막해 하지만, 부자는 일단 먼저 부자가 된 사람들을 찾아다니고 책을 읽고 강연장을 찾아가서 조언을 구함에 거리낌이 없다. 일반인은 어제가 오늘 같고 오늘이 내일 같은 힘든 삶은 자신이 만든 것이 아니라 환경 탓 여건 탓이라고 한다. 부자는 환경과 여건은 얼마든지 마음먹은 대로 바꿀 수 있다는 믿음이 있다. 누가 뭐라고 해도 상황이 어떠해도 자기 자신에 대한 믿음과 신념이 있다면 어떠한 상황도 극복하고 부자가 된다는 것을 신흥부자들을 통해 보았다.

"어디서부터 시작해야 하나요?" 맨손으로 성공한 부동산 갑부에게 물어보았다. 그는 26년간 하나씩 쌓아온 노하우를 뭐라고 설명해야 할지 모르겠다고 한다. 그래도 하나만 알려주면 안 되느냐는 질문에 전국에 시군구가 몇 개가 되는지 아느냐고 되물었다. 166개이다. 그럼 광역시마다 세대수와 유동인구에 대해서는 알고 있냐고 물었다. 부동산을 배우고 싶다면 기본에서부터 접근해야 한다. 그만큼 관심을 갖고 발품 팔고 알아보고 공부하는 수밖에 없다. 어느 한 가지 비법이 있는 것이 아니라고 했다.

이렇듯 부동산 갑부가 되고 싶은 마음과 이루고자 하는 열망은 같으나 출발이 다르다. 방법 자체가 다르기에 차별화가 발생한다.

브랑코 밀라노비치는 〈왜 우리는 불평등해졌는가〉에서 "현재 우리는 200년 전 일어난 산업혁명 이후 최초로 흥미로운 상황을 맞고 있다. 글로벌 불평등이 국가 간 소득 격차의 확대가 아닌 다른 요인으로 확산되고 있는 것이다. 실제로 아시아 국가의 중위소득 증가로 국가 간 소득 격차는 점점 좁혀들고 있다. 이러한 경제의 수렴이 지속되면 글로벌 불평등이 축소되는 데 그치지 않고 간접적으로는 국가 내 불평등이 상대적으로 두드러지는 결과까지 나타날 수 있다. 그런 식으로 50년쯤 지나면 19세기 초반과 같은 상황으로 회귀할지도 모른다. 그 당시에는 국가 내 불평등이 글로벌 불평등을 유발하는 요인이었다"라고 했다.

〈위기는 왜 반복되는가〉의 저자 로버트 라이시는, 중산층을 위한 9가지 대안에서 경제와 정치를 뽑았다. 중산층이 공평한 부를 분배받아야 하는 경제와 대기업과 금융권이 짜고 부자들의 배만 불려주는 정치를 해결해야 한다고 했다. 불평등하다고 불평만 해서는 아무것도 해결되지 않는다. 하루아침에 정치인이나 대기업이 해결해 주지 않는다는 사실을 우리는 잘 안다. 설령 그들이 움직였다고 해도 나에게까지 돌아오기는 어렵다는 것도 안다. 결국 자신이 어떻게 해서든지 해결해야 할 문제일 뿐이다.

〈명견만리〉에서 서울대 사회학과 장덕진 교수는 'IMF 20년, 중산층이 사라진다'에서 대한민국과 세계적인 추세인 양극화에 대한 심각한 문제를 제시했으며 지속가능한 성장이 있는 나라를 만들기 위한 골든타임이 6년밖에 남지 않았다고 했다. IMF 이후 국가와 기업은 성장하였으나 개인은 비정규직의 증가와 중소기업의 낮아지는 평균임금 등으로 살기 어려워졌다. 상위 10%가 전체 소득의 45%를 차지하고 있다. 가로수길 임대료는 6년 동안 최대 9배가 증가하였고, 건물주 35%가 부모로부터 상속받거나 증여 받았다. 이대로 한국경제의 불평등이 지속된다면 중산층이 붕괴되며 1997년 IMF 외환위기보다 더 가혹한 경제위기를 겪게 된다고 했다. 그 시기는 베이비부머가 은퇴하는 2023년이라고 말한다. 지금 대한민국은 가계부채의 심각성과 대책 마련에 대한 기사가 연일 언론을 통해 나오고 있다. 이미 양극화는 전 세계적으로 시작되었다. 내게도 양극화가 현실이 될 수 있다는 사실을 심각하게 인지해야 한다. 내가 원하는 쪽이면 더할 나위 없이 좋겠지만, 원치 않는 쪽일 수도 있으니 문제다.

나는 내가 중산층인지 자문해 본다. 아니라면 나는 앞으로 어떻게 해야 하나 생각한다. 우리나라가 네덜란드처럼 국민의 기본적인 삶을 보장해 주는 국가로 발전한다면 걱정이 없겠지만, 만약 그렇지 않는다면 나는 그때 어느 위치와 어떤 상황에 놓여 있을지를 예측해 보고 대응 전략을 구사해야 한다. 어떻게 해서든지 최소한 중산층에는 진입해야 하고 흔들림 없는 경제적인 기반을 닦아 놓아야 한다.

장덕진 교수는 골든타임이 6년이라고 했다. 그럼 우리는 골든타임 5년에 맞추어야 한다. 계획대로 모든 것이 진행되는 것은 불가능하기에 단축해서 잡아야 늦어져도 그 안에 맞출 수 있다. 황금 같은 5년 동안 나는 어떻게 해야 할지 고민이다. 또 종잣돈을 모으기는 했는데 어디다 어떻게 투자해야 하는지 난감하다. 그래서 좋은 호재라고 하면 선뜻 투자하기도 하고 가입하기도 한다. 돈을 얼마나 투자했느냐가 중요한 것이 아니라 돈을 어디에 사용하였냐가 투자의 관건이다. 투자의 기본 법칙은 내게 투자하는 것이다. 내가 알고 시작하는 것이 투자이다. 내가 모르고 들어가는 것은 이미 투자가 아니다.

그러면 이 질문의 답도 이미 알고 있다. 투자 이전에 자본주의와 돈에 대한 이해가 선행되어야 한다. 하루에 두 시간만 일해도 100만 원을 준다면 누가 마다하겠는가. 이처럼 하루에 두 시간 이상을 투자하면 당신은 부를 이룰 수 있다. 이를 마다하겠는가? 식상해도 어쩔 수 없고 하기 싫어도 꼭 실천해야만 하는 기본이고 정도이다.

첫째, 신문 키워드로 기초자료 얻기

신흥부자들이 식사처럼 거르지 않는 것이 신문 읽기다. 정확한 정보를 빠르게 알 수 있고 비교할 수 있다. 신문을 보면 기본 이론에 쉽게 접근할 수 있다. 성향과 종류가 다른 신문을 3~5종류별로 본다. 참고로 부자들은 평균 5개 정도는 구독한다. 똑같은 기사여도 신문사의 성향에 따라 제공하는 형식이 다르기 때문에 비교하는 훈련이 자연스레 가능해진다. 똑같아 보이는 기사 속에서도 각기 다른 숨은 의도 파악이 가능하여 판단력을 키울 수 있다. 여러 상황들을 요약해서 하나로 정리해 주는 신문은 개인 과외선생님이라 생각하면 된다.

처음부터 모든 기사를 읽기는 어려우니 제목만 훑어보다 읽고 싶은 만큼만 읽는다. 노트를 만들어서 그날 제일 많이 나온 기사 중 키워드를 뽑아 적고 인터넷을 활용해서 재검색하고 공통점과 차이점을 적어 본다. 부동산과 관련해서는 네이버 부동산, 부동산114, 닥터아파트, KB국민은행 부동산, 한국감정원, 호갱노노 등을 통하여 A부터 Z까지 정보를 입수한다.

국토교통부와 지자체, 구청 홈페이지 등에 들어가 관심 있는 분야를 찾아서 종류별로 묶고 권역별 지역별, 주제별로 나누어 정리하는 것이 키포인트이다. 일례로 '도시재생'과 관련한 모든 것을 따로 묶으면 한눈에 전반적인 정보를 알 수 있다. 주식도 신문을 통해 기초자료를 파악하고 인터넷으로 좀더 자세히 알아본다. 마찬가지로 그 회사의 모든 상황을 찾아본다. 금융감독원에 공시된 기업자료도 활용하지만 요즘은 SNS를 통해 그 회사 직원들에게 들을 수 있는 커뮤니티를 활용한다. 커뮤니티에서는 익명성이 보장되기 때문에 직원들이 솔직하게 표현하는 것을 알 수 있다. 정확한 회사 분위기뿐만 아니라 좋지 않은 상황까지도 알 수 있다.

• 모바일 네이버 화면을 경제M으로 고정시켜 놓고 수시로 확인한다.

부동산은 주말에 모은 자료를 중심으로 현장을 방문해 본다. 현장을 안 가보고 자료만 수집한다면 의미가 없다. 현장에 나가 분위기는 어떤지, 어느 정도 진행되고 있는지 직접 확인하고 그 지역의 중개사를 방문해 본다. 한 군데가 아니라 여러 군데를 방문해서 들어본다. 바쁘면 설명해 주기 힘들어도 대부분은 친절하고 상세히 알려줄 것이다. 여러 곳에서 각각 들은 것을 덧붙여 정리해 놓는다. 중복되는 것과 차이 나는 것을 분류하고 그 부분을 또 확인해 본다.

여러 번 방문하다 보면 더 와 닿는 지역도 있을 것이고 언론으로 접했을 때는 좋을 거 같았는데 나와는 맞지 않는 현실일 수도 있다. 그리고 그 지역 중개사들과는 지속적으로 유대감을 가질 필요가 있다. 웃는 얼굴로 한가하신 시간에 간식이라도 사서 자주 방문한다. 인지상정이라고 대부분 열심인 사람에게는 뭐라도 더 알려줄 것이다. 그리고 공인

중개사들에게 들은 정보를 메모해 두면 나만의 투자노트가 된다. 그렇게 친분을 쌓으면 좋은 정보가 있으면 연락해 주는 관계가 된다.

그러나 잊지 말자. 가장 중요한 것은 정확한 정보인지 걸러낼 수 있는 능력이다. 최종 결정은 자신의 몫이고 책임이다. 음식점을 차리기 전에 맛집을 많이 다니고 먹어보고 만들어보라고 조언하는 것처럼, 부동산에서는 발품을 얼마큼 팔았으며, 정보를 취합해 내 것으로 만들었느냐가 성과로 연결된다.

최근 알게 된 '호갱노노' 사이트는 시세뿐만 아니라 인구, 공급, 경사까지 알 수 있다. 또한 입지, 주민들 평가, 학교 정보, 중학교와 특목고 진학률까지 한눈에 알 수 있다.

• 호갱노노 : https://hogangnono.com/

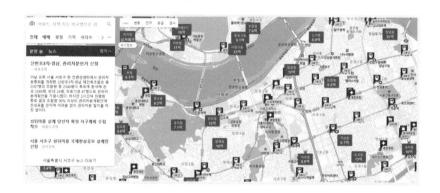

둘째, 일독일행 독서법

신흥부자들은 단순히 책을 읽는 데 그치지 않았다. 자신이 경험하지 못한 부분은 독서를 통해 도움을 받고 현재 상황에 모든 것을 접목했다. 단순히 읽기만 해서는 의미 없다. 보고 깨닫고 느낀 것을 현실에서 적용하는 것이 중요하다. 적용해서 변화하고 성장하기 위한 것이 독서이다. 그래서 읽은 것을 정리하는 과정이 필요하다. 정리하다 보면 현실에서 내가 적용할 것이 무엇인지 생각난다. 어떤 것들을 따라하고 접목할지 떠오르게 된다.

〈일독일행독서법〉의 유근용 저자는 어린 시절 부모의 이혼과 새어머니의 학대로 하루 세 끼 먹기도 힘들었다. 초등학교 6학년 때부터 시작한 가출은 청소년기까지 이어졌으며 성격까지 폭력적으로 변했다. 한마디로 문제아였다.

대학 다니다 군대에 가서 한 권의 책을 통해 그는 새 인생을 살게 된다. 그러니 소중하지 않은 책이 없다. 누군가에게는 필요 없는 내용이어도 누군가에게는 인생 자체를 바꾸어 놓는 마법처럼 작용한다. 그는 그때부터 본격적으로 독서를 했고 읽는 것에만 그치지 않고 읽은 것은 생활에서 실행하기 위해 노력했다. 그렇게 완전히 다른 인생을 살게 된다. 그리고 나아가 다른 사람에게도 자신의 실천법을 전파하고 있다.

최근 출판한 〈메모의 힘〉에서 그는 독서를 통한 실행의 힘을 소개한다. 그는 15년 동안 수많은 책을 읽었지만 경제와 부동산에는 별 관심이 없었다. 그즈음에 경제적으로 어려워졌고 결혼을 앞둔 시점에서도 별로 나아지지 않았다. 그때부터 일독일행의 저자답게 부동산과 관련한 책을 읽고 저자들과 똑같이 실행하여 1년 6개월 만에 투자금 1,800만 원으로 부동산 8채를 소유한 임대업자가 된다.

여기서 보듯이 '읽는 독서'가 아닌 '실천하는 독서'는 사람의 인생을 바꾸기도 한다. 절실하다고 생각만 한다면 가능하지 않지만 한 권의 책을 읽고 하나만 따라서 실천하겠다는 각오는 누구나 가능하다. 책을 읽고 실천하여 성공한 사람들을 부러워만 하지 말고 직접 실행하면 된다.

편식이 몸에 나쁘듯이 독서력을 키우려면 하나의 장르로 치우치는 것은 옳지 못하다. 생각의 균형을 잡기 힘들다. 부동산에 관심 있다고 부동산 관련 서적만 읽는다면 애꾸눈이나 마찬가지이다. 부동산이 현재 상황에서 떨어지는 데는 다양한 원인이 있다. 주식이나 채권도 마찬가지다. 시장에 대응할 수 있는 통찰력을 키우기 위해서 다양한 분야의 독서가 선행되어야 한다. 그래서 부자들은 자기 분야의 서적뿐만이 아니라 인문학, 철학, 고전, 역사 등 다양한 장르의 책을 수시로 읽는다. 아이디어가 떠오르지 않을 때에도 책을 통하여 지혜를 얻는다. 책을 통하여 시대와 나라를 넘나들어 멘토를 만나고 그들의 지혜를 나만의 방법으로 현실에 접목해서 새로운 방법을 찾아내고 있다.

셋째, 전문가를 활용하고 자본주의 시스템을 이해하자

우리는 24시간 자본주의 시스템 안에서 살고 있다. 엄밀하게 말하면 금융 시스템과 화폐경제 속에서 산다고 할 수 있다. 내가 바꿀 수 없다면 적응해야 한다. 그러려면 시스템 구조를 정확히 파악해야 한다. 〈적게 벌어도 잘사는 노후 50년〉의 황희철 저자는, "보험영업을 하면서 고객만을 위한 것이 아니었다. 나 또한 부자가 되고 싶었다. 다만 고객에게 도움이 되지 않는 상품을 팔면서 나만 돈을 버는 방식은 싫었다. 그래서 본격적으로 경제공부를 시작했다"고 한다. 공부를 하면 할수록 현재의 금융 프레임이 철저하게 고객이 아닌 금융회사를 위해 구성된 것임을 실감할 수 있었다. 금융회사도 수익을 추구하는 회사다. 자본주의 사회에서 수익을 극대화하기 위해 자사에 유리한 금융 프레임을 만드는 것은 죄악은 아니다. 하지만 대부분의 고객들이 스스로 알지 못하는 상황에서 보험과 금융상품에 가입한다. 자신의 판단이 아닌 권유에 의한 것이라서 문제다.

우리는 내 재산과 직결된 많은 것들을 놓치고 있다. 커피 한 잔에도 수요와 공급의 원리가 적용된다. 경제는 현실과 분리될 수 없는 필수불가변의 법칙이다. 눈에 보이지 않을 뿐 경제는 이미 나와 밀접한 관계에 있다. 한글도 모르고 대한민국에서 살아가기 어려운 것처럼, 자본주의 사회에서 경제를 모르고 부를 이룰 수는 없다.

경제적인 자유는 어렵다는 표현이 맞을 것이다. 누구나 꿈꾸지만 이룬 사람은 많지 않다. 시스템을 이해한 사람이 많지 않기 때문이다. 자본주의 시스템은 당신이 잠들어 있을 때에도 돌아간다. 잘 활용하면 내가 일하지 않고 자고 있는 동안에도 시스템이 알아서 돈을 벌어다준다. 부자가 되려면 내가 일한 만큼만 벌어서는 거의 불가능하다. 일을 해서 번 돈이 내가 일하지 않는 동안에도 일하게 만들어야 한다. 24시간 일하며 나를 위해 부지런히 돈을 벌어오게 만들어야 한다. 그것이 바로 자본주의 시스템을 활용하는 방법이다.

거창하게 경제학의 원리 및 이론까지는 아니더라도 금융과 화폐경제는 알아야 하고, 최근 국내외 경제적인 상황은 어떠하며 왜 그런지 정도는 알아야 한다. 요즈음은 시중에 알기 쉽게 나와 있는 책들도 많다. 한국은행에서는 매주 금요일에 금요강좌를 통해 대학생과 일반인들을 대상으로 무료 경제교육 프로그램을 운영하고 있다. 단순한 개인이 하는 강좌가 아니기에 다양한 분야의 경제이슈와 시사들을 정확한 데이터와 자료에 기반하여 퀄리티 높은 강사들을 모셔 진행한다.

- **한국은행 금요강좌 신청 사이트**

http://www.bokeducation.or.kr/offline/fridayIntroduce.do

금융감독원에서 운영하는 금융교육센터를 통해서는 온라인과 현장교육 신청 등을 통해 사이버로 수강하거나 현장에 가서 수강하는 교육을 신청할 수 있다. 교재도 무료로 배포하고 있다. 또한 금융교육콘텐츠의 금융교육 한 곳을 통해서는 범금융권에서 실시하고 있는 체험관과 금융캠프 등을 볼 수 있다.

- 금융감독원 금융교육센터

http://www.fss.or.kr/edu/

넷째, 구체적으로 적고 시간을 관리하라

기억을 오래 유지하는 방법으로 기록만한 것이 없다. 다른 사람을 바꾸는 것은 어렵지만 나를 통제하고 바꾸는 것은 불가능하지 않다. 다만 어렵다고 단정했을 뿐이다. 중소기업중앙회에서 200명의 중소기업 CEO를 대상으로 조사한 경영철학에서 50%가 중요한 습관으로 메모와 시간관리를 꼽았다.

몇 해 전 〈성과를 지배하는 바인더의 힘〉(강규형 저)의 제목만 보고 시간도 없는데 어떻게 적고 언제 색칠까지 하라는 거냐며 디지털 시대를 역행한다고 생각했다. 그러나 3P 바인더를 정확히 알고부터 구체적으로 시간 단위로 기록하고 메모했다. 디지털의 한계를 아날로그가 보완한다면 더 효율적이다. 무엇보다 한눈에 모든 것을 확인할 수 있기에 놓치지 않고 매일 다짐할 수 있다.

하루에 마무리해야 하는 작은 일부터 시간이 걸리는 일을 구분했다. 해야 할 일을 쪼개고 나니 틈새 시간과 허비하는 시간이 보였다. 기록하는 데 오전, 오후 10분씩이면 충분했다. 독서, 영어공부, 가계부 쓸 시간이 없다, 운동할 시간이 부족하다, 등의 생각이 완벽하게 깨졌다. 자투리 시간에 핸드폰을 보거나 인터넷을 보고 있었다는 사실을 인지하게 되었다. 무심코 TV를 켜고 있었고 늦게까지 시간을 허비하고 다음날 아침에도 허둥대며 일어나 식사를 챙기고 출근을 했다. 나의 하루 일과를 구체적으로 파악할 수 있었다.

이후 조금씩 시간을 통제했다. 그날을 리뷰하고 다음날을 계획하게 되었다. 떠오르는 아이디어와 동기부여는 덤으로 따라왔다. 자연스럽게 실천으로 이어질 수밖에 없었다. 매일 아침과 저녁에 리뷰하는데 어떻게 행동하지 않겠는가.

작은 성과들이 생겼고 그 성과들은 자신감과 용기로 이어졌다. 그동안 너무 큰 것부터 이루려고 했기에 성공하지 못했다는 것을 알았다. 생활 속에서 실천할 수 있는 작은 것에서 출발해야 한다는 사실을 잊고 있었다. 그 작은 것을 발견하기 위해서는 나의 생활과 습관을 알아야 가능하다는 것도 깨달았다. 그저 시간을 적었을 뿐인데 많은 것들이 성과로 연결되었다. 왜 책 제목을 〈성과를 지배하는 바인더의 힘〉이라고 했는지 이해되었다.

하버드 대학의 리처드 라이트 교수는 하버드 수재 1,600명의 학습법을 16년간 연구한 결과 한 가지 공통점을 발견했다. 수재들은 다양한 활동을 하면서도 공부 시간만큼은 엄격하게 관리했다. 우선순위를 정하고 자신에게 최적화된 효율적인 시간관리를 하려고 노력했다. 피터 드러커는 "시간을 기록해 보라. 이것이 시간관리의 핵심이다. 기록하지 않으면 어디에 썼는지 알 수가 없다. 성과를 올리는 사람은 일에서 출발하지 않는다. 시간이 얼마나 걸리는지부터 출발한다. 그 다음이 계획이다. 시간의 견적을 먼저 뽑으라"고 했다.

엠제이 드라마코는 〈부의 추월차선〉의 5계명으로 "쓸모없는 사업에 투자하지 마라. 시간과 돈을 맞바꾸지 마라. 제한된 규모 하에서 사업하지 마라. 창업이 일회성 행사가 되도록 하지 마라"고 했다. 그는 단시간에 이루려면 중요한 일에 시간을 투자하라고 강조했다. 그만큼 우선순위가 무엇인지 수시로 확인하고 정확한 방향으로 나아가는 것이 중요하다.

부자로 가는 길목에서 빠뜨리지 않고 반드시 챙겨야 할 물품이 바로 가계부다. 구체적으로 기록하라. 내가 하루 얼마를 쓰고 있는지 정확하게 알아야 한다. 한 달에 커피 값으로 얼마가 지출되는지도 알아야 한다. 그러나 그걸 아는 사람들이 얼마나 될까? 작은 돈의 흐름부터 알고 통제할 수 있어야 큰돈의 흐름을 통제할 수 있다. 혼자 힘으로 어렵다면 전문가들과 함께하라. 누구와 함께하느냐에 따라 나의 오늘도 내일도 달라진다. 혼자 가면 힘들지만 함께 가면 덜 힘들고 오래갈 수 있다. 각종 전문 사이트의 도움을 받으면 된다.

● 네이버 대표 카페

월급쟁이재테크연구, 월급쟁이부자들, 딸기아빠의 펀펀재테크, 자산관리는 거북이처럼, 세이노카페(세이노칼럼), 텐인텐

● 모바일에 '브로콜리'는 은행과 카드사, 증권사 등과 연계해서 수입과 지출뿐만 아니라 다음 달 카드대금 납부까지 한눈에 알 수 있다.

23

종잣돈은
한 번만 모으는 것이 아니다

무엇을 어떻게 해야 부자가 될 수 있냐고 물어보는 사람들에게 나는 이렇게 조언한다. "우선 10% 소비를 줄여서 저축하세요. 생활이 익숙하고 맞추어지면 20% 줄여서 저축하세요. 30%, 40%, 50% 자신이 목표하는 종잣돈 규모와 시간에 맞추어 %를 늘려서 저축해서 종잣돈을 만드세요." 그러면 몇몇은 "저금리 시대에 저축해서 언제 부자 되나? 더 빨리 종잣돈을 모을 수 있는 방법을 알려달라"고 반문한다.

그러나 이는 잘못된 질문이다. 작은 것부터 시작해야 성공할 수 있고, 적금 만기를 통해 돈을 모으는 성취감을 맛보아야 습관이 될 수 있다. 작은 습관이 하나씩 쌓여야만 종잣돈 모으는 체력을 만들 수 있다. 기초 체력이 약하면 중간에 쉽게 포기하기 때문이다. 이미 답을 나는 안다. 몰라서 실천하지 못했던 것이 아니다. 실패할지 모른다는 두려움에 수많은 핑계를 대고 있었다. 이미 부자가 된 사람들은 나와 다르다는 생각으로 자기 합리화를 하고, 그래야 안심이 되었다. 또 하나는 현실적으로 불가능하다고 이미 결론 내린 것도 있다. 실천하기에는 지금 갖고 있는 많은 습관들을 버려야 하는데 쉽지 않다고 생각했다.

신흥부자들을 보자. 그들은 부를 이루기 위한 걸림돌을 과감히 정리부터 했다. 첫 번째 대상은 정신 상태였다. 나태하고 게으른 자신을 매 순간 덜어내고, 솔직하게 자신의 내면과 대면하고 적나라하게 현재 재무 상태와 마주했다. 그동안 살아왔던 과거를 낱낱이 파헤치고 분석했다. 아프고 피하고 싶어도 숨지 않고 자신을 검열했고 냉정하게 판단했다. 허세 부린 것, 외면의 포장을 위해 사용했던 것들을 들여다보며 자기반성과 동시에 반면교사로 삼았다. 철저하게 대안을 모색했고 두 번 다시 똑같은 실수를 저지르지 않겠다고 굳게 결심했다. 이 단계를 거쳐야만 다음 단계로 넘어갈 수 있다는 것을 알기에 그들의 간절함이 빠른 결단을 내리고 실천하게 했다. 즉, 실천의 기본은 생각의 변화이다. 생각한 대로 말하게 된다는 것은 실험을 통해 이미 증명된 사실이다.

〈생각의 비밀〉(김승호 저)에는 100번 쓰기가 나온다. 100번을 써서 이루어지는 것은 아니지만 100번을 쓴 사람들이 많이 이루는 것은 이미 검증되었다. 쓰면서 더 긍정적인 생각이 가능하다. 간절히 원하는 것을 100일 동안 매일 100번씩 쓰다 보면 자기 신념이 강해진다. 이루고 싶은 마음이 간절해지고 이루고 말겠다는 생각과 믿음이 생긴다. 새로운 아이디어에 대한 생각이 떠오르고 실행에도 힘이 붙는다. 100일도 중요하다. 과학적으로 100일이 지나면 생활의 작은 변화도 습관이 되기 때문이다. 혼자 힘으로는 힘들지만, 쓰고 생각하고 말하고 결심함으로써 생각의 변화가 이루어지고 그 변화는 행동의 변화로 연결된다. 행동의 변화는 삶의 변화와 기적을 이루어낸다. 생각의 변화가 갖추어졌다면 수반되어야 하는 것이 이론적인 접목이다. 탄탄한 이론이 접목되어야 변화가 유지되기 때문이다. 100번 쓰기는 저자도 몸소 체험하고 경험하고 이루고 있는 것들이다. 힘들수록 써라! 간절히 원한다면 써라! 100일 후 변화에 스스로 놀랄 것이다.

또 구체적으로 몇 년 안에 종잣돈 얼마를 모은다고 계획하고 잊지 않기 위하여 자신만의 방법들로 매일 신념을 다져야 한다. 아기곰은 〈재테크 불변의 4법칙〉에서 "종잣돈의 조기 형성은 성공과 실패의 이정표이다. 종잣돈을 빨리 만들어라. 이에 따라 당신의 미래가 달라진다"고 했다.

부를 이루기 위한 첫 출발은 종잣돈 모으기다. 금액이 많아야 함을 의미하지는 않는다. 앞서 소개한 여러 사례처럼 종잣돈이 있어야 차에 시동을 걸 수 있다. 적으면 적은 대로 그 사이즈에 맞게 시작하면 된다. 어떤 경우는 동전 하나부터 시작했다. 이 단계에서는 얼마나 독하게 마음먹느냐보다 선행되어야 할 것이 있다. 인간의 의지는 생각보다 강하지 않다. 그 의지가 약해지려고 할 때 넘어진 마음을 다시 일으켜 세울 제도적인 장치가 필요하다. 의지력을 키우기 전까지 말이다. 신흥부자들의 공통점은 구체적으로 목표를 세우기만 한 것이 아니다. 그리고 세

부적으로 그 계획을 쪼개고 또 쪼개서 당장 지금 현실에서 시작할 수 있는 작은 것부터 시작했다. 작은 성취감이 있어야 유지되기가 쉽다는 것을 그들은 본능적으로 알고 있었다. 내일이 아닌 지금 당장! 습관적으로 마시는 커피 한 잔을 줄이는 것부터 시작했다.

〈푼돈 목돈 재테크 실천편〉(맘마미아 저)의 저자는 "부자가 되는 기본기는 푼돈을 모으는 것입니다. 쥐꼬리 만한 수입, 무섭게 오르는 물가! 저축하기 참 힘들지요. 그래서 푼돈이 목돈 된다 함께 외치기 시작했습니다"라고 회원들의 실천을 사례별로 구체적으로 소개한다. 가계부뿐만이 아니라 200원짜리 행복 재테크, 스트레스 퇴치법, 다이어트 덤까지 다양한 실천 사례들이 있었다. 꼭 참고하기를 바란다. 또 그들은 생활에서 줄일 수 있는 것은 기본이고 추가로 수익을 낼 수 있는 것들을 찾았다. 지인들의 추가 수입으로 종잣돈 모으기를 단축한 사례들을 소개하겠다.

취미가 돈이 들어오는 시스템으로 만들었다. 중소기업에 다니는 33세, 그는 결혼을 앞두고 있다. 동갑인 여자친구와는 6년을 사귀었고, 해가 갈수록 은근히 압박을 받았다. 직장생활 4년차인 그에게는 옥탑방이나 반지하를 얻을 돈밖에 없었다. 부모님도 마찬가지였다. 과소비를 한 것도 아닌데 월급은 다 어디로 갔는지 모르겠다. 여러 가지 심란한 생각을 뒤로하고 평소처럼 헬스장에 갔다. 평소 친한 헬스트레이너와 우연히 그런 이야기가 나왔다. 도대체 뭐로 더 벌어야 할지 모르겠다고 하니 트레이너가 오래 몸도 만들고 운동도 했으니 '헬스트레이너 자격증'을 따서 운동도 하고 추가 수입을 올려보라고 권했다. 어차피 운동 마니아라 쉬지는 않을 거라서 자격증을 취득했다.

다니는 헬스클럽에서 자리를 마련해 주었다. 처음 회원을 맡았을 때는 떨리고 설레였다. 오랫동안 운동하면서 효과적인 방법들을 적극 공유했다. 카톡으로 매일 식단까지 체크해 주었다. 운동과 식단이 무엇보다 중요한데, 생활하면서는 혼자만의 의지로는 어렵다. 회식이 있어 많이 먹은 날에는 다음날 강도를 높이는 운동을 했고 생활에서 계단 이용하기 인증샷과 만보기 앱을 활용하여 회원을 관리했다. 직장 생활하며 매번 챙기기 번거로웠지만, 출퇴근 시간 이동 중에 활용하는 것으로 원칙을 정하니 크게 힘들지는 않았다. 꾸준한 관리로 입소문을 타면서 차츰 회원도 늘었고 생각보다 빨리 종잣돈 마련에 성공했다.

삼십의 젊은 나이에도 건강이 좋지 않아 회사를 그만두었다. 병원비며 생활비를 부모님께 의지하기가 죄송스러워 스스로 벌어서 먹고살 길을 찾아야 했다. 적은 돈으로도 할 수 있는 일을 찾던 중, SNS를 통해 중국인들이 한국의 소품이나 액세서리를 좋아한다는 것을 알게 되었다. 남대문 시장에서 도매로 조금 떼어다 중국으로 판매했다. 큰 수입은 아니었지만 생각보다 반응이 좋았다. 날이 갈수록 고정고객이 늘어났고 재미도 있었다. 고정고객 중 한 명이 한국으로 성형관광을 올

2000년 이후, 한국의 신흥 부자들

계획이라고 말하며 도움을 요청해 왔다. 성형을 잘 몰랐지만, 인터넷 등으로 병원 후기 등을 보고 상세하게 비교 설명해 주었다. 뿐만 아니라 숙소와 교통편도 함께 제공했다. 그들은 수수료를 줄 테니 병원에 같이 가달라고 부탁했다. 한국 여행사들을 통해서 왔을 때에는 비용도 더 비쌌고, 무엇보다 여행사와 병원 간 커넥션이 있는 건 아닌지, 과거 의료사고 경력은 없는지 등 믿음이 가지 않는다고 했다. 그렇게 한 팀이 왔을 때 도와주고 수수료도 차비 정도만 받았다. 그들이 돌아가 친구들을 소개하면서 연결이 계속되었다. 이제는 소품 판매가 아닌 성형 관광 알선이 주업이 되었다.

건강도 많이 좋아져서 중국으로 초대받아 갔다. 그곳에서 보이차를 접했다. 중국인들은 믿을 수 없다고들 하지만 그들과 꽌시가 한번 형성되면 가족 이상으로 신뢰하는 관계가 된다. 보이차를 마시며 건강이 더욱 좋아졌고 좋은 보이차는 홍콩 등에서 큰 금액으로 거래된다는 사실을 알게 되었다. 그렇게 돈이 생길 때마다 조금씩 사두었고 급기야 창고도 마련하여 차곡차곡 모았다. 그들을 통해 보이차 판매도 시작했다. 뜻하지 않게 시작한 일이 다른 일과 연결된 운 좋은 케이스다. 그는 건강도 회복되었고 홍콩과 중국을 오가며 차류 사업을 하고 있다. 한편으로는 중국인들이 부탁하면 성형관광에 동행해 준다. 수수료는 거의 받지 않는 수준이라 그를 찾는 사람들은 언제나 많다.

함께 스피닝(다이어트의 일종)을 하는 그는 이제 돌을 넘긴 아이가 있는 가장이다. 얘기를 나누다 보니 월세를 산다는 것을 알았다. 외벌이로 수입의 반이 월세로 나가고 있었다. 그런데도 굳이 비싼 강남에 살아야 하는 이유가 무엇인지 물었다. 아내가 처가 가까이 살고 싶어 하는데 전세 얻을 돈이 없다고 했다. 그 보증금에 월세라면 강 하나만 건너면 전세로 충분하다. 조금 더 모으고 대출을 받으면 작은 평수는 구입할 수 있었다. 그에게 냉정하게 생각하라고 했다. 아이가 자라면서 학군 욕심도 생길 것이다. 그즈음 되면 엄마 말고 누군가의 도움이 필요할 때가 많다. 진짜 필요한 그때 처가 가까이에 살려면 지금 현실적인 대안이 필요하다고 조언했다. 그리고 위의 헬스트레이너 사례를 들려주며 몇 년째 하고 있는 스피닝을 추가적인 부수입 수단으로 만드는 것을 생각해 보라고 했다.

그날 이후 그는 스피닝 자격증을 취득했고 강사를 시작했다. 오랫동안 해왔던 운동이기에 적응 기간도 짧았다. 회원으로 운동하는 것과 강사로 일하는 것은 엄연히 달랐다. 배우기도 했지만, 동작 하나하나를 정확하게 하게 되었고 힘들고 귀찮으면 빠졌는데 강사가 되니 정해진 요일은 빠질 수 없었다. 자연스럽게 술자리도 피하게 되고 필요 없는 모임도 정리되니 아내가 더 좋아했다. 강사라 더 힘들 줄 알았는데 건강과 활력에 도움이 되었다. 운동도 하고 추가 수입도 올리니 기분도 좋았고 종잣돈 모으는 데도 도움이 되었다.

몇 년 후 대출을 활용해서 소형 아파트도 구입하였다. 그곳이 핫플레이스로 떠오르면서 많이 올라 그곳을 팔고 처가 동네의 다세대주택을 구입했다. 한 번 경험하고 나니 자신감이 생겨서 추가로 종잣돈을 만들고 있다. 아파트로 이사 가는 목표가 생겼다.

줌바댄스는 교육을 받으면 수료증이 나오고 교육할 수 있는 자격이 주어진다. 전문적으로 운동하던 사람들이 줌바댄스 강사로 활동하는 경우도 있지만, 특성상 함께하는 사람들끼리 음악을 들으면서 자기 수준에서 따라하다 보면 어느새 50분이 지나간다. 더군다나 운동량도 많은 편이라 다이어트에도 도움이 된다. 그러다 보니 회원으로 와서 강사 교육까지 받는 사람들이 많다. 다른 운동은 한국에 협회가 있지만, 줌바댄스는 미국에 오피스가 있어 관리한다. 매월 회비를 내면 그곳에서 CD로 새로운 동작과 음악을 보내준다. 특별한 도구나 기구가 필요 없기에 빈 공간과 음악 틀을 장비만 있으면 가능하다. 그래서 소그룹으로 활동하는 사람들도 있다. 손쉽게 함께 하면서 기분도 좋아지고 운동효과도 있어 마니아층을 형성한다. 시간이 갈수록 회원은 늘어나기에 수입도 증가할 수 있다.

내가 갖고 있는 지식을 돈으로 만들었다. 넘쳐나는 정보 속에서 정보를 관리하고 정리하기 위한 도구들이 필요하다. 그러한 도구들의 사용방법을 공유하며 수익을 내기도 한다. 에버노트, 마인드맵 등이다. 조금만 알면 활용도가 높기에 언제나 수요가 있다. 금액도 재능기부에서 부터 다양하다. 한 번 습득하면 계속 활용할 수 있고 카페 등 공유공간을 활용할 수 있기에 특별한 자본금도 필요 없다.

진화론의 창시자 찰스 다윈은 갈라파고스섬에서 흥미로운 연구 결과를 발표했다. 거북이는 집을 3군데나 마련한다. 거주 공간, 쉬는 공간, 먹이 저장 공간이다. 사람들보다 거주에서는 양질의 생활을 하는 것 같다.

자기 집이 없어도 다른 사람의 집을 통하여 수익을 낸 사람을 안다. 그는 대학을 졸업하고 몇 년째 취업이 되지 않자 서울 친척의 회사에 들어갔다. 처음에는 그 집에서 다녔지만 고등학생과 같은 방을 쓰는 것이 불편하고 미안했다. 회사와 걸어서 40분 거리의 옥탑방으로 독립했다. 보증금 500만 원에 월세 40만 원이 너무 아까워 얼른 전세자금을 모으고 싶었다. 그런데 잔업까지 하다 보면 퇴근시간이 늦어서 다른 일을 할 여유가 없었다. 그러다 고향친구가 서울에 인턴으로 취직했다고 한다. 옥탑방이지만 공간 여유가 있어서, 가운데 방을 나누어 함께 쓰자고 제안했다. 그렇게 친구와 생활하면서 비슷한 처지의 사람들과 방을 공유하면 되겠다는 생각이 들었다.

셰어하우스라는 말이 등장하지 않은 때였다. 모을 수 있는 자금을 모두 모으고 거기에 친구의 자금까지 합쳐서 자신이 살고 있는 집 아래층

2000년 이후, 한국의 신흥 부자들

투룸을 얻었다. 망설이는 주인을 설득하기 위해 건물 전체를 청소해 주는 조건과 원상복구의 사항까지 계약서에 넣는 조건으로 계약했다. 처음에는 하숙처럼 운영했다. 대부분 지방에서 올라온 대학생들이라서 함께 모여서 밥 먹고 생활했다. 부모님들도 형들이 챙겨주는 것 같아 안심된다며 좋아했고 수시로 밑반찬들을 챙겨주었다. 관리도 생각보다 잘되었고, 자신들이 내는 월세보다 두 배 이상의 수익을 거두었다. 그것을 통해 재미를 본 두 사람은 돈이 생기면 모아서 오피스텔로까지 확장하게 되었다. 몸은 힘들었지만 5년 만에 그들은 종잣돈 이상을 벌었다.

◗◖◗◖◗◖◗

최근 스타트업 하는 젊은이들이 남산이 보이는 옥탑방을 얻었다. 낮에는 자신들이 사무실로 사용하고 저녁에는 파티를 위해 옥상 테라스를 대여한다. 처음에 재미삼아 시작했는데 반응이 좋고 수익률도 괜찮다고 한다.

◗◖◗◖◗◖◗

우리나라에서 다단계 사업은 아직까지 긍정적인 이미지가 아니다. 색안경을 끼고 바라보는 사람들이 많다. 그러나 오랜 시간 미국에서 생활한 그는 다단계와 피라미드의 구조가 다르다는 것을 정확히 알고 있었다. 그는 미국 시민권을 포기하고 늦은 나이에 군대를 다녀와 한국에서 유통사업을 시작했다. 한국에 혼자 나와 있어 식사를 거르기 쉽지만 미국에서 가족과 오랫동안 먹어왔던 제품을 꾸준히 먹고 있었다. 몇해 전 돌아가신 이모 박사님도 추천한 제품이다. 주변에서 문의하는 사람들에게 알려주는 정도였는데, 적극적으로 소개하게 되었고 좋은 제품을 서로 공유하며 추가적인 부수입도 얻고 있다. 간혹 오해의 시선도 있지만 오랫동안 본인이 먹고 있는 것이어서 양심에 거리끼지 않는다고 한다.

위의 사례들 외에도 종잣돈을 모으는 다양한 방법들이 있을 것이다. 생각과 시각을 조금만 돌려보면 지금 있는 환경과 여건에서 활용할 수 있는 것들이 있다.

처음에는 푼돈으로 시작해서 종잣돈이 된다. 종잣돈은 평생 한 번만 모으는 것이라고 생각하면 안 된다. 종잣돈은 평생 모으는 것이다. 대신 시간이 지날수록 푼돈과 종잣돈의 규모가 커질 뿐이다. 그래서 투자의 대상도 더 커진다. 선순환 구조를 만드는 기초가 푼돈이자 종잣돈이다.

24

필수로 알아야 하는
배수의 투자법

투자에는 두 가지가 있다. 하나는 화폐를 이용한 금융과 실물에 대한 투자이다. 또 중요한 것은 자신의 가치를 높이는 투자이다. 외향이 아니라 내적인 가치를 높여 몸값을 올리는 투자이다. 우선순위로 종잣돈을 만들면서 함께 선행되어야 하는 것은 나 자신에 대한 투자이다.

'구슬이 서 말이어도 꿰어야 보배'라고 했다. 종잣돈을 아무리 모았어도 어디다 투자해야 할 지 모른다면 종잣돈의 규모를 키울 수 없다. 종잣돈을 목돈으로 만들려면 투자밖에 답이 없다. 부동산 투자로만 부를 이루는 시대는 끝났기에 더욱이 각종 투자에 대해 정확히 알아야 한다. 주식이 호황인 장에서도 손실을 보는 사람들이 있다. 경기변동 사이클처럼 누군가 손실을 보아야 이익을 보기 때문이다.

부의 축적은 지식에 따라 달라진다. 지식의 양이 많을수록 자신의 가치도 높아지기 마련이다. 이 두 가지가 동행해야만 진정한 투자가 가능하다.

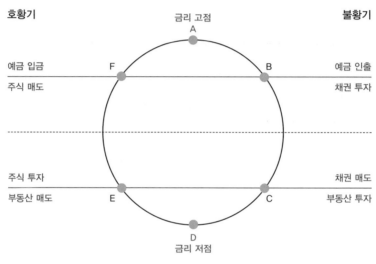

호황기   금리 고점   불황기
                            A

예금 입금   F   B   예금 인출
주식 매도   채권 투자

주식 투자   채권 매도
부동산 매도   E   C   부동산 투자
                            D
                         금리 저점

〈앙드레 코스톨라니 달걀 모형〉

사람들이 흔히 투자를 망설이는 이유는 두 가지다. 투자에 대한 지식이 없거나 위험에 대한 두려움 때문이다. 그러나 꼭 기억해야 하는 것이 있다. 투자하지 않은 사람은 있어도 투자하지 않고 부자가 된 사람은 없다. 김생민처럼 오랜 시간 '시간'에 투자해 예금으로만 자산을 모으기란 실질적으로 쉬운 일이 아니다. 저금리와 인내력의 차이도 있지만, 가족들의 협조가 있어야 하고 가족에게 뜻하지 않은 돌발 변수가 생기면 모

았던 자금을 쓰지 않을 수 없기 때문이다. 어찌 보면 김생민도 어느 시점까지는 예금으로 종잣돈과 목돈을 모았고, 실 거주를 위해 입성한 타워팰리스가 자산 규모를 늘리는 데 큰 몫을 했을 것이다. 김생민이 타워팰리스에 입성한 이유를 역으로 생각하면 답은 간단하다. 단순히 거주만을 위한 목적이 아니라 미래 가치도 따졌을 것이 분명하다.

전문가의 도움을 받아 투자하는 것에는 한계가 있다. 내가 알고 전문가의 의견을 반영하면 시너지 효과가 있다. 내가 못 보고 놓치는 부분도 찾아내서 리스크도 줄일 수 있다. 그러려면 종잣돈을 모으는 과정에서도 끊임없이 배움에 투자해야 한다. 단순히 경제를 알고 화폐금융만 공부하는 것이 아니라, 투자를 위해 종잣돈을 모으고 있는 과정이기에 더 실천할 수 있는 원동력이 된다. 또 그런 투자 경험에서 배우는 지식들은 다른 사람과 나눌 수 있는 지식이 된다. 2차적인 파생수입으로 돌아올 수 있다. 어떠한 부메랑 효과로 돌아올지는 아무도 모르지만 분명 헛된 지식투자가 되지는 않을 것이다.

이 세상에는 부동산, 채권, 펀드, 주식, ETF, ETN, ELS, 공모주, 보험, 금, 달러 등 투자할 곳이 너무 많다. 돈이 없는 것과 돈이 있어도 잘못 투자하는 것이 문제일 뿐이다.

성향에 따라 투자처가 달라야 한다. 투자 전문가들은 "계란을 한 바구니에 담지 말라"고 한다. 여러 곳에 나누어 분산 투자하라는 의미인데, 분산 투자도 알아야 제대로 할 수 있다. 총 쏘는 법을 모르고 전쟁터에 나가는 것처럼 투자에 있어서도 자신의 성향을 모르고 시작하는 것은 비슷한 이치다. 신흥부자들은 각자 성향에 맞는 것에 투자하는 공통점이 있었다. 주변에서 아무리 주식이 좋다고 해도 성향에 맞지 않으면 투자하지 않는다. 자신에게 잘 맞는 것을 찾아내고, 그 분야에서 전문가가 되었기 때문에 어떠한 위기상황에서도 차별화된 전략으로 성공했다고 본다.

나의 성향에 맞는 최적의 효율적 투자

어느 날 클래식 동호회 모임에 참석했다. 그중 강남의 고급 주택가에 거주하며 중소기업을 운영하다 지금은 퇴임한 분이 있다. 선친에게서 물려받은 재산도 많았지만 스스로 사업을 일구어 서초동과 분당에 빌딩을 소유하고 있다. 대충 따져 봐도 내 연봉보다 많은 월세가 매달 들어온다. 지하에 마련된 음악 감상실을 본 순간 감탄사가 절로 나왔다. 칠순이 넘었지만 젊은이들과도 격의 없게 대화할 만큼 권위적이지 않고 온화한 성품이다. 자산을 불리는 것보다 잘 지키는 게 당신 역할이라고 말씀한다. 그렇다고 여기 저기 투자하고 알아보는 것도 싫다고 했다. 그저 좋아하는 클래식 듣고 독서하고 등산 다니는 게 좋다고 하셨다. 해외여행도 힘들어서 싫고, 다만 겨울에 추우면 가까운 동남아에 가서 몇 달 있다 오는 게 전부란다. 그러나 동호회 사람들은 이미 알고 있다. 비록 당신은 고생을 모르고 살아왔지만 어려운 환경의 아이들에게 큰 금액을 후원하고 있다는 사실을. 드러나는 것을 원치 않아서 조용히 오랫동안 하고 있다.

그분은 투자도 부동산, 국공채, 금 위주로 한다. 수익률이 너무 낮지 않은지 물으니 괜찮다고 하신다. 동생 하나가 공격적인 투자로 한순간에 재산을 모두 잃고 폐인이 되었단다. 다행히 가족들이 조금씩 나눠주어 최악의 상황에서 벗어날 수 있었다. 그 과정에서 겪은 가족 간의 갈등과 심적 고통이 컸다고 한다. 그러면서 '효율적 투자선'*에 대해 말했다. 당신은 보수적인 투자 성향이라 거기에 맞춰 안전한 포트폴리오를 구성한다. 자신에게 맞지 않는 옷은 아무리 화려하고 욕심이 나도 입지 않는다. 다만 10%는 펀드에 꾸준히 투자하고 있으며 수익률도 괜찮다고 했다.

노벨경제학상 수상자인 행동경제학의 리처드 세일러 교수도 "투자자들의 가장 큰 실수는 지나친 자신감과 자신이 능력 있는 투자자라고 생각하는 것이다. 유능한 포트폴리오 매니저를 신뢰하는 것이 더 낫다. 개별종목은 투자하지 마라. 지금 일하는 회사라도 마찬가지이다"라고 했다. 그가 운영하는 폴러&세일러 '언디스커버드 매니저스 비헤이비어럴 밸류 펀드'는 8년 동안 500% 이상의 수익률을 기록했다.

---

* 효율적 투자선은 수익과 위험 가운데의 균형점을 최적의 효율적 투자기회선으로 본다. 수익 쪽에 가까우면 보수적인 투자이며 수익을 내기 위하여서는 위험을 감수하고 공격적인 투자를 해야 한다.

연금펀드

연금으로 수령 시 3.3%~5.5% 연금소득세만 내는 저율과세이다. 별도의 추가보수가 없다. 투자한 금액 중 세액공제를 받지 않은 연간 400만 원을 초과해서 투자하는 금액은 언제든지 인출 가능하며 비과세이다. 손실 시에도 동일하다. 세액공제를 받은 금액과 수익금은 중장기로 투자해야 한다. 연금 수령액은 연간 1200만 원을 넘지 않는다. 추가 납입액에 대해서도 비과세 인출이 가능하다.

단점은 ETF 투자가 불가하며 55세에 인출이 가능하다는 점이다. 수익금에 대해서는 기타소득세 16.5%가 과세되지만, 기타소득세를 내면 분리과세 되어 1.1% 세금을 더 내지만 투자기간이 2년 이상이면 과세이연에 의한 복리효과가 발생한다. IRP처럼 추가세액공제가 안 된다. 자금불입 후 은퇴 전에 급전이 필요해서 중도인출 시에는 불이익이 있다. 일시불이 아니라 연금으로 수령해야 저율과세 된다.

자녀 명의로도 가능하나 미성년자의 경우 10년 이내 2천만 원까지 비과세증여가 가능하나 이를 초과하면 신고 및 세금납부를 해야 한다. 상속세는 적용된다.

IRP

IRP와 연금저축은 세제혜택이 동일하며 같은 카테고리에 속한다. 장점으로는 ETF에도 투자 가능하고, 추가 세액공제도 가능하다. 단점으로는 펀드 보수 외에 관리보수가 연 0.5%~1% 추가 발생한다.

연금저축

연금저축은 세액공제로 변경되었으며 연간 납입액 400만 원까지 13.2%로 공제된다. 소득 없는 배우자와 자녀에 대해서는 세액공제 혜택이 없으며 수익금은 장기이연 과세 혜택이 있다.

ETF

직접투자가 어렵다면 간접투자를 활용하는 것도 방법이다. ETF(Exchange Traded Fund)는 상장지수 펀드로 주식시장에 상장해 주식처럼 한 종목으로 거래할 수 있는 상품이다. 시장을 대표하는 코스피 200, 섹터별로 자동차, 반도체, 원자재인 금, 은, 유가, 농산물 등 스타일별로 대형주 등과 연동되며, 투자위험이 낮고 비용이 저렴하며 소액으로 거래 가능하다. 무엇보다 주식처럼 증시에 상장되어 있어 일반 주식처럼 HTS로 거래할 수 있는 상품이다.

해외 ETF는 국내의 리스크를 분산하는 의미로 활용하면 좋다. 거래 비용도 저렴하며 제약 없이 환매도 가능하다(이틀 정도밖에 안 걸린다). 지금 국내 주식시장은 활황이다. 주식으로 자금이 몰리고 있고 전망도 좋다. 그러나 과거를 보고 여러 변수를 감안하면 오히려 지금 이럴 때 위험에 대비해야 한다. 더욱이 외국인은 꾸준히 지수를 받쳐주면서 몇 달째 매도하고 있다. 분산투자로 중국의 ETF가 최적의 시기라 본다. 중국의 정치적 안정과 경제 성장을 감안하면 주식시장에서 수익률이 국내보다 좋을 것이다. 더욱이 달러 강세가 예상된다면 수익률은 더 높아진다.

이런 상황에서는 환헤지 없이 들어가야 한다. 선택은 각자의 몫이다.

주식이 떨어지면 일반적으로 채권의 가격은 오르거나 영향을 덜 받아 자금이 이동하지만 같이 하락할 때에는 주식에 대한 리스크를 채권으로 보전할 수 없다. 그럴 때는 채권 시세를 추종하는 채권 ETF 단기 자금상품을 이용하면 현금처럼 사용할 수 있다. 그래서 기관투자자들은 2년 미만 만기의 채권 ETF를 선호한다. 단, 일반투자자의 경우에 저금리 기조에서는 3년 만기 미만 투자는 은행예금보다 못할 수 있다. 주식처럼 가격 변동폭이 크지 않기 때문에 채권 ETF에서 더 적극적인 투자를 하고 싶으면 가격하락에 투자하는 '인버스(ETF의 일종)'나 코스피200의 상승률보다 2배수로 상승하는 '레버리지(ETF의 일종)'를 활용해도 된다. 지금처럼 향후 금리인상이 예상된다면, 금리가 오를 때 수익을 내는 구조의 인버스채권ETF에 투자하는 것이 유리하다.

I는 회사를 경영하는 대표이자 10년차 기러기 아빠다. 어려운 가정환경으로 고등학교도 졸업하지 못하고 맨손으로 서울로 올라왔다. 낮에는 노점상에서 의류를 판매하고 밤에는 동대문에서 허드렛일을 했다. 잠은 이동하는 전철과 역사에서 자는 쪽잠이 전부였다. 수중에 조금의 돈이라도 들어오면 무조건 은행에 입금했다. 노점상에서 돈을 받으면 은행 문 닫기 전에 가고, 동대문에서 밤새 일하고 다음날 은행 문 열자마자 가서 입금했다.

어느 날 창구에서 입금하는 I의 코에서 피가 흘렀다. 그 모습이 안쓰

러웠는지 은행 직원이 휴지를 주고 꿀물을 타다 주었다. 그러고는 보통 예금에 들어 있는 자금을 분산해서 투자하는 것이 어떻겠냐고 권했다. 금융에 문외한이었던 그는 직원의 권유대로 했다. 얼마 후 수익률을 비교해 보니 똑같은 돈이어도 이자에 큰 차이가 난다는 것을 알았다. 무조건 일만 하는 것이 능사가 아니라는 생각이 들었다.

지금 조금 덜 벌어도 시간을 투자해 더 많이 버는 방법을 배워야겠다고 생각했다. 방법을 몰라서 은행에 찾아가 무조건 도와달라고 부탁했다. 몇 년 동안 그를 보아온 행원은 기꺼이 돕겠다고 했고 며칠 후 책 몇 권을 주었다. 한국금융연수원에서 나온 책들과 자신이 입행하면서 공부한 은행 교재였다. 때마침 동대문에서 I를 눈여겨본 사장이 그를 정직원으로 뽑아 주었다. 작은 방도 하나 얻었다. 일하는 시간에도 틈만 나면 읽고 또 읽었다. 밤에는 집에 와서 공부했다. 잠은 3시간 정도 잤다. 기초지식이 없어 이해되지 않고 속도도 늦었지만 알 때까지 열 번 백 번을 보고 또 보았다. 모르면 은행에 갔을 때 도움을 받았다.

그렇게 시간이 지나자 은행에 갈 때마다 벽에 붙어 있는 용어들이 눈에 들어왔다. 이율이니 하는 글귀가 이해되었다. 직원들의 대화도 귀에 들리기 시작했다. 그러다 보니 길에서 주운 신문 기사가 무슨 뜻인지 알게 되었다. 귀머거리가 듣는 심정이 이런 것이 아닌가 생각했다. 날이 갈수록 재미있었다.

주식과 관련된 책도 얻었다. 주식 책을 읽고는 시간 날 때마다 증권사에 갔고 주식 공부도 시작했다. 주식은 공부하면 할수록 신세계 같았다. 하지만 섣불리 들어가지 못했다. 객장에서 돈을 잃은 사람을 보면 두려움이 앞섰다. 그렇게 증권사를 들락거리며 공부하다가 어느 시점에 한두 주만 사서 모의투자를 시작했다. 그러다 IMF가 왔고 주가는 폭락했다. 자본주의 금융 시스템을 절실히 체득했다. 주식투자를 했다가 자살하는 사람에 대한 기사도 나왔다. 친했던 증권사 직원들이 하루아침에 직장에서 쫓겨나 백수가 되었다. 주식을 통하여 돈이 한순간에 종이조각이 되는 것도 보았다. 붐비던 객장은 텅 비었고 문 닫는 곳이 늘어났다. 전문가들도 이런데 하물며 나 같은 사람이 아는 것은 아는 것도 아니라는 생각이 들었다.

어떻게 살아가야 할지 진지하게 생각했고 더욱 열심히 공부했다. 폭락한 우량주를 관심 있게 계속 분석하고 보았다. 회사가 어떻게 회생하는지도 알게 되었다. 정부에서는 공적자금으로 대기업을 지원했다. 내가 내는 세금이 어떻게 흘러가는지 생생한 현장학습이었다. 자본주의 금융경제 시스템 속에서 살아남아야겠다고 생각했다. 개인이 망하면 나라에서도 구제해 주지 않는데, 대기업이 망해가니 정부가 발 벗고 도와주었다. 정부가 도와주니 망하지 않겠다는 확신이 들었고 순간 조금씩 사야겠다고 생각했다. 은행 직원도 관망하라고 말렸지만 예금 비중을 줄이고 조금씩 대표 우량주를 샀다. 수시로 관심 있게 모든 것을 보고 듣고 공부하면서 추가로 매수했다.

I는 작게 원단 무역업을 시작했다. 생각보다 매출이 좋았고 번 돈은 꾸준히 우량주에 투자했다. 코스닥 열풍 속에서도 절대 한눈팔지 않고

오직 안전한 주식만 사 모았다. 그 사이에 투자했던 주식이 큰 수익이 났다. 사업도 자리를 잡았다. 시장에서 함께 일하는 직원과 결혼도 하면서 남들처럼 안정적인 생활이 가능해졌다. 아이들만큼은 제대로 가르치고 싶었다. 배우지 못해서 고생했던 순간과 배우면서 투자에 성공한 경험이 있기에 배움에 대한 절실함이 컸다. 특히 무역업을 하면서 외국어에 대한 열망이 강했다. 외국어를 잘했다면 더 크게 사업을 확장할 수 있었다고 판단했기 때문이다. 아이들만큼은 자신이 갖지 못한 기회를 주고 싶어 조기유학을 보내기로 했다. 늦게 결혼했는데 가족과 떨어져 사는 것이 내키지 않아 지리적으로 먼 미국은 제외했다. 영어를 사용해야 하고, 수시로 갈 수 있을 만큼 가까워야 하고, 교육환경이 좋았으면 했다. 목사님의 도움으로 중국어까지 같이 배울 수 있는 싱가포르로 결정했다. 국제학교도 알아보았지만 정부 지원도 많고 미국 명문대 진학률도 높은 싱가포르 공립학교로 결정했다. 지금은 입학하는 데 1년 이상 기다려야 하지만 당시는 그렇지 않았다. 아내와 아이들은 싱가포르로 보냈고 수시로 오간다. 큰 아이는 벌써 미국 명문대학을 다닌다. 둘째도 미국으로 보내려 한다. 사업도 그렇지만 가족들을 내보내면서 더욱 투자와 환율에 관심을 가졌고 여건이 되면 환전해 놓고 있다. 또한 사업하는 사람은 갑자기 유동성이 필요할 때가 많아서 그럴 때를 대비해 지금은 채권 ETF를 활용하고 있다.

- ETF는 네이버에서도 확인할 수 있다.

주식

주식은 누구나 한 번쯤은 해보는 국민투자라고 해도 과언이 아니지만, 주식으로 돈 벌었다는 사람은 드물다. 그나마 벌었던 원금도 다시 물리는 것이 보통이다. 그만큼 어렵다. 주식이 자본주의의 꽃이라고 하지만 나는 주식은 종합과자 선물세트, 럭키박스라고 생각한다. 한 가지만 반영하는 것이 아니고 실시간으로 국내외 경제, 정치적인 상황이 반영된다. 그리고 종합과자 선물세트처럼 좋아하는 과자와 좋아하지 않는 과자가 섞여 있다. 럭키박스처럼 내가 예상한 것과 다르거나 혹은 반영이 안 될 수도 있다. 특히 우리나라는 북한이라는 예측불허의 변수도 존재한다. 그만큼 돈 벌기 어려운 시장이다. 그런데도 많은 사람들이 주식판에 쉽게 들어간다.

주식으로 큰 수익률을 낸 사람들은 절대 그 사실을 아무에게나 알리지 않는다. 그중 몇 명은 국내외 변수와 지표와 정치 경제 상황을 수시로 모니터한다. 특수 상황 외에는 단타 매매를 하지 않는다. 저평가 우량주로 자신들이 원하는 목표 수익률 안에서 조급해 하지 않고 어떠한 상황에서도 흔들리지 않고 자기 원칙을 고수한다. 그들은 기회는 언제나 온다, 타이밍이 왔을 때 '조금 더'라는 욕심을 버리는 것이 중요하다고 한다.

〈글로벌투자전쟁〉(영주 닐슨 저)의 저자는 주식에 투자하기 앞서 다음 질문에 스스로 답해 보라고 한다.

"재무제표 등 기업의 재정 상태를 이해할 수 있는 지식과 경험이 있는가? 재무제표와 같은 자료 이외에 각 기업을 이해하기 위해 공부하고 연구할 만한 시간 여유가 있는가? 그리고 이런 과정을 즐기는가? 주식·펀드 관리보다 훨씬 손이 많이 가는 개별 주식의 매매를 관리하고 모니터링할 수 있는가? 하루 종일, 매 5분마다 주가를 체크하면서 안달내지 않을 자신이 있는가? 이 질문에 대해 확신에 가득 찬 답을 하지 못한다면 ETF투자가 대안이다."

그만큼 직접투자가 어렵다는 의미다. 이 어려운 판에 쉽게 들어가서 고수익을 바라는 투자를 하기 때문에 대부분 이익보다 손실을 보는 것이다.

나의 지인은 늦은 나이에 주식에 입문해 최근 투자한 몇 년 사이에 큰돈을 벌었고 여전히 월 10% 이상 수익을 내고 있다. 이쯤 되면 전문 투자자라고 생각할지 모르지만 평범한 직장인이다. 그가 주식으로 꾸준한 수익률을 내기까지는 집중과 몰입의 시간이 있었다. 그는 주식으로 꾸준히 수익을 내는 사람을 보고 그대로 따라서 공부했다. 상승장 속에서도 누군가는 손해를 보고 누군가는 수익을 낸다. 그는 몇 년간 소액으로 우량주식에 꾸준히 모의투자했다. 처음에는 무슨 말인지 전혀 이해하지 못해서 전문가가 가르치는 모임에 다니며 주식공부를 하였다. 평일에는 하루 5시간 이상 공부했고 주말에는 하루 종일 공부했다. 꿈에 주가지수 그래프가 나올 정도였다. 그 주식이 떨어지면 왜 떨어지는지 분석했다. 단순히 시중에 떠도는 카더라 통신이 아니라 국내외 어떤 요인이 반영되었으며 향후에는 그 악재가 없어질 것인지 아닌지를 연구했다. 각종 언론에서 나오는 정보만으로 판단하지 않고, 관심 없던 환율과 금리, 원유, 구리 등 여러 가지에 관심을 가지고 공부했다. 미래를 확신할 수는 없어도 흐름이 보였고 선제적 방어가 가능해졌다.

지구촌 각 나라에서는 무슨 일이 일어나는지도 궁금해졌다. 해외여행을 가면 경치와 문화만 보았는데 그 나라의 경제 여건과 현재 이슈를 살피게 되었다. 그 나라와 연결된 제3국에 대해서도 알게 되었다. 전업투자자도 전문가도 아니기에 영주 닐슨의 말대로 기업의 재무제표까지는 못 본다고 했다. 다만 기업가치가 반영된 코스피에서 상위 10위 안의 우량주식에서 PER, PBR를 보고 저평가된 5개만 추려서 경제여건에 맞는 종목만 하고 있다. 소액의 모의투자였지만 단 한 푼의 손해도 낼 수 없다는 각오로 임했다. 혹자는 주식투자를 할 때 손절매를 생각하라고 하지만 그는 국가위기 시 말고는 그런 생각이 드는 종목은 아예 들어가지 않겠다고 다짐했다.

가장 힘든 것은 기다림이었다. 통제력을 잃지 않기 위해 스스로를 다잡았다. 지금 당장 어떻게 될 거 같은 기사가 나와도 스스로 판단하려고 노력했다. 누가 뭐라고 해도 흔들리지 않을 정도의 믿음이 있어야만 들어갔다. 1년에 한 번이어도 목표한 가격에 들어간다는 철칙을 지켰다. 그러다 차트며 지표의 흐름이 보였다. 그때부터 본격적으로 철저하게 분할매수로 들어갔고 기회는 언제나 또 온다는 마음으로 임하고 있다.

기회는 언제나 오는데 지금 아니면 안 될 거 같은 조바심이 드는 것이 현실이다. 그것을 얼마만큼 제어하느냐가 주식의 수익률과 연결된다. 판단이 서지 않으면 쉬어가야 한다고 강조했다. 옆에서 그 과정을 지켜보면서 역시 기본과 원칙의 중요성을 새삼 깨달았다.

채권

채권이란 정부, 공공기관, 민간기업 등이 자금조달을 위하여 불특정 다수에게 발행하는 유가증권이다. 미래 수익에 대하여 확정된 상품으로 이해하면 된다. 가장 보수적인 투자로 확실한 수익과 안전성이 보장된다. 위기 시에 빛을 발하는 안전한 투자 수단이지만 수익률은 높지는 않다.

채권이야말로 가장 신경이 쓰이지 않는 투자다. 비놀리아 비누처럼 수익률이 항상 그대로다. 그런데 시간이 한참 지나고 보면 꽤 많은 수익이 발생해 있다. 이 말은 곧 거북이처럼 가기 때문에 매일 신경 쓰며 볼 필요가 없지만, 거북이처럼 꾸준하기 때문에 잊고 있다가 어느 순간에 확인하면 멀리 가 있다는 의미다. 주식은 총알처럼 빠르기 때문에 5분마다 한 번씩 보게 되지만, 시간이 지나 되돌아보면 수익은커녕 마이너스일 때가 많다.

우리는 종종 나의 성향이나 자금의 성격과 맞지 않음에도 주위에 휩쓸려 투자할 때가 있다. 나도 그런 때가 있었다. 보수적인 성향이라면 은행 예금보다 조금 더 좋으면 되는 안전한 국공채로 구성하는 게 좋다. 자금력이 있고 위험을 감수하고서라도 수익을 높이는 공격적인 투자도 가능하다고 생각한다면 부자와 약간 차이가 있다. 부자들은 아무리 고수익에서도 원금을 보전하는 원칙을 지니고 있으며 잘 모르는 곳에는 절대로 투자하지 않는다. 결국 시간은 조금 걸려도 잃지 않는 투자가 부자로 가는 길이다.

일반인도 달러에 투자한다

경기흐름을 파악하기 위하여서 빼놓을 수 없는 것 중 하나가 환율이며, 경기변동에 민감하게 반응하는 것도 환율이다. 바꾸어 말하면 기회와 위험을 동시에 갖고 있다는 뜻이다. 잘 이용하면 기회이지만, 대부분 달러 하면 뉴스에서 본 딜링룸에서 딜러들처럼 전문가가 운용하는 것으로 생각한다. 전문가 말고도 일반인도 투자가 가능하다는 것을 알지만 투자는 어렵다고 생각한다.

직장생활을 막 시작하는 사람들은 종잣돈을 모으는 것이 관건이다. 적은 월급을 쪼개서 주식, 펀드 등에 운영하고 자투리 돈이 생기면 달러 운영을 권하고 싶다. 다양한 투자 종류 중에서 주식이나 펀드처럼 성향에 맞는 곳에 투자하면 된다.

달러는 단기간 활용하는 투자는 아니지만 위기 시에 빛을 발하는 투자라 할 수 있다. 물론 수시로 환율을 고려해야 한다. 그러나 핸드폰으로 얼마든지 조회 가능하니 점심시간을 활용하거나 대중교통으로 이동하는 시간을 활용할 수 있다. 더욱이 수시로 매매하는 것이 아니기에 얼마큼 떨어지면 산다는 원칙을 정하고 기다리다, 기회가 왔을 때 사면 된다. 그래서 생각처럼 신경 쓰지 않아도 되며 작은 관심으로 의외의 수익을 낼 수 있다. 자신은 이런 성향이 아니라면 채권에 투자하면 된다. 적은 금액이라도 달러에 투자하면서 환율의 흐름을 보게 되면 전반적인 공부도 되고 다른 투자에서도 큰 도움이 된다. 그래서 나는 적은 돈으로 달러 투자를 경험해 보기를 권하고 싶다.

외화예금

외화예금의 종류로는 외화보통예금과 외화정기예금, 자유적립형 외화예금이 있으며 가입제한과 한도가 없고 예금자보호 대상이다. 외화보통예금은 수시입출금이 가능하며 환율 변동에 바로 대처할 수 있다는 장점과 이자가 거의 없다는 단점이 있다. 외화정기예금은 일주일 이상 일정 기간 예치하는 것으로 가장 많이 이용하는 상품이다. 6개월 이상 예치할 때에는 환율 변동에 적극 대처하기 어렵기 때문에 장기 가입은 피하는 것이 좋다. 자유적립형 외화예금은 수시적립도 가능하고 여유자금이 생기면 월 저축도 가능하다. 중도해지 수수료가 없으며 환금성도 높은 것이 장점이다.

대부분 해외여행 나갔다 와서 달러가 남으면 재환전을 하지만, 현명한 욜로족의 대표라고 자부하는 한 지인은 외화예금통장을 활용하고 있다. 물론 외화예금도 찾을 때 수수료를 내는 것은 마찬가지이지만 이자율과 환차익을 고려한다. 환차익에 대해서는 비과세이며 금융종합소득과세 대상에서도 제외된다. 외화예금통장에서 발행하는 이자에 대해서만 이자소득세를 낸다. 그도 처음에는 급여통장 외에 개인종합자산관리계좌(CMA)만 이용했지만, 수시로 해외에 나가는 터라 환율에 민감하지 않을 수 없었다. 지금은 환율변동에 따라 주식처럼 달러를 매입하고 있다.

외화예금으로 달러 투자에 감을 익히고 다른 곳으로 영역을 확장시켰다. 안정적인 것과 공격적인 것을 나누어 활용함으로써 적은 돈으로 해외여행 경비를 모으고 있다. 다만 환전수수료가 발생하기에 환율 차익으로 발생하는 시세차익이 없다면 환차손이 생길 수 있다. 따라서 그는 목표로 정한 적정 환율까지 기다렸다가 신중하게 자신의 여건과 상황에 맞추어 이성적으로 판단하는 것이 핵심이라고 했다. 수익률을 내기 위하여서는 그만큼 노력해야 한다고 덧붙였다.

달러 RP

최근에 일반인 투자가 늘고 있는 달러 RP는 환매조건부채권으로 증권사에서 가입할 수 있다. 증권사가 보유한 채권을 일반투자자에게 판매하고 일정 기간이 경과하면 약정한 가격으로 다시 매수해 주는 조건으로 판매하는 상품이다. 수시입출금 가능 상품과 약정기간을 정해놓은 상품이 있다. 은행에서 취급하는 달러예금과 비슷하지만 이자가 조금 더 높다는 장점이다. 이자는 1~2%이지만 안전성과 환차익 때문에 주로 가입한다. 최소 1만 달러에서 최대 50만 달러까지 가입이 가능하며 가끔 특판으로 2~3%까지 나오고 있으나 선착순으로 판매된다.

달러표시 채권

그 외에도 여러 가지 달러투자 상품을 참고로 알아보자.

달러표시 채권 투자는 우리나라의 채권처럼 원금보장과 만기 시 수익률이 확정된 안전한 상품이다. 환차익에 대해서는 세금이 없어 절세효과는 동일하다. 국채로써 가장 안전한 외국환평형기금채권이며 외평채라고도 한다. 외평채는 해외로 유통되었다가 국채로 역수입해서 국내에서 유통되는 시스템이다. 한국은행이 발행과 운용 사무를 맡고 있으며 기획재정부장관이 만기, 금리 등의 발행 조건을 정한다. 현재는 원화표시 증권만 발행된다. 역시 이자수익은 비과세이며 농특세 2%만 부과하고 있다. 비실명 채권으로 상속과 증여에 활용되기도 한다.

달러보험

달러보험은 말 그대로 달러를 기초자산으로 설계한 보험상품이다. 달러 강세가 이어지고 있고 2%대의 금리라서 인기를 모으고 있다. 10년 이상 유지 시에는 비과세이고 달러 연금보험과 달러 저축성 보험에 가입하는 상품이다.

적극적인 투자를 원할 때는 변액보험도 있다. 해외 뮤추얼펀드는 외국의 투신사가 운용하는 투자신탁상품으로 국내 증권사와 투신사가 위탁 판매하고 있다. 슈로더, 피델리, 템플턴 등에서 운용하는 상품이 판매되고 있다. 국내 뮤추얼펀드는 중도환매가 불가능한 폐쇄형인 반면 해외 뮤추얼펀드는 중도환매가 가능한 개방형이기 때문에 환테크에 이용할 수 있다. 환율 변동에 따라 수시로 환차익을 볼 수 있다. 세계 각국의 주식과 채권에 투자됨으로 가입상품이 다양하다는 장점과 그만큼 수익률과 위험에 대한 비교와 선택이 중요하다. 주로 고액투자가 많으며 수수료도 감안해야 한다.

직접 외화증권에 투자하는 방법도 있다. 국내 주식이나 채권에 외국인 투자자가 투자하는 것처럼 국내 증권사에서 외화증권 매매계좌를 개설한 후 해외의 주식이나 채권에 투자하는 것이다. 그러나 안전한 미국무성 채권과 우량주에 투자한다 해도 일반인이 접근하기에는 현실적으로 어려운 부분이 많다.

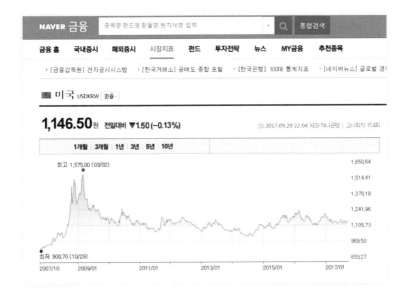

위의 환율표에서 보듯이, 환율도 주식과 마찬가지로 수시로 변한다. 다시 한 번 강조하지만, 환차익뿐이 아니라 환차손에 대하여서도 감안 하고 투자해야 한다. 달러를 원화로 환전할 때의 환전 수수료도 계산해 야 한다.

금투자

금은 달러와 연동된다. 달러가 강세면 가격이 하락하고 약세면 가격 이 올라간다. 대체통화의 개념이며 위기 시에 안전자산으로써 환차익 과 금 가격 상승으로 더욱 반짝반짝 빛난다. 그래서 돈 좀 있는 사람 치 고 금고에 골드바 없는 사람은 없다는 말이 있다. 일반 투자자는 접근이 용이하지 못했는데 얼마 전 홈쇼핑에서 소액으로 판매한 골드바가 완판되었다.

그러나 골드바는 매입 시 5%대의 수수료를 내고 판매할 때는 10%의 부가가치를 내야 하니 잘 판단해야 한다. 그래도 부자들에게는 절세와 증여 등으로 여전히 골드바의 인기가 높다. 금은 공신력 있는 곳에서 구입해야 한다. 수수료를 감안하면 개인 투자수익률은 높지 않다.

최근 KRX 금시장을 이용한 개인 투자가 늘고 있다. 증권사에서 금 거래 전용계좌를 개설하면 된다. 주식처럼 증권사에서 제공하는 HTS를 통해 KRX 금시장에서 금을 거래할 수 있다. 시세 차익에 대해 비과세이며 금으로의 인출도 가능하지만 실물 인출 시에는 부가세 10%를 내야 한다.

그 외에도 직접투자의 골드뱅킹과 간접투자의 ETF도 있다. 싱가포르 다이아몬드투자거래소(SDiX)는 최근 금과 미국 국채를 대신할 안전자산으로 신용카드 크기의 다이아몬드 금괴(Diamond Bullion)를 선보였다. 그러나 금과 다르게 다이아몬드의 가격은 캐럿과 색, 투명도, 세공기술 등으로 결정되는 만큼 투자에 적합하지는 않다.

이렇듯 다양한 금융상품과 대체상품이 나오고 있다. 앞으로도 얼마나 많은 투자상품이 나올지 모르겠다. 관건은 수많은 투자상품 중에서 나에게 최적화된 상품으로 최대의 수익을 내는 것이다. 수익을 내려면 누군가의 도움이 아닌 스스로의 경쟁력을 키우는 수밖에 없다. 이 글을 읽고 '뭐야, 배수의 투자법이라더니 별거 없네'라고 생각한다면 사기당할 확률이 높다. 지인이 "쉿, 나만 아는 비밀인데 얼마 만에 몇 배의 수익률을 보장해"라고 말하며 투자를 권유한다면 어떻게 하겠는가? 아마 다잡았던 마음이 흔들리고 말 것이다. 그러나 이것은 꼭 기억하자. 투자에는 왕도가 없다. 돈은 그렇게 쉽게 오지 않는다. 철저하게 기본에서 벗어나지 않고 정도를 걸어야만 얻을 수 있다. 일희일비하지 말자.

25

징검다리 플랜

1단계. 2년 안에 내 집을 마련한다.

2단계. 5년 안에 완벽한 투자법을 마스터한다.

3단계. 10년 안에 10배 부자 된다.

1) 2년 안에 내 집을 마련한다

인생은 선택의 연속이다. 결국 어떤 선택을 하느냐에 따라 가야 할 길이 정해진다. 투자도 마찬가지다. 투자의 핵심은 선택과 타이밍이다. 신흥부자들은 순간의 선택으로 부자의 길로 들어선 사람들이다.

누구에게나 인생의 기회가 찾아오는데, 이를 잡으려면 기회를 알아보는 안목이 있어야 한다. 안목을 키우기 위해서는 평소 작은 선택에서부터 훈련이 필요하다. 그래야만 드디어 기회가 왔을 때 실천할 수 있는 원동력이 되고 중심을 잃지 않는 자기통제가 가능해진다. 또한 자기통제를 통하여 소비 억제와 이성적 판단을 유지할 수 있다.

대구 팔공산의 가파른 계단을 오르기는 힘들었지만, 가위 바위 보를 하며 웃으면서 한 계단씩 오르다 보니 어느덧 정상에 와 있었다. 부자도 마찬가지이다. 하루아침에 일확천금을 이루고자 한들 이루어지지 않는다. 차근차근 오르다보면 어느덧 쌓아지는 것이 부(富)이다. 차이가 있다면, 아무 생각 없이 웃고 떠들며 오른다고 부자가 될 수는 없다. 명확한 플랜이 있어야 한다. 지쳐 있는 순간에도 기회의 타이밍을 잡을 수 있는 통찰력이 필요하다.

무주택자는 향후 2년 정도가 내 집 마련의 적기라고 본다. 지금 당장보다는 가격 추이를 보면서 타이밍을 잡으면 된다. 정권이 바뀌고 몇 번의 규제와 10년 위기설, 인구절벽, 베이비부머 세대의 은퇴, 최대의 공급물량, 가계부채 등 부동산 가격이 오르기 힘든 상황이 지속되고 있다. 즉 부동산이 조정을 받고 있다는 말인데, 이럴 때일수록 나에게 맞는 최상의 타이밍을 (기다렸다) 선택해야 한다. 여러 규제 속에서 심리적인 영향으로 가격조정은 불가피할 것이다. 당연히 폭등은 없겠지만 폭락도 일어나지 않을 것이다. 왜냐하면 그것은 또 다른 여러 가지 부작용을 초래하기 때문이다.

따라서 내 생각만큼 떨어지느냐 안 떨어지냐에 초점을 맞추기보다는, 나의 현 상황에서 어느 정도 가격의 집을 언제 어디에 살 것인지 생각해야 한다.

지금까지 많은 기회를 놓치고 내 집을 갖지 못한 사람들은 부동산 가격이 올라도 못 사고 떨어져도 못 산다. 부동산 가격이 폭락하면 더더욱 망설이기만 한다. 그만큼 화폐경제의 속성을 모르니 자기확신이 들지 않기 때문이다. 그래도 괜찮다. 다만 자신의 재정 상태와 2년 안에 내 집 마련 플랜만 확실하다면 어느 정도 타협점에서 가격을 조율하게 된다. 전세난민이 되지 않으려면 주거의 안정과 심리적인 만족감을 위하여 내 집 마련은 필수이다.

건설산업연구원에서 주최한 2018년 건설·부동산 전망세미나에서 "내년 전국의 주택매매와 전세가격은 올해보다 각각 0.5% 하락할 것이다. 매매시장의 경우 수도권의 주택가격은 보합, 지방의 주택가격은 10% 하락할 것으로 예상했다. 내년 부동산 시장의 3대 리스크는 금리인상 등 유동성 축소와 수요 위축, 주택 준공물량 증가로 기존 주택 소유자들은 관망하고 신규 매수자들은 크게 줄어들 것이라"는 전망이 나왔다.

다시 한 번 강조한다. 당신에게 올 기회를 놓치지 않으려면 지금부터 준비해야 한다. 재정이 좋다면 역세권의 소형 아파트가 답이다. 자금 여력이 충분하지 않다면 더 디테일하게 접근해야 한다. 우선 현재 자신의 신용등급과 소득에 따른 대출한도 등을 파악하고, 대출에 따른 상환 방법을 구체적으로 계획한다. 향후 추가 소득과 지출의 비상여력도 대비한다. 지역, 평수, 종류도 여건에 맞추어 물건을 넓게 정한 후 좁혀간다. 가격 대비 최상의 물건을 찾을 때까지 틈나는 대로 임장한다. 하늘의 별 따기라지만 청약통장도 활용해 보고 신혼부부는 희망타운도 노려볼 만하다. 내게 맞는 정책과 제도는 있는지 알아보고 최대한 활용해야 한다.

대한민국에서 부동산은 역사의 집합체이며 대체재가 없다. 절대 빈곤의 시대를 거치면서 국가는 경제성장에 모든 것을 걸어야 했고, 국민의 행복은 우선순위가 뒤로 밀려나야 했다. 가장 기본인 거주의 문제조차도 온전히 개인과 가족이 책임져야 했다. 가족이 똘똘 뭉쳐 어떻게 해서든지 내 집 하나 마련하는 것이 절대적인 숙명 과업이었다. 그래도 지금처럼 상대적인 박탈감이 적었기에 사회적 문제없이 가능했다. 다같이 못 살았고 대부분이 세입자였다. 판자촌이라도 내 집이면 행복했던 시절이었다.

이처럼 가족이 중심이 되어 집을 마련했고 그 집은 중산층으로 가는 사다리 역할을 했다. 그때부터 우리에게 집은 거주 이상의 의미를 갖게 되었다. 거주에서 자산형성의 개념이 가중된 것이다. 집 하나 장만했을 뿐인데 자고 일어나면 재산이 늘어났다. 투자의 법칙이 적용되었다. 그러자 너도 나도 부의 중심축으로 가는 사다리를 갖길 원했다. 한정된 도심으로 사람들이 유입되었고 정부는 규제에 나섰다. 하지만 정부가 아무리 강력히 개입해도 부동산 가격 상승을 잡을 수 없었다. 강한 욕구가 작용하는 시장의 힘을 이기지 못한 것이다.

그렇게 우리는 지금까지 고도성장을 해왔다. 꺼질 줄 모르던 부동산 거품은 1997년 IMF와 2008년 금융위기라는 외부의 영향으로 크게 출렸였다. 그때만 해도 이제 더 이상 부동산은 오르지 않을 줄 알았다. 대한민국에서 부동산 불패 신화가 드디어 막을 내렸다고 선언하는 사람들도 많았다. 그러나 투자의 법칙을 터득한 소수의 사람들은 이때를 기회로 삼아 막대한 부를 이루었다. 영원한 하락도 영원한 상승도 없다는 말이 있듯이 이후 부동산은 계속 올랐다. '대한민국은 부동산 공화국'이라는 말이 다시 등장했고, "부동산 불패 신화는 계속된다"는 구호를 다시 외치는 사람들이 많아졌다.

우리나라가 부동산 공화국인지, 불패신화가 영원히 계속될지는 알 수 없다. 사실 그게 중요한 문제는 아니다. 문제는 부동산 가격이 오르락내리락 사이클을 그린다는 것이다. 그렇기 때문에 투자자에게 기회가 있다. 이 변곡점을 활용해 자본이 적은 사람들도 내 집을 마련할 기회를 잡을 수 있다. 투자든 내 집 마련이든 변곡점 속에 기회가 있다는 사실이다.

길게 보면 부동산 가격은 우상향이지만 그 사이에도 폭락론은 존재한다. 그러나 그때나 지금이나 대한민국의 부동산 가격상승률은 OECD 국가의 평균 절반 정도밖에 안 되는 수준이다. 그동안 정책이 올바르지 못했더라도 선방했다고 보는 이유이다. 인구론에 의한 폭락론도 나오고 있다. 그러나 줄어드는 인구보다 1인 가구로 독립하는 세대수가 더 많다. 인구절벽에 의한 폭락론에 근거해 내 집 마련을 미루지 않았으면 한다.

내 집 마련은 선택이 아닌 필수이다. 대부분의 사람들이 미래의 가치를 위해 종잣돈을 만들고 투자로 규모를 늘리는 이유는 내 집을 갖기 위해서다. 그것도 살고 싶은 곳에 살기 위해서이다. 우리나라의 주택 공급은 충분하다. 대다수가 원하는 지역의 공급이 부족하다는 표현이 맞다. 원하는 곳은 한정되어 있는데 수요가 많다. 일시적 조정은 있어도 강남이 오르는 이유다.

또한 부동산에는 '심리'라는 수요공급 법칙이 만들어내는 가격 외의 변수가 항상 작용한다. 가격이 오르면 올라서 못 사고 떨어지면 더 불안해서 못 산다. 반복되는 사이클이다. 내 집이 있느냐 없느냐에 따라 부동산에 대한 입장도 달라진다. 내 집이 있으면 떨어지면 통장에서 돈이 줄어든 거 같아 싫고, 없으면 오르는 게 반갑지 않다. 다주택자라면 일단 투기꾼이라는 선입견을 갖는다.

김학렬 저자는 〈흔들리지 마라. 집 살 기회 온다〉에서 "부자들은 왜 부동산을 좋아하는 것일까. 첫째, 부자들은 부동산은 다른 자산에 투자하는 것보다 위험도가 낮다고 판단하고 있다. 둘째, 지금까지 다른 자산과 대비해 상대적으로 더 높은 수익률을 보장해 주었기 때문이다. 셋째, 다른 자산보다 더 적은 세금으로 용이하게 부의 세습을 할 수 있기 때문이다"라고 잘 정리했다.

과거 부동산은 중산층으로 가는 사다리 역할을 했고, 지금도 집이 하나 있으면 지렛대 역할을 하고 있는 것이 사실이다. 투자 목적 이전에 주거가 안정되어야 생활이 안정된다. 첫술에 배부르기를 바랄 수는 없다. 강남 진입이 목표였던 지인은 20년 동안 5번의 이사를 하면서 원하는 지역에 입성했다. 구체적이고 현실적으로 목표를 정하고 조금씩 다가간 것이다.

얼마 전 부동산 전문가들이 모여 강연하는 곳에 갔다. 대부분 전문가들에게 어디를 언제 사야 하는지 묻는 질문이 많았다. 대부분 그들은 "지도를 펼치고 내 직장과 가까운 곳에서부터 전철역을 중심으로 역세권의 소형 아파트를 대출 받아도 부담되지 않는 범위 내에서 사라"고 했다. 뻔한 대답에 청중은 다 아는 얘기를 한다고들 했지만 정답은 멀리 있는 것도 아니고 내가 모르는 것도 아니다. 그런데도 강연장을 찾아다니고 똑같은 질문을 계속하는 이유는 자기 확신이 없기 때문이다.

내 집 마련은 많은 이들의 꿈이다. 되도록 내가 원하는 지역에 가고 싶어 한다. 그런데 그곳은 공급보다 수요가 많다. 그래서 가격이 비싸고, 다른 지역보다 더 많이 오른다. 그곳에 갈 여건이 안 되니 뭔가 다른 방법이 있지 않을까 하는 미련을 버리지 못한다.

내가 원하는 것이 무엇인지 정확히 인지하는 것이 필요하다. 내가 샀는데 폭락하면 어쩌나 하는 불안감도 있다. 대다수의 전문가들은 폭등도 폭락도 없을 거라는 데 의견이 일치하며, 각종 규제로 관망하는 속에서도 풍부해진 유동 자금은 기회를 엿보고 있다.

해외 주요국의 부동산 상승과 1인 가구 증가도 주목해야 한다. 가장 중요한 것은 전세 물량의 감소이다. 소형 평수는 빠르게 월세로 전환되고 있는 추세이다. 신중하고 자기통제력이 있는 사람이라면 지금을 기회로 삼고 타이밍을 기다려야 한다.

단, 집을 살 돈을 모을 때까지 기다리는 경우가 있다. 가장 좋은 방법이지만, 현실적으로 쉽지 않다. 성향 상 대출을 꺼리는 사람의 경우, 잘못하면 영원히 집을 사지 못할 수도 있다. 돈을 모으는 속도보다 집값 상승 속도가 높을 수 있기 때문이다. 따라서 이상적인 내 집 마련 방법을 상상만 할 것이 아니라, 본인이 감당할 정도의 대출을 받아 갚아 나가는 것이 현실적이다. 일단 집이 생기고 나면 대출을 갚기 위해 가족들이 희생을 감수해야 하는데, 오히려 합의점을 찾기가 더 쉽다. 반드시 합의점을 찾아야 하는 상황이 되기 때문이다.

2) 5년 안에 완벽한 투자법을 마스터한다

〈과연, 뜰까〉(팻 플린 저)라는 책에는 이런 내용이 나온다. "우리가 왜 1년이나 10년이 아닌 5년 후 미래에 대해 특정적으로 논하는지 생각해 보는 것도 중요하다. 5년은 꽤 긴 시간이지만 너무 긴 시간은 아니다. 누구든 특정한 이정표와 목표에 도달하는 실행 가능한 계획을 세워 합리적으로 조망해 볼 수 있는 시간이다. 또한 즉각적인 행동에 들어가는 것이 특이해 보일 정도로 먼 미래도 아니다."

2년 안에 내 집을 마련했다면, 이후에는 대출을 갚아나가면서 한편으로는 종잣돈을 다시 만들어야 한다. 그러면서 5년 안에 재정적인 개념과 투자 마인드, 비법을 터득하여 부자가 될 준비를 마쳐야 한다.

지식이 부를 지배한다. 머니게임에서 돈의 주인이 되어 화폐경제시스템을 운영하는 주체가 되어야 한다. 거듭 강조하지만 그 누구도 알려줄 수 없다. 스스로 배우고 터득해야 한다. 학교, 학원, 전문가, 멘토, 책 등 방법이 무엇이든 꾸준히 노력해야 한다. 집중과 몰입을 통하면 굳이 1만 시간이 아니어도 된다는 사실을 신흥부자들을 통해 알 수 있다. 급속한 경제성장 속에서나 자고 일어나면 부동산 상승으로 부자가 되었지만 그런 시대는 이미 지났다. 폭락이 없듯이 폭등도 있을 수 없다. 다만 지역과 평형의 차별화와 양극화는 있을 수밖에 없다. 최근 규제가 나오면서 부자들은 발 빠르게 땅으로 옮겨가고 있다. 개발호재가 있는 지역과 도시재생에 대한 기대감으로 단독주택까지 오르고 있다. 단독주택은 실 거주자보다 토지의 미래가치를 보고 구입하는 경우가 많다. 부동산에서는 교통과 입지, 환경이 중요하다. 흔히 역세권이라고 하면 교통과 입지가 포함되어 있는 곳이다. GTX, SRT, 서울시 2030플랜 등 이미 발표가 나와 올랐다고 해도 향후에도 주목할 필요가 있다.

앞서 보았듯이 부동산만 투자의 대상은 아니다. 주식과 펀드, 환율, 금, 원유, 구리 등 대상은 다양하다. 다만, 대한민국이 과거처럼 이 모든 것들의 매력적인 투자대상은 아니다. 앞으로는 신흥국으로 눈을 돌려야 한다.

예를 들어 왜 중국 경제가 활황으로 갈 수밖에 없는지 알아야 한다. 세계경제가 호황이어서 그렇다고 막연하게 추측하는 것이 아니라 중국의 내·외수시장, 거시건전성 요인, 정치적인 요인에 따른 분석이 나와야 한다.

시장은 이기는 것이 아니라 대응하는 것이다. 변동성이 생기면 바로 알 수 있고 방어할 수 있다. 투자에서 원금보전은 철칙이기에 더욱 중요한 원칙이다. 위험에 대비하여 환헤지는 해야 하는지 하지 말아야 하는지도 판단할 필요가 있다. 지금 중국에 투자해서 호황으로 갈 경우, 환헤지 없이 ETF에 투자하는 게 좋은 이유를 알고 들어가야 한다. 막연히 중국 ETF가 좋다니까 가입하면 안 된다.

러시아, 브라질, 인도도 마찬가지이다. 왜 투자해야 하는지, 언제 분할매수하여 언제 매도하는 게 좋을지 정도는 스스로 판단할 수 있어야 비로소 완벽한 투자자라 할 수 있다. 그렇지 않고 그 전에 들어가는 것은 투자가 아니라 투기이다. 투기와 투자의 개념을 반드시 정립하여 이성적인 자기 결정권과 통제력을 가져야 한다. 그래야 나만의 완벽한 투자법을 터득하고 징검다리 역할로 안전하게 건널 수 있다.

3) 10년 안에 10배 부자 된다

10년 안에 가진 규모의 10배로 만들어야 한다. 나이에 상관없이 빠를수록 좋다. 현재 갖고 있는 금액으로 목표를 세우고 거꾸로 그 목표를 이루기 위해 어떤 방법들을 실행해야 하는지 계획해 보자. 그리고 그중 가장 먼저 실행할 수 있는 것부터 하자. 아무리 좋은 계획도 실행하지 않으면 소용없다. 특히 10배 플랜에서 키포인트는 실행이다. 도대체 전문가 집단에서도 어려운 연 5% 이상의 수익률을 낸다는 것이 가능하냐고 말하지 말라. 이윤의 등락은 있을 수 있어도 연 5%~15%를 감안하여 평균으로 계산한다면 가능하다. 하기 어려울 뿐이지 불가능한 것은 아니다. 이 관점과 생각에서 출발해야 목표치에 다다르지 못해도 그에 상응하는 수익률이 나온다.

그리고 10년 후에는 그 자산으로 다시 한 번 징검다리 플랜을 세워야 한다. 종잣돈의 규모만 달라졌지 투자의 법칙은 똑같다. 삶을 즐기면서 하고 싶은 것을 하면서 여유 있게 투자할 수 있다. 10년이다. 10년은 금방 간다. 눈 딱 감고 신흥부자에 도전해 보자.

내 집을 마련하면 그때부터는 부동산에 관심을 끊어야 할까? 내 집 외에 다른 집을 소유하고 있으면 무조건 투기꾼인가? 묻고 싶다. 그렇게 되지 못할 뿐이지 정당한 방법으로 소유하는 것에 대하여서는 냉정하게 답해야 한다.

대한민국은 정치적으로 큰 변화를 겪었다. 정치에 따라 부동산도 바뀐다. 현재 추진되는 도시재생으로 주택의 패러다임도 많이 바뀔 것이다. 선진국도 걷는 도시로 탈바꿈하고 있듯이 우리나라도 환경가치가 우선되는 지역이 인기 있을 것이다. 무엇보다 정권이 바뀌고 부동산에 대한 새로운 정책도 나오고 있다. 그에 따른 순기능과 풍선효과로 발빠르게 시장은 움직이고 있다.

그렇지만 한 가지 확실한 점은 이전과는 다를 거라는 것이다. 이 상황에서는 시장에 적절하게 대응해야 한다. 이기려고 해서도 안 되고, 규제에 정면으로 맞서려 해서도 안 된다. 규제와 타협하면서 자신에게 맞는 투자를 적절하게 활용할 줄 알아야 한다. 이 시장에서 승리하는 사람들은 선제적으로 대출에 대한 규제를 대부분 준비한 사람들이다. 그들은 오히려 또 다른 기회와 타이밍을 기다리고 있다.

서민들은 이제 안 된다는 말일까? 그렇지 않다. 무리하게 빚내서 대출하는 시대가 지났다는 말이지 투자 기회마저 없어졌다고는 생각하지 않는다. 종잣돈은 규모의 크기만 다를 뿐 평생 모으는 것이라고 했다. 그렇게 모은 것과 적절한 대출을 활용하여 노후를 위한 연금으로 생각하고 수익형 부동산을 마련한다면 좋은 선택이 될 수 있다. 투기 목적으로 무리하게 대출을 일으켜 시장을 교란하는 일은 지양해야 하지만, 성실히 모은 종잣돈으로 주식, 채권 등에 투자해서 자금을 모으고, 이 돈으로 수익형 부동산을 사는 것까지 투기꾼으로 몰아서는 안 된다. 단, 정당하게 임대업 신고를 하고 출발하는 것이 중요하다.

투자 목적으로 부동산을 활용할 때는 수익률과 미래 가치를 추구해야 한다. 신흥부자들 중에는 부동산으로 돈 번 사람들이 많다. 성공사례가 많다는 뜻이다. 다 마찬가지지만 특히 부동산 투자는 한 번의 경험이 중요하다. 한 번은 두 번으로, 두 번은 세 번으로 자연히 연결된다.

첫째, 어떤 물건에 투자할지 정한다. 역세권 소형 아파트, 오피스텔, 빌라, 셰어하우스 등 다양하다. 시세차익인지 수익성인지를 정하고 투자해야 한다.

둘째, 자신의 자산과 자금흐름에 맞추어 시기를 결정한다. 한국의 신흥부자들이 중요하게 생각하는 것은 현금흐름에 따른 저가매수였다.

셋째, 그 물건을 어떤 경로로 구입하는 것이 유리한지 판단한다. 경매 낙찰률이 높아졌다면 급매로 관심을 돌린다. 특수물건과 NPL 등은 전문가들에게 맡기는 방법도 생각해 본다.

그 다음 지역을 정하여 실제 투자하면 된다.

미래는 누구도 예측할 수 없다. 다만 변수가 생겼을 때 선제적으로 얼마나 잘 방어하느냐가 관건이다. 이때 필요한 것이 현금이다. 신흥부자들은 투자 이전에 자신만의 방법으로 현금흐름표를 작성하고 수익은 물론이거니와 비용에 대하여서도 다방면으로 감안해서 투자했다. 그에 따른 재활용과 매도까지 고려하고 투자하는 치밀함을 보였다. 수익률을 비교해서 서울뿐만 아니라 지방의 역세권까지 비교하고 투자한다. 힘들어도 발품을 팔고 철저히 관리한다. 그들은 돈을 벌기 위해서 그 정도는 당연히 해야 한다는 사고를 갖고 있다. 심지어 즐기고 있다.

내 친구 중 한 명은 여행을 가듯 임장을 간다. 신혼생활은 반지하 빌라에서 시작했다. 남편과 친구는 틈이 나면 네이버로 전국의 아파트를 검색했다. 차가 없었기에 주말이면 고속버스며 기차를 타고 임장을 다녔다. 주로 지방의 역세권이었기에 교통은 생각보다 편리했다. 주변에서는 지방으로 내려갈 것도 아닌데 뭐 하러 다니냐고 했지만, 그들의 생각은 달랐다. 서울과 수도권은 하루가 다르게 오르지만 지방은 달랐다. 전국을 누비며 집을 보러 다니다 살고 싶고 마음에 드는 지역을 정했다. 20년이 지난 지금도 그들은 임대업을 하며 전국을 여행 다닌다.

임장을 가기 전 그 지역과 관련된 커뮤니티를 활용하면 좋다. 각종 콘텐츠 커뮤니티를 방문하면 부동산뿐 아니라 그 지역의 핫한 정보와 그곳의 니즈를 알 수 있으며, 이런 정보들은 투자와 긴밀히 연결된다.

지인 중 한 분은 지방 대학가에 원룸을 지었다. 학생 수가 줄어들어 만류하였지만 학교 사이트에 들어가 보니 주로 서울에서 오는 학생들이 멀리 떨어진 아파트를 선호했다. 주변에 오래된 원룸을 싫어한다는 사실을 알았고 5년 임대수익률과 매각 후 수익률을 계산한 후 시작했다. 그의 예상대로 시세가 조금 비싼데도 금방 입주가 찼다. 5년이 지나는 시점에는 땅값도 올랐지만 공실률 없이 항상 입주 대기자가 있었다. 이 점을 차별화로 높은 가격에 매각했다. 학교 커뮤니티의 작은 정보를 수익과 연결한 좋은 사례다.

주식, 채권, 부동산 외에 진짜는 시스템을 구축하는 것이다. 주인이 없어도 돌아가는 무인 자판기처럼 말이다. 휴대폰은 우리 삶에 혁명을 가져왔다. 이동 중에도 내 손 안에서 모든 정보를 얻을 수 있고 반대로 내 정보를 남에게 제공할 수도 있다. 시공간의 제약이 없어진 것이다. 자고 일어나면 통장의 잔고가 쌓이는 일은 상상만으로도 즐겁다. 이미 우리 주변에는 그런 시스템을 구축한 사람들이 많다. 파워블로거, 1인 미디어 크리에이터, 인터넷 쇼핑몰 등 휴대폰 안에서 부를 캐는 방법은 많다.

〈논백경쟁전략〉(신병철 저)에는 "뜬구름처럼 멀리 있는 것을 보기보다는, 지금 욕망이 가득한 곳에 어떤 새로운 대안을 제시할지를 고민해야 합니다. 블루오션이 아니라 레드오션에서 살아남는 방법을 고민하는 것이 좀더 현실적입니다. 블루오션은 경쟁자가 없는 시장을 말합니다. 그런데 다시 생각해보면 경쟁자가 없는 이유가 있을 겁니다. 간단하게 생각하면 먹을 게 없기 때문입니다. 레드오션은 경쟁자가 많은 곳이지만, 그만큼 먹을 것이 많은 시장입니다"라는 말이 나온다.

부동산도 마찬가지다. 향후에는 더욱 차별화가 될 것이다. 도시재생을 통한 지역발전을 한다 해도 아파트에 대한 선호가 떨어지지 않는 한 한계가 있다. 그중 대형 평수의 차별화가 심할 것이고 중형은 변동성이 제일 적을 것이다. 최근 가파르게 오르고 있는 소형 평수는 약간의 가격 조정은 있을 수 있어도 여전히 인기 있을 것이다. 시대가 흘러서 지역 상황만 바뀔 뿐이지 대한민국에서 부동산을 대체할 투자재가 없기 때문이다. 그에 상응하는 대체재가 나온다면 우리는 더 이상 부동산에 매력을 갖지 않을 것이다. 그때는 그곳으로 투자의 방향을 선회해야 한다.
이 세상에 '절대'나 '무조건'은 없다. 어디에 투자해야 할 것인지는 미래가 답을 줄 것이다. 우리는 끊임없이 공부하면서 적응해 나가야 한다. 유연하게 대처하다 보면 신흥부자의 반열에 올라 있는 자신을, 뿌듯한 마음으로 되돌아보는 날이 반드시 오리라 확신한다.

2000년 이후, 한국의 신흥 부자들

1판 1쇄 인쇄 2018년 03월 30일
1판 3쇄 발행 2018년 04월 25일

지은이 홍지안
펴낸이 박현
펴낸곳 트러스트북스

등록번호 제2014-000225호
등록일자 2013년 12월 3일

주소 서울시 마포구 서교동 성미산로2길 33 성광빌딩 202호
전화 (02) 322-3409
팩스 (02) 6933-6505
이메일 trustbooks@naver.com

값 15,000원
ISBN 979-11-87993-30-8 03320

믿고 보는 책, 트러스트북스는 독자 여러분의 의견을 소중히 여기며,
출판에 뜻이 있는 분들의 원고를 기다리고 있습니다.